当代人力资源管理系列教材

企业人力资源统计学

程振源　李军华　主编

科学出版社
北京

内容简介

本书分别从"实物"、时间和货币三个形态阐述企业人力资源的开发、配置、利用与保护，主线清晰，重点突出，逻辑性较强。其中，企业人力资源的开发是企业人力资源增量充分利用的前提，企业人力资源的合理配置是企业人力资源存量充分利用的基础，企业人力资源的保护是企业人力资源可持续充分利用的保障。企业人力资源的存量与增量的充分利用始终是企业人力资源统计学最核心的内容，本书重点突出企业人力资源的配置与利用这两个环节。企业人力资源统计学本质上是方法论，不懂得统计方法本身就不可能懂得统计方法的使用。因此，本书将各章涉及的统计方法全部集中到第一章详细地介绍，掌握了这些统计方法，后续章节的学习就会有水到渠成之感。此外，本书还配备了相应的习题集供练习使用。

本书非常适合人力资源管理专业的自学考生自学，是一本真正意义上的自学教材。

图书在版编目(CIP)数据

企业人力资源统计学/程振源，李军华主编. —北京：科学出版社，2015
当代人力资源管理系列教材
ISBN 978-7-03-043637-5

Ⅰ.①企⋯ Ⅱ.①程⋯ ②李⋯ Ⅲ.①企业管理-人力资源管理-劳动统计学-高等学校-教材 Ⅳ.①F272.92

中国版本图书馆CIP数据核字（2015）第045599号

责任编辑：王京苏 / 责任校对：何艳萍
责任印制：赵 博 / 封面设计：蓝正设计

科学出版社 出版
北京东黄城根北街16号
邮政编码：100717
http://www.sciencep.com

北京富资园科技发展有限公司印刷
科学出版社发行 各地新华书店经销
＊

2015年4月第 一 版 开本：787×1092 1/16
2025年2月第十三次印刷 印张：13 3/4
字数：331 000

定价：**32.00元**
(如有印装质量问题，我社负责调换)

丛书序
Series Preface

人力资源管理是企业管理的重要职能。与财务管理等其他职能管理相比,人力资源管理的效果会更多地受到雇员主观能动性的影响,因而具有更大的不确定性。这需要人力资源管理者充分理解雇员个性的多样性,根据雇员不同的需求特点,设立具有针对性的激励制度和约束机制,最大限度地激发雇员的工作热情和工作潜能,以实现雇员利益目标和组织绩效目标的一致。人力资源管理者绝不仅仅是企业绩效的追求者,同时也一定是雇员利益的守护者。

与土地、资本、技术等企业生产要素相比,知识的重要性越来越突出,知识管理已成为人力资源管理的重要内容。设计知识创新机制、实现企业知识编码、构建知识共享平台是人力资源管理者面临的重要任务。这需要将人力资源管理的重点从绩效管理拓展到创新管理、从雇员的工作技能管理拓展到雇员的学习能力培养。人力资源管理者不仅是监督者,同时也应该是教育者。

与作业管理等需要严格的时间控制和空间界限的管理活动相比,人力资源管理具有长期性和渗透性。价值观、行为模式、道德规范等企业文化要素对人力资源管理制度的设计和人力资源管理活动的效果发挥着关键的作用。企业文化的设计与修炼、传承与发展是人力资源管理者的重要责任。只有升华雇员的社会责任、提高企业的信用资本,人力资源管理才能达到维持企业持续经营的长远目的,才能实现企业提高社会福利的使命和愿景。

人力资源管理是华南师范大学经济与管理学院重要的教学和科研领域,长期以来,一批年富力强的中青年教师在该领域辛勤耕耘,取得了可喜的成果。在科学出版社的精心组织下,学院组织力量撰写了这套丛书,试图反映人力资源管理的主要内容以及人力资源管理的新趋势,并就教于同行专家和社会各界人士。

彭璧玉

2015年1月19日于广州

丛书序
第一章　企业人力资源统计学绪论 ··· 1
　　第一节　企业人力资源统计学的基本问题 ····························· 2
　　第二节　企业人力资源统计学的基本概念 ····························· 3
　　第三节　企业人力资源统计学的基本方法 ····························· 5

第二章　企业人力资源规模、结构与素质统计 ····························· 24
　　第一节　企业人力资源规模统计 ··· 25
　　第二节　企业人力资源的结构统计 ··· 32
　　第三节　企业人力资源的素质统计 ··· 36

第三章　时间配置与利用统计 ··· 46
　　第一节　时间配置与利用概述 ··· 47
　　第二节　劳动时间配置与利用统计 ··· 50
　　第三节　非劳动时间的配置与利用统计 ································· 63
　　第四节　管理与工程技术人员时间配置与利用统计 ············· 67

第四章　劳动效率与劳动效益统计 ··· 73
　　第一节　劳动效率与劳动效益统计概述 ································· 74
　　第二节　工业企业劳动生产率统计 ··· 79

	第三节 其他企业劳动生产率统计	87
	第四节 企业劳动生产率动态统计与分析	93
	第五节 劳动效益统计、分析与评价	107

第五章 劳动定额统计 ... 117

    第一节 劳动定额统计的意义 ... 118

    第二节 劳动时间统计 ... 121

    第三节 劳动定额完成情况统计 ... 124

    第四节 劳动定额实施结果分析 ... 130

    第五节 劳动定额管理状况的统计分析 ... 133

第六章 劳动报酬统计 ... 136

    第一节 劳动报酬的含义及劳动报酬统计的意义 ... 137

    第二节 企业工资总额的核算与统计分析 ... 138

    第三节 平均工资的统计分析 ... 143

第七章 人工成本统计 ... 153

    第一节 人工成本统计的意义 ... 154

    第二节 人工成本的构成 ... 155

    第三节 人工成本统计分析 ... 158

第八章 职业技能开发与鉴定统计 ... 163

    第一节 职业技能开发与鉴定统计的意义 ... 164

    第二节 职业技能开发统计 ... 167

    第三节 职业技能鉴定统计 ... 178

    第四节 职业技能开发效益的统计 ... 183

第九章　劳动关系统计 ··· 187

第一节　劳动关系统计的意义 ··· 189
第二节　劳动者参与统计 ··· 190
第三节　劳动争议统计 ··· 193

第十章　社会保障统计 ··· 196

第一节　社会保障统计的意义 ··· 197
第二节　企业社会保障统计 ··· 198
第三节　企业福利统计 ··· 205

主要参考文献 ··· 209

后记 ··· 210

HAPTER 1

第一章 企业人力资源统计学绪论

[内容摘要]

本章阐述企业人力资源统计学的一些基本问题,企业人力资源统计学的总体与总体单位、标志与指标等基本概念,以及企业人力资源统计学的统计分组法、统计指标法、统计指数法等基本方法。

[学习要点]

(1)企业人力资源的概念及企业人力资源统计学的内容。
(2)总体与总体单位、标志与指标等基本统计概念。
(3)统计分组法的分类及相关概念。
(4)总量指标、相对指标和平均指标三种统计指标的运用。
(5)指数法的编制与因素分析的应用。

第一节　企业人力资源统计学的基本问题

一、什么是企业人力资源

企业人力资源也称为企业劳动力资源，是指企业所拥有的具有能够从事生产活动的脑力和体力劳动者。将"人"视为一种资源是现代企业管理理论的重大创新与进步。值得注意的是，人力资源与人力资本是两个不同的概念。前者从资源的角度，强调劳动力的开发、配置、利用与保护。后者与物质资本相对应，从投资的角度，强调对劳动力本身的投资与回报。人力资源是"人"的实物形态，而人力资本则是"人"的价值形态。

与企业其他资源相比，企业人力资源具有许多特点。首先，企业人力资源具有主观能动性。在科学技术和生产条件既定的情况下，其他资源的投入产出比通常也是既定的。但企业人力资源则不同，劳动积极性越高，同样多的劳动者所创造的财富则越多。其次，企业人力资源具有再生产性。其他资源在生产过程中被一次性地消耗，其价值被转移到新的产品中去。但企业人力资源在生产过程中消耗的是活劳动，通过休息、培训及再教育等，企业人力资源能够为企业提供数量更多、质量更好的活劳动。

二、企业人力资源统计学及其基本内容

和任何社会经济现象一样，企业人力资源也有质与量两个方面，是质与量的统一体。企业人力资源统计学是从开发、配置、利用与保护等环节研究人力资源量方面的特征。其目的是通过对量的研究最终达到对企业人力资源质的认识。例如，通过企业劳动力数量的多少可知道企业规模的大小；通过企业劳动生产率的高低可知道企业劳动力的劳动效率如何，等等。

企业人力资源的特点决定了企业人力资源统计学的基本内容。企业劳动者主观能动性发挥如何决定了企业劳动生产率和劳动定额的高低，也是影响企业劳动效益和产品人工成本的重要因素，而对企业劳动者在经济上的保障与法律上的保护状况又反过来影响企业劳动者主观能动性的发挥；企业劳动者提供活劳动的数量与质量在人数既定的条件下取决于劳动力的再生产性，而劳动力的再生产性在数量上取决于企业劳动者生活日的配置，即劳动时间、非劳动时间的分配，以及劳动时间的利用程度，在质量上则取决于劳动报酬这一物质条件，以及劳动者的职业培训与再教育，即劳动技能的开发。

企业人力资源统计是企业搜集、解释和分析人力资源数据的重要工具，在企业人力资源如何合理配置、如何充分利用与开发方面发挥着越来越大的作用。

总而言之，企业劳动者的主观能动性和再生产性决定了企业活劳动的数量与质量，决定了企业人力资源统计的主要内容是人力资源的开发、配置、利用与保护。其中，企业人力资源的开发是企业人力资源增量充分利用的前提，企业人力资源的合理配置是企业人力资源存量充分利用的基础，企业人力资源的保护是企业人力资源充分利用可持续性的保障。企业人力资源存量与增量可持续的充分利用始终是企业人力资源统计学最核心的内容。具体来说，企业人力资源统计学的主要内容有：

（1）人力资源规模、结构与素质统计；
（2）劳动时间配置与利用统计；
（3）劳动效率与劳动效益统计；
（4）劳动定额统计；
（5）劳动报酬统计；
（6）人工成本统计；
（7）劳动技能开发与鉴定统计；
（8）劳动关系统计；
（9）劳动者社会保障统计。

第二节　企业人力资源统计学的基本概念

任何学科都有自己的基本概念，人力资源统计学也不例外，它是学习人力资源统计学的基础。下面介绍两对重要概念。

一、总体与总体单位

总体是由客观存在的且具有共同性质的许多个别事物组成的一个有机整体。而组成总体的个别事物称为总体单位。例如，企业年末的所有从业人员就是一个总体，而其中任一个员工便是一个总体单位。总体与总体单位的关系是整体与个体的关系。

总体是对统计研究对象的范围界定。如果你欲对 TCL 集团的人力资源状况进行统计研究，那么非 TCL 集团的人员就不属于你要研究的总体。

认识总体是统计的目的，而认识总体单位则是认识总体的基础。例如，要知道一个企业员工的性别比，先必须知道每一个员工的性别。

总体具有如下性质。

（1）客观性。意思是指总体必须是现实中真实存在的，不是主观臆想的，也不是虚构的。对一个虚假的总体进行统计是没有任何意义的。

（2）大量性。所谓大量性是指组成总体的总体单位要足够多，不能太少。这是因为不同总体单位的特征或属性可能不同，具有偶然性，如果总体单位太少，这种偶然性就无法抵消，总体的必然性就无法呈现出来。如一个人的性别有男有女，只观察一个生产小组，甲小组男多女少，而乙小组可能女多男少，性别比似乎没有规律性。但当我们的观察对象由小组扩大到车间、分厂、全厂乃至整个集团，员工的性别比就会逐渐稳定下来，统计规律才会逐渐呈现。因此，大量观察法是统计研究的一个基本研究方法。它是偶然性与必然性关系这一哲学原理在统计学中的具体应用。

（3）同质性与差异性。前者是指组成总体的总体单位至少在某一方面要有相同的性质，后者则是指这些总体单位至少要在某一方面具有不同的性质。也就是说，一个总体中的总体单位既不能完全相同，又不能完全不同。同质性是统计的基础，而差异性则是统计的前提。如果只有同质性而无任何差异性，则认识了一个总体单位便认识了总体，因此无须大量观察，统计就失去了必要性。相反，只有差异性而无同质性，则统计研究的结论毫无现实意义。同质性与差异性的关系就是共性与个性关系这一哲学原理在统计学中的具体应用。

二、标志与指标

统计学研究的是大量社会经济现象的数量方面，而这些数量方面有很多，有必要用不同的名称区分开来，这些名称就个体即总体单位而言就是标志，对整体即总体而言就是指标。

（一）标志

标志是说明总体单位特征与属性的名称。假设总体是某企业的所有员工，每一员工是总体单位，每一员工身上具有很多特征或属性，如性别、年龄、出勤天数等。

标志的在各总体单位上的具体体现称为标志表现。如员工张三的性别是男性，则"性别"是标志，而"男性"则是标志表现。标志与标志表现的关系类似于变量与变量值的关系。

标志有多种分类。根据标志表现是否完全相同，标志分为不变标志与可变标志。对于前者，各总体单位的标志表现完全相同；而对于后者，各总体单位的标志表现则不完全相同。可变标志也称为变量。总体的同质性决定了总体单位至少存在一个不变标志，而总体的差异性决定了总体单位至少存在一个可变标志。根据标志是否可以直接用数量表示，标志分为品质标志与数量标志。如企业员工的性别是品质标志，员工的年龄是数量标志。数量标志的标志表现又称为标志值，各总体单位的标志值之和称为标志总量。如员工张三21岁，这个"21岁"即标志值，而企业所有员工年龄总和即为标志总量。

（二）指标

指标是说明总体数量特征的概念。如企业员工总数、企业性别比、企业员工平均文化程度等。指标的一个最显著的特点是数量性，即任何一个指标都是可以直接用数量表示的。

指标的分类也有多种。①根据计算方式的不同，指标分为基本指标与派生指标。前者是由各总体单位直接计数或由各总体单位的标志值直接汇总而来的，如企业员工人数、企业员工的年龄总和；而后者是由基本指标计算出来的，如企业员工平均年龄。②根据性质不同，指标分为数量指标与质量指标。前者说明总体的外延特征，如企业员工总数等；而后者说明总体的内涵特征，如企业产品的合格率、企业产品成本等。③根据表现形式不同，指标分为总量指标、相对指标和平均指标，在本章第三节将会详细介绍这三种指标。

不难看出，标志与指标是两个相互区别又相互联系的概念。区别表现在：前者说明总体单位的特征，总体单位是标志的载体，而后者说明总体的特征，总体是指标的载体；前者既可以用数量表示（数量标志），也可以用文字表示（品质标志），而后者只能用数量表示。两者的联系表现在：很多指标来源于标志。例如，将各总体单位的标志值汇总得标志总量，这个标志总量便是总体的指标。

总体与指标在经济统计中是两个非常重要的概念，它们的地位是由经济统计学的研究对象决定的，因为社会经济现象的数量方面要通过各种指标来揭示出来。经济统计学的研究对象可概括为总体的数量方面。

一个总体的数量方面有很多，如企业员工数、企业产品产量、企业产品成本等，一个指标只能从一个侧面认识总体，为了全面认识总体的数量方面，同时需要若干个指标，这若干个相互联系的指标所构成的整体称为指标体系。

第三节　企业人力资源统计学的基本方法

一、统计分组法

（一）统计分组的概念

统计分组是指按某个可变标志将总体分成若干组成部分（称为组），使得每组中总体单位的性质相同，不同组总体单位的性质不同。如按工作岗位可以将企业从业人员这一总体分为工人、学徒、工程技术人员、管理人员、服务人员和其他人员。

（二）统计分组的原则

为了防止重复与遗漏，统计分组必须遵循以下两个原则：

（1）完备性原则，是指任意一个总体单位必须属于某一组。这一原则的目的是为了防止遗漏，否则各组总体单位之和一定小于总体。

（2）互斥性原则，是指任意两组都不存在相同的总体单位，即任意一个总体单位仅能属于某一组。这一原则的目的是为了防止重复，否则，各组总体单位之和一定大于总体。

总而言之，任意一个总体单位属于且仅属于某一组。只有这样，各组总体单位之和才会等于总体。

（三）统计分组的作用

统计分组的作用主要有以下三个。

（1）区分现象的质或类型。通过统计分组，使得至少在某方面组内性质相同，组间性质不同，这样便将事物的质或类型区分开来了。

（2）研究总体的内部结构。统计分组以后，通过计算各组在总体中的占比，可以知道各组在总体中的地位，可以分析总体的内部结构是否合理。如按工作岗位不同，制造企业从业人员可以分为工人、学徒、工程技术人员、管理人员、服务人员和其他人员。如果发现管理人员或服务人员的占比很高，则企业人力资源的配置是不合理的。

（3）分析现象间的依存关系。如某产品在同一生产线上有很多工人独立生产，欲分析此环节上产品的合格率是否与年龄有关，可以将此生产线上工人按年龄分组，然后计算各组的合格率，再看随着年龄的增加，产品合格率是否呈现规律性的变化。若随着年龄增加，合格率也在相应增加，则表明产品合格率与年龄呈正相关。

（四）统计分组的类型

（1）根据分组标志的多少，有简单分组和复合分组。前者是指分组过程中只用到一个分组标志，而后者是指分组过程中同时用到两个或两个以上的分组标志。

（2）根据分组标志的性质不同，有品质标志分组和数量标志分组。前者是指总体按品质标志分组，如企业从业人员按工作岗位分组；后者是指总体按数量标志分组，如企业从业人员按年龄分组。

在数量标志分组中，根据每组所含分组标志的标志值个数的多少，又可细分为单项分组和组距分组。前者是指每组只含分组标志的一个标志值，如表1.1所示；后者是指每组含分组标志的多个标志值，如表1.1所示。

表1.1　企业从业人员按年龄分组

年龄	人数
16	
17	
18	
19	
⋮	
合计	

单项分组适合分组标志为离散变量的情形，而组距分组适合分组标志为连续变量或取值较多的离散变量。

（五）几个与组距分组有关的概念

1. 上限与下限

在组距分组中，分组标志在每组中取的最大值称为上限，取的最小值称为下限。如表1.2所示，在1.65—1.70这组中，1.70（米）为上限，而1.65（米）为下限。

2. 开口组与闭口组

只有上限或只有下限的组称为开口组，而同时具有上限和下限的组称为闭口组。如表1.2所示，1.55（米）以下和1.75（米）以上这两组均为开口组，而其他组则均为闭口组。

表1.2　企业从业人员按身高分组

身高/米	人数
1.55以下	
1.55—1.60	
1.60—1.65	
1.65—1.70	
1.70—1.75	
1.75以上	
合计	

3. 组距

下限与上限之间的距离称为组距。对于闭口组，组距=上限－下限，而对于开口组，由于不同时具有上下限，因此规定：开口组的组距等于它相邻闭口组的组距。组距是分组标志在组内的最大变化范围。

4. 全距

分组标志在总体中的最大取值与最小取值之差称为全距。全距是分组标志在总体中的最大变化范围。

5. 组中值

位于每组上下限中点位置的那个数值称为组中值。

对于闭口组，组中值=(上限+下限)/2 或组中值=下限+组距/2 或组中值=上限−组距/2。对于开口组，规定：组中值=下限+它相邻闭口组的组距/2 或组中值=上限−它相邻闭口组的组距/2。

组中值是一个非常重要的概念，在利用组距分组数据计算有关统计指标中有非常重要的作用。它是分组标志在组内平均数的近似值。

值得注意的是，在相邻组的上下限重叠的情形下，如表1.2所示，如果某人的身高为1.65（米），那他应该属于哪一组呢？他必须属于且仅能属于某一组。为满足分组的完备性与互斥性原则，需作如下规定：上限不在其内，下限在其中。用数学语言讲，闭口组上下限构成的区间为左闭右开的开区间。

二、统计指标法

统计指标有三种基本形式，分别是总量指标、相对指标和平均指标。

（一）总量指标

1. 总量指标的概念

说明总体在一定时间、地点和条件下总规模或总水平方面的数量特征的指标称为总量指标，如企业从业人数、企业产品产值等。总量指标是认识总体的起点，是企业编制生产计划的依据，是计算相对指标和平均指标的基础。

2. 总量指标的种类

（1）总体单位总量与标志总量。按所反映的内容不同，总量指标分为总体单位总量和标志总量。前者是总体中总体单位的总个数，后者是各总体单位数量标志值的总和。如总体是企业所有从业人员构成，则企业从业人数便是总体单位总量，而企业从业人员总出勤工日数则是标志总量。总体单位总量和标志总量是计算相对指标和平均指标的基础。通常，相对指标是两个不同标志总量之比，平均指标是标志总量与总体单位总量之比。

（2）时期指标与时点指标。按时间属性的不同，总量指标可分为时期指标和时点指标。前者反映总体经过一段时期所达到的总规模或总水平，后者反映总体在某一瞬间即时点上的总规模或总水平。如企业产品产量、企业利润等是时期指标，企业年末从业人数、企业月末产品库存等是时点指标。时期指标的特点是：一是指标的大小与时期长短有关。一般来说，时期越长指标越大，如企业产品产量。二是具有可累加。如全年12个月的产品产量相加为年产量。而时点指标则不具有上述两个特点。如全年各月月末人数相加不等于年末人数，年末人数也未必多于月末人数。

（3）实物指标、价值指标与劳动量指标。按计量单位的不同，总量指标可分为实物单位、价值单位和劳动量单位。

实物指标是指以物理属性或自然属性为计量单位的总量指标。实物指标的计量单位又细分为：自然单位。如企业从业人员人数的计量单位是"人"，汽车企业产品产量的计量单位是"辆"等；度量衡单位。如纺织企业产品产量的计量单位是"米"，钢铁企业的产品产量的计量单位是"吨";复合单位。如企业用电量的计量单位是"千瓦/小时";标准单位。如港口的货物吞吐量的计量单位为"标准箱"。

价值指标是以货币为计量单位的总量指标。如企业产值、企业工资总额、企业利润等。

劳动量指标是以劳动时间为计量单位的总量指标。如企业出勤工日数。

值得注意的是,不同产品的实物指标不可以直接相加,但不同产品的价值指标则可以。

（二）相对指标

1. 相对指标的概念

相对指标是两个相互联系的指标之比,又称相对数。其作用一是说明同一总体或不同总体的不同数量特征的对比关系。如将企业产品产量与活劳动消耗量对比可以说明企业的劳动生产率;二是使不能直接对比的指标可以对比。如不同规模企业的利润不可以直接对比,但利润除以规模指标(如企业从业人数)则可以对比,因为此时企业的规模差异被消除了,大家都处于同一"起跑线"。

2. 相对指标的表现形式

相对指标有两种表现形式：无名数和有名数。前者是无计量单位的相对指标,后者是有计量单位的相对指标。无名数主要有以下形式。

（1）系数或倍数。它们的共同点是对比基数为1。区别是系数小于1,而倍数大于1。例如,机器设备的折旧率0.15为系数,对比基数1为机器设备的原值。

（2）成数。成数的对比基数为10。如机器设备的新旧程度可以说九成新,对比基数10即为全新机器。

（3）百分数。百分数的对比基数是100。如企业某产品的计划完成程度105%。

（4）千分数。千分数的对比基数是1000。数值很小的无名数一般用千分数表示。人口出生率和死亡率通常用千分数表示。

3. 相对指标的种类

（1）计划完成相对数。又称计划完成程度。该指标用于考核计划的执行情况。其基本公式是

$$计划完成程度 = \frac{实际完成数}{计划数} \times 100\%$$

例如,某企业计划规定某产品年产量为5000台,实际完成5500台,则该产品的计划完成程度为

$$\frac{5500}{5000} \times 100\% = 110\%$$

（2）结构相对数。又称比重或占比。计算之前首先要对总体分组,它是各组标志总量与总体标志总量之比或总体中具有某特征的总体单位数与总体单位总量之比,前者如企业各类商品销售额与全部商品销售额之比,后者如企业男性从业人员占全部从业人员的比重。该指标反映总体的内部结构和各组在总体中的地位。

（3）比例相对数。比例相对数是同一总体内部组与组之间标志总量之比,即

$$比例相对数 = \frac{一组标志总量或总体单位数}{另一组标志总量或总体单位数}$$

例如，企业男职工人数与女职工人数之比即企业职工性别比。

（4）比较相对数。比较相对数是某总体与另一总体同种指标之比，即

$$比较相对数 = \frac{一总体某指标}{另一总体相同指标}$$

例如，某企业劳动生产率与另一企业劳动生产率之比。

（5）强度相对数，也称密度相对数。它是两个总体不同指标之比，即

$$强度相对数 = \frac{某总体某指标}{另一总体另一指标}$$

强度相对数反映现象的强度或密度，此指标通常为有名数，用复合单位表示。例如，企业固定资产原值与生产工人人数之比(万元/人)。强度相对数的分子、分母可以互换，其中一个为正指标，另一个为逆指标。指标数值越大密度也越大的称为正指标，而指标数值越大密度反而越小的称为逆指标。

（6）动态相对数。该指标是总体两个不同时期(一个称为基期，另一个称为报告期，前者是对比时期，后者是考察时期)相同指标之比，用于反映现象的发展方向与程度。

$$动态相对数 = \frac{总体报告期某指标}{总体基期相同指标}$$

例如，企业去年利润与前年利润之比。值得注意的是，动态相对数的分子、分母不能互换。

在以上相对指标中，只有动态相对数涉及时间的变化，而前五个相对数分子、分母所属时间均相同，故统称为静态相对数。

我们注意到，不同相对指标的共同点是它们均为两者之比。所不同的是，计划完成相对数是同一总体实际数与计划数对比，结构相对数是组与总体对比(即局部与整体对比)，比例相对数是同一总体内部组与组之间对比(即局部与局部对比)，比较相对数是不同总体同一指标对比(即整体与整体相同指标对比)，强度相对数是不同总体不同指标对比(即整体与整体不同指标对比)，动态相对数是同一总体不同时期同一指标对比。

（三）平均指标

（1）平均指标的概念。平均指标又称平均数。它是总体一般水平的指标，是各总体单位某数量标志值的代表值。例如，企业员工的平均年龄。主要用于不同总体的横向对比或同一总体的纵向对比，由样本推断总体等。

（2）平均指标的特点。①将各总体单位的差异抽象化。由平均数无法看出各总体单位数量标志值的差异。②只有数量标志的标志值才能平均。也就是说，品质标志的标志表现不可以平均，如没有"平均性别"一说。③被平均的对象需满足"同质性"。"同质性"是计算平均数的前提。如计算企业生产工人工资时，不能将企业的管理人员的工资纳入计算范围，否则会失去平均数的意义。

（3）平均指标的种类。常见的平均指标主要有：算术平均数、调和平均数、几何平均数、中位数和众数等。企业人力资源统计最常用的是前两种，因此这里只介绍算术平均数和调和平均数。

（i）算术平均数。这是生活中最常见的一种平均数。其基本公式是

$$算术平均数 = \frac{总体标志总量}{总体单位总量}$$

根据总体是否分组，算术平均数又可细分为简单算术平均数和加权算术平均数。

①简单算术平均数。总体未分组时，将各总体单位的数量标志值全部相加即得总体标志总量，然后对总体全部总体单位逐一计数即得总体单位总量，最后两者相除便得算术平均数。用公式表示为

$$\overline{X} = \frac{\sum_{i=1}^{N} X_i}{N}$$

其中，X_i 为第 i 个总体单位的数量标志值，N 为总体单位总量。

②加权算术平均数。总体分组后，任一总体单位属于且仅属于某一组，将各总体单位按组进行归集，一组中所含的总体单位数称为次数或频数。由各组频数形成的数列称为分布数列。单项分组形成的分布数列称为单项数列，组距分组形成的数列称为组距数列。

对于单项分组，每组只含一个标志值，如表 1.3 所示。

表 1.3　基于单项数列计算算术平均数

组标志值	频数	组标志总量
x_1	f_1	$x_1 f_1$
x_2	f_2	$x_2 f_2$
$\vdots$	$\vdots$	$\vdots$
x_n	f_n	$x_n f_n$
	$\sum f_i$	$\sum x_i f_i$

基于单项数列，总体算术平均数的计算公式为

$$\overline{X} = \frac{\sum_{i=1}^{n} x_i f_i}{\sum_{i=1}^{n} f_i}$$

其中，x_i 为第 i 组的标志值，f_i 为第 i 组的频数，又称为权数，n 为组数。

对于组距数列，每组可能含有多个不同的标志值，如表 1.4 所示。

表 1.4　基于组距数列计算加权算术平均数

分组标志 X	组平均数	频数	组标志总量	组中值	组标志总量近似值
L_1—U_1	$\overline{x}_1$	f_1	$\overline{x}_1 f_1$	x_1	$x_1 f_1$
L_2—U_2	$\overline{x}_2$	f_2	$\overline{x}_2 f_2$	x_2	$x_2 f_2$
$\vdots$	$\vdots$	$\vdots$	$\vdots$	$\vdots$	$\vdots$
L_n—U_n	$\overline{x}_n$	f_n	$\overline{x}_n f_n$	x_n	$x_n f_n$
合计	—	$\sum f_i$	$\sum \overline{x}_i f_i$	—	$\sum x_i f_i$

由算术平均数的基本公式，总体算术平均数

$$\bar{X} = \frac{总体标志总量}{总体单位总量} = \frac{各组标志总量之和}{各组频数之和} = \frac{\sum \bar{x}_i f_i}{\sum f_i} \approx \frac{\sum x_i f_i}{\sum f_i}$$

但是，由于只知道各组有几个标志值及这些标志值的范围，并不知道它们的具体数值，所以各组平均数 $\bar{x}_i$ 是一个未知数。此时组中值便有了用武之地，即用组中值作组平均数的估计值。如各组内部标志值呈均匀分布或对称分布，则组中值与组平均数相等。但在实际中这一假定通常不成立，因此，基于组中值计算的总体算术平均数只是一个近似值。

【例 1.1】① 某食品厂某月有生产工人 300 人，其糖果产量如表 1.5 所示。

表 1.5　糖果产量及员工人数

产量/千克	生产工人人数/人 f_i	组中值 x_i	组产量近似值/千克 $x_i f_i$
400 以下	22	350	7700
400—500	50	450	22500
500—600	66	550	36300
600—700	76	650	49400
700—800	56	750	42000
800 以上	30	850	25500
合计	300	—	183400

$$\bar{X} \approx \frac{\sum x_i f_i}{\sum f_i} = \frac{183400}{300} = 611.33 \text{（千克）}$$

即该食品厂该月平均每个生产工人的糖果产量约为 611.33 千克。

（ii）调和平均数，又称倒数平均数。根据总体是否分组又细分为简单调和平均数和加权调和平均数。

如果总体未分组，记各总体单位的标志值为 $X_1, X_2, \cdots, X_N$，则简单调和平均数为

$$\bar{H} = \frac{N}{\dfrac{1}{X_1} + \dfrac{1}{X_2} + \cdots + \dfrac{1}{X_N}} = \frac{N}{\sum \dfrac{1}{X_i}}$$

如果总体已分组，则加权调和平均数为

$$\bar{H} = \frac{\sum M_i}{\sum \dfrac{1}{x_i} \cdot M_i}$$

其中 M_i 是第 i 组的权数。如果是单项分组，则其中 x_i 是第 i 组含的标志值，此公式计算出的调和平均数是一个准确值；如果是组距分组，则其中 x_i 是第 i 组的组中值，此公式计算出的调和平均数则是一个近似值。

通常调和平均数只是作为算术平均数的变形来使用。以基于组距数列计算加权算术平均

---

① 谢启南，韩兆洲. 统计学原理. 广州：暨南大学出版社，2005.

数为例，如果只知道各组的标志总量而各组频数未知，即只知道 $\bar{x}_i f_i$（此时记 $\bar{x}_i f_i$ 为 M_i），此时 $f_i = \dfrac{1}{\bar{x}_i} \cdot M_i$，则加权算术平均数为

$$\bar{X} = \frac{\sum \bar{x}_i f_i}{\sum f_i} = \frac{\sum M_i}{\sum \dfrac{1}{\bar{x}_i} \cdot M_i} = \bar{H}$$

其中 $\bar{x}_i$ 为组平均数，可由组中值 x_i 近似。

例如，在表 1.5 中，只知道各组的糖果产量，不知道各组的生产工人人数。记各组糖果产量 $\bar{x}_i f_i = M_i$，则各组生产工人人数 $f_i = \dfrac{1}{\bar{x}_i} \cdot M_i \approx \dfrac{1}{x_i} M_i$，则食品厂该月平均每个生产工人的糖果产量为

$$\bar{X} = \frac{\sum \bar{x}_i f_i}{\sum f_i} \approx \frac{\sum M_i}{\sum \dfrac{1}{x_i} \cdot M_i} = \frac{183400}{300} = 611.33 \,(千克)$$

三、统计指数法

（一）统计指数概述

指数在社会经济领域和人们的日常生活中有着非常广泛的应用。例如，消费价格指数(CPI)和股票价格指数。指数的本质是一种特殊的相对数，其作用主要是反映社会经济现象数量方面的变动或差异。从广义上讲，指数既包含动态指数，又包含静态指数；既包含个体指数，又包含总指数。而狭义上讲，指数通常是指动态总指数。要弄清楚这些指数，首先要了解什么是简单总体，什么是复杂总体。

统计研究对象的范围是用总体来界定的。有的总体由同类现象组成，而有的总体则由不同类现象组成。前者是指由使用价值和计量单位相同的事物组成的总体，称为简单总体，如 TCL 某年生产的所有液晶彩电组成的总体。后者是指由使用价值不同的事物组成的总体，称为复杂总体，如 TCL 某年生产的所有彩电、空调和手机等组成的总体。组成这一总体的这些产品的使用价值不尽相同，计量单位也不尽相同。复杂总体是由简单总体组成的总体。

反映同一简单总体某数量方面在不同时期的变动方向与变动程度的动态相对数称为动态个体指数，如 TCL 空调某年销售量与上一年度销售之比可以反映该商品销售量一年来的变动情况。反映不同简单总体在相同时期同一数量方面的差异的方向与程度的比较相对数称为静态个体指数，如 TCL 空调与海尔空调去年销售量之比可以反映这两个空调品牌销售量的差异情况。再如，两个不同地区去年某品牌汽车的销售量之比可以反映这两个地区该品牌汽车销售量的差异大小。

反映同一复杂总体在不同时期某数量方面的变动方向与变动程度的动态相对数称为动态总指数，如与前年相比，反映 TCL 集团去年生产的包含彩电、空调和手机在内的所有产品销售量综合变动的动态相对数。反映不同复杂总体在相同时期同一数量方面的综合差异方向和差异程度的静态相对数称为静态总指数，如反映 TCL 集团与海尔集团去年生产的所有产品销

量综合差异的静态相对数。

鉴于静态指数的编制方法与动态指数相同,又因为通常所说的指数是指狭义的总指数,所以这里只介绍动态总指数,简称总指数。

(二)总指数的编制

总指数的编制有两种思路:一种是综合;另一种是平均。前者编制的总指数称为综合指数,后者编制的总指数称为平均指数。有的总指数反映复杂总体数量指标的综合变动,而有的则反映复杂总体质量指标的综合变动,前者称为数量指标总指数,后者称为质量指标总指数。

1. 综合指数的编制

综合指数的编制思路是将不能直接相加的不同类事物的指标通过一座"桥梁"过渡为可以相加的指标,通过相加得到一个综合性的总量指标,将这样得到的两个不同时期的总量指标进行对比,前一时期为对比期,称为基期,后一时期是欲研究分析时期,称为报告期,最后得到的动态相对数就是综合指数。下面通过一个例子说明数量指标总指数和质量指标总指数的编制方法。

【例1.2】[①] 假设某商场销售服装、鞋和布匹共三种商品,数据如表1.6所示。

表1.6 某商场各种商品销售量与销售价格

商品名称	计量单位	销售量 q		销售价格/元		销售额/元			
		基期 q_0	报告期 q_1	基期 p_0	报告期 p_1	p_0q_0	p_1q_1	p_0q_1	p_1q_0
服装	件	200	300	60	60	12000	18000	18000	12000
鞋	双	400	500	20	30	8000	15000	10000	12000
布匹	米	500	600	70	80	35000	48000	42000	40000
合计	—	—	—	—	—	55000	81000	70000	64000

从表1.6看出,这三种商品的使用价值完全相同,由这三种商品组成的总体称为复杂总体。现在我们欲分析这一复杂总体的两个数量方面,即销售量和销售价格是如何变化的,变化方向如何?变化程度如何?显然,销售量是数量指标,销售价格是质量指标。为分析复杂总体这两个数量方面的综合变动,可以分别编制数量指标综合指数和质量指标综合指数。

1)数量指标综合指数

先分析三种商品的销售量的数量指标是如何变动的。从单个商品来看,这三种商品的销售量报告期比基期均有所提高,它们的变动方向是一致的,但提高的程度则不相同。我们要问,这三种商品的销售量综合提高了多少呢?综合指数法的思路是:设法将这三种商品在基期和报告期的销售量"相加",然后将这三种商品报告期销售量"总和"与基期销售量"总和"相对比得出一个反映销售量综合变动的总指数。但遇到的障碍是,不同使用价值商品的实物指标直接相加没有意义。如在基期200件服装加400双鞋再加上500米布匹没有任何意义。要跨越这个障碍,需要架起一座"桥梁",使不能直接相加过渡到可以直接相加。我们注意到,虽然不同商

---

① 贾俊平,何以群,金勇进. 统计学. 4版. 北京:中国人民大学出版社,2010.

品的实物指标不能直接相加，但它们的价值指标则是可以相加的。具体到这个例子，就是要设法将不能直接相加的"销售量"过渡为可以相加的"销售额"。方法是在二者之间架起一座"桥梁"，即销售价格：销售量×销售价格＝销售额。在这里，销售价格充当了中介的作用，它使不能直接相加的销售量过渡为可以直接相加的销售额，这种充当中介或"桥梁"作用的指标称为同度量因素，而我们欲研究分析的指标称为指数化因素（在这里销售量是指数化因素）。这三种商品的销售额相加得到基期或报告期复杂总体的总销售额，基期和报告期的总销售额用公式分别表示为 $\sum p_0 q_0$ 和 $\sum p_1 q_1$，其中，下标 0 表示基期，下标 1 表示报告期，p 表示销售价格等质量指标，q 表示销售量等数量指标。"相加"的问题算是解决了，但新的问题又来了，那就是，我们研究分析的指标是"销售量"的变动，现在将这两个时期的总销售额进行对比所得到的如下一个动态相对数是否可以反映这三种商品"销售量"的综合变动呢？

$$\frac{\sum p_1 q_1}{\sum p_0 q_0}$$

回答是否定的。因为这个指数中，从基期到报告期，这三种商品的销售量（q）和销售价格（p）均在变动，该指数反映的是这三种商品"销售额"的综合变动。我们必须将销售价格的变动从此指数中剔除出去，使销售量综合指数是一个只含有销售量变动的"纯净"总指数。也就是说，从基期到报告期，销售价格这一同度量因素必须固定不变。

但问题是，时期数有两个，究竟应该固定在哪个时期呢？理论上来讲固定在基期和固定在报告期都可以。如果同度量因素固定在基期，所得的综合指数称为拉斯贝尔（Laspeyres）指数，简称为拉氏指数。如果同度量因素固定在报告期，所得的综合指数称为帕舍（Paasche）指数，简称帕氏指数。

拉氏数量指标综合指数　　$\bar{I}_q = \dfrac{\sum p_0 q_1}{\sum p_0 q_0}$

帕氏数量指标综合指数　　$\bar{I}_q = \dfrac{\sum p_1 q_1}{\sum p_1 q_0}$

利用表 1.6 中的数据，可得三种商品的拉氏销售量综合指数 $\bar{I}_q = \dfrac{\sum p_0 q_1}{\sum p_0 q_0} = \dfrac{70000}{55000} =$ 127.27%。该指数的含义是：价格固定在基期保持不变的假设条件下，三种商品的销售量平均提高了 27.27%。因此，综合指数具有平均数的含义，是三种商品销售量各自提高幅度的平均数。此外，同度量因素 p_0 具有的作用，某种商品基期的价格越高，其销售量的变动对综合指数的影响就越大。

三种商品的价格假定不变，销售量普遍提高，它们的总销售额一定会增加，三种商品报告期增加的总销售额为

$$\sum p_0 q_1 - \sum p_0 q_0 = 70000 - 55000 = 15000(元)$$

类似地，三种商品的帕氏销售量指数 $\bar{I}_q = \dfrac{\sum p_1 q_1}{\sum p_1 q_0} = \dfrac{81000}{64000} = 126.56\%$。其含义是：在价

格固定在报告期的假定条件下，三种商品的销售量平均提高了 26.56%。增加的总销售额为

$$\sum p_1q_1 - \sum p_1q_0 = 81000 - 64000 = 17000(元)$$

2）质量指标综合指数

接下来，再来分析三种商品的销售价格这一质量指数如何变动。同样的道理，此时需要引入销售量作为同度量因素，而指数化因素是销售价格。作为同度量因素的销售价格同样需要固定在基期或报告期，若固定在基期则为拉氏质量指标综合指数，若固定在报告期则为帕氏质量指标综合指数。

拉氏质量指标综合指数　　$\overline{I}_p = \dfrac{\sum p_1 q_0}{\sum p_0 q_0}$

帕氏质量指标综合指数　　$\overline{I}_p = \dfrac{\sum p_1 q_1}{\sum p_0 q_1}$

对于表 1.6 中的数据，有如下两种形式。

拉氏销售价格综合指数：$\overline{I}_p = \dfrac{\sum p_1 q_0}{\sum p_0 q_0} = \dfrac{64000}{55000} = 116.36\%$，即在销售量固定在基期的假定条件下，三种商品的销售价格平均上涨了 16.36%，增加的销售总额为

$$\sum p_1q_0 - \sum p_0q_0 = 64000 - 55000 = 9000(元)$$

帕氏销售价格综合指数：$\overline{I}_p = \dfrac{\sum p_1 q_1}{\sum p_0 q_1} = \dfrac{81000}{70000} = 115.71\%$，即在销售量固定在报告期的假定条件下，三种商品的销售价格平均上涨了 15.71%，增加的销售总额为

$$\sum p_1q_1 - \sum p_0q_1 = 81000 - 70000 = 11000(元)$$

质量指标综合指数和数量指标综合指数均有两种编制方法，即拉氏指数和帕氏指数。不难看出，拉氏指数和帕氏指数的计算结果是不一样的。那么应该采用哪种编制方法呢？这取决于编制指数的目的。一般来说，编制诸如销售量等数量指标综合指数时，作为同度量因素的价格等质量指标应该固定在基期即采用拉氏指数。这样可以剔除价格变动的影响，准确反映数量指标的纯净变动。而编制诸如销售价格等质量指标综合指数时，作为同度量因素的销售量等数量指标固定在基期和固定在报告期有着不同的含义：若固定在基期，则产品或商品的结构固定不变，质量指标综合指数反映的是价格等质量指标的纯粹变动；但若固定在报告期，不足之处是价格等质量指标综合指数会含有"杂质"，即还含有产品或商品等的结构变动，但好处是它能够反映价格等质量指标对销售总额等总量指标的现实影响。在学完后面的平均指数后会有更深的理解。

在统计实践中，为了保证计算结果的唯一性和可比性，拉氏指数与帕氏指数只能二选一。在后面即将要介绍的总量指标因素分析中，为了保证指数体系的对等性，一般规定：质量指标作同度量因素固定在基期，而数量指标作同度量因素则固定在报告期，即质量指标综合指数采用拉氏指数，而数量指标综合指数采用帕氏指数。

2. 平均指数的编制

平均指数的编制思路是将复杂总体的总指数看成是各简单总体个体指数的加权算术平均数或加权调和平均数。因此编制平均指数主要有两个步骤：一是计算个体指数；二是确定权数。

1）加权算术平均指数

首先计算个体指数。个体指数是反映简单总体某数量特征的动态相对数。

$$\text{质量指标个体指数：} I_p = \frac{p_1}{p_0}$$

$$\text{数量指标个体指数：} I_q = \frac{q_1}{q_0}$$

如对于表1.6中的数据，鞋组成的简单总体，其销售价格和销售量的个体指数分别为

$$I_p = \frac{p_1}{p_0} = \frac{30}{20} = 150\%, \quad I_q = \frac{q_1}{q_0} = \frac{500}{400} = 125\%$$

即该商场鞋的销售价格报告期上涨了50%，销售量报告期提高了25%。

2）确定权数

然后确定复杂总体中各简单总体的权数。记权数为W，则

加权算术平均指数为

$$\overline{I}_p = \frac{\sum I_p \cdot W}{\sum W}, \quad \overline{I}_q = \frac{\sum I_q \cdot W}{\sum W}$$

加权调和平均指数为

$$\overline{I}_p = \frac{\sum W}{\sum \frac{1}{I_p} \cdot W}, \quad \overline{I}_q = \frac{\sum W}{\sum \frac{1}{I_q} \cdot W}$$

其中权数W为简单总体在复杂总体中所占的比重。如对于表1.6中三种商品组成的复杂总体，权数就是基期或报告期三种商品销售额占总销售额的比重。

综合指数与平均指数是总指数的两种形式，它们既相互区别又相互联系。

二者的联系表现在：当所掌握的数据是复杂总体的全面数据时，平均指数通常作为综合指数的变形来使用。所谓全面数据有两种情形：一种情形是既有所有简单总体的数据，同时又有指数化因素和同度量因素的数据，如表1.6中的数据，既有服装、鞋和布匹的数据，同时又有销售价格和销售量的数据。另一种情形是虽然各简单总体的数据都有，但只有各简单总体的个体指数数据以及基期或报告期指数化因素与同度量因素乘积的数据。如表1.7和表1.8所示的数据（均与表1.6中的数据本质上相同，只是表现形式不同）。

【例1.3】 作为综合指数变形的加权平均指数。

表1.7　销售量提高幅度与基期销售额数据

商品名称	计量单位	销售量提高/%	基期销售额 p_0q_0/元
服装	件	50	12000
鞋	双	25	8000
布匹	米	20	35000
合计	—	—	55000

对于表 1.7 和表 1.8 中的数据，直接利用综合指数公式无法计算，这时需要将综合指数变形为加权平均指数。

表 1.8 价格上涨幅度与报告期销售额数据

商品名称	计量单位	价格上涨/%	报告期销售额 p_1q_1/元
服装	件	0	18000
鞋	双	50	15000
布匹	米	14.29	48000
合计	—	—	81000

利用表 1.7 计算拉氏销售量综合指数需要变形为加权算术平均指数：

$$\bar{I}_q = \frac{\sum p_0 q_1}{\sum p_0 q_0} = \frac{\sum \frac{q_1}{q_0} \cdot p_0 q_0}{\sum p_0 q_0} = \frac{150\% \times 12000 + 125\% \times 8000 + 120\% \times 35000}{12000 + 8000 + 35000}$$

$$= \frac{70000}{55000} = 127.27\%$$

利用表 1.8 计算帕氏销售价格综合指数需要变形为加权调和平均指数：

$$\bar{I}_p = \frac{\sum p_1 q_1}{\sum p_0 q_1} = \frac{\sum p_1 q_1}{\sum \frac{1}{p_1/p_0} \cdot p_1 q_1} = \frac{18000 + 15000 + 48000}{\frac{1}{100\%} \times 18000 + \frac{1}{150\%} \times 15000 + \frac{1}{114.29\%} \times 48000}$$

$$= \frac{81000}{70000} = 115.71\%$$

计算结果与前面的综合指数计算结果完全相同。

二者的区别在于它们的应用场合不同。综合指数应用于掌握复杂总体全面数据的场合。而平均指数则主要应用于仅掌握复杂总体部分数据的场合。如欲编制居民消费价格指数(CPI)，理论上讲，居民消费的所有商品均应纳入该指数的编制范围，但问题是居民消费的商品品种成千上万，全部纳入缺乏可行性。因此必须退一步，具体做法是，第一步，对居民消费的所有消费品这一复杂总体分类：首先，分成若干大类，再将每一大类分成若干中类，然后，将每一中类分成若干小类，最后，在每一小类中选择一个代表规格品。第二步，按照与分类相反的顺序计算各类价格指数。具体来说，先计算各代表规格品的价格个体指数，用代表规格品价格的个体指数近似表示相应小类中所有商品价格综合变动的类指数。再根据估计出的各小类商品的价格类指数计算各相应中类商品的价格类指数，当然也是估计值。然后根据所有中类的价格类指数近似计算各相应大类的价格类指数，最后根据各大类的价格类指数近似计算所有居民消费品的价格总指数，即 CPI。每个环节价格总指数的计算公式均为加权算术平均指数：

$$\bar{I}_p = \frac{\sum I_p \cdot W}{\sum W}$$

其中权数 W 为各类商品销售额在其上一类别中占的比重，是采用较大规模的抽样调查进行估计的。无论是各环节计算出来的价格类指数，还是各类的权数均是近似值。因此，最终得到的 CPI 也是一个近似值。

（三）指数体系与因素分析

前面介绍的指数只能反映总体某个数量特征的变动，也只能了解总体的一个侧面，而总体的数量特征可能有很多，为了对总体有一个全面的认识，有必要对同一总体同时编制多个指数，由多个相互联系的指数构成的整体称为指数体系。指数体系的作用是进行对总体的某个指标进行因素分析。如对表 1.6 中由服装、鞋和布匹组成的复杂总体，它们的总销售额增加了。为什么会增加呢？是因为三种商品的销售价格普遍上涨了，销售量普遍提高了。三种商品总销售额的增加是销售价格和销售量这两个因素共同作用的结果。那么我们要问：三种商品销售价格和销售量的变动对总销售额变动的贡献分别是多少呢？下面来回答这个问题。

根据分析对象的不同，因素分析可以分为总量指标因素分析和平均指标因素分析。前者分析总量指标的变动及其原因，后者分析平均指标的变动及其原因。

1. 总量指标因素分析

分两种情形进行讨论：一种是复杂总体，另一种是简单总体。

（1）复杂总体。仍然以表 1.6 中的数据为例。该表中的复杂总体有三个数量特征：销售价格、销售量和销售额。它们存在如下数量关系：销售价格×销售量=销售额。显然，销售额是结果，销售价格和销售量是原因。下面分析的对象是复杂总体，即三种商品的总销售额这一总量指标，它是如何变动的，其变动的原因是什么？销售价格和销售量的变动对总销售额的贡献怎样？由于是全面数据，复杂总体销售总额的变动以及销售价格与销售量的综合变动分别可用以下三个综合指数进行反映：$\bar{I}_p = \dfrac{\sum p_1 q_1}{\sum p_0 q_1}$，$\bar{I}_q = \dfrac{\sum p_0 q_1}{\sum p_0 q_0}$ 和 $\dfrac{\sum p_1 q_1}{\sum p_0 q_0}$。

这里，之所以销售价格综合指数选择帕氏指数，销售量综合指数选择拉氏指数，是为了保证下面等式得以成立：这三个综合指数通过这个等式联系起来，构成一个指数体系。

$$\frac{\sum p_1 q_1}{\sum p_0 q_0} = \frac{\sum p_1 q_1}{\sum p_0 q_1} \times \frac{\sum p_0 q_1}{\sum p_0 q_0}$$

$$\frac{81000}{55000} = \frac{81000}{70000} \times \frac{70000}{55000}$$

$$147.27\% = 115.71\% \times 127.27\%$$

三种商品总销售额增长了 47.27%，原因是销售价格平均上涨了 15.71%，销售量平均提高了 27.27%。

以上三个综合指数均为相对数。相对数分析的一个原则是必须与绝对数分析相结合。二者相结合的分析才全面与深刻。我们要问，三种商品的总销售额增长了 47.27%，增加的绝对数是多少呢？销售量固定在报告期不变的假定条件下，销售价格平均上涨了 15.71%，三种商品总销售额的绝对数必然会增加，那么增加的绝对数是多少呢？同样的道理，销售价格固定在基期的假定条件下，三种商品销售量平均提高了 27.27%，致使总销售额的绝对数又增加多少呢？其实答案很简单，就是相应综合指数的分子与分母之差，并且这三个绝对数存在如下数量关系：

$$\sum p_1q_1 - \sum p_0q_0 = \left(\sum p_1q_1 - \sum p_0q_1\right) + \left(\sum p_0q_1 - \sum p_0q_0\right)$$
$$81000 - 55000 = (81000 - 70000) + (70000 - 55000)$$

即
$$26000 = 11000 + 15000$$

也就是说，三种商品的总销售额增加了 26000 元，其中 11000 元是由销售价格普遍上涨所带来的，15000 元是由销售量普遍提高所带来的。

（2）简单总体。对简单总体的总量指数进行因素分析，原理与上述复杂总体的情形是相同的，即质量指标作同度量因素固定在基期，数量指标作同度量因素固定在报告期。以企业职工工资总额这一总量指标为例。简单总体是由企业的所有职工组成的，工资总额（X）、职工人数（T）和平均工资（$\bar{X}$）是这个简单总体的三个数量特征，这三个数量特征存在以下数量关系：$X = \bar{X} \times T$。其中平均工资，即 $\bar{X}$ 为质量指标，职工人数即 T 为数量指标。

工资总额指数为
$$\frac{X_1}{X_0} = \frac{\bar{X}_1 T_1}{\bar{X}_0 T_0}$$

平均工资指数为
$$\frac{\bar{X}_1 T_1}{\bar{X}_0 T_1}$$

职工人数指数为
$$\frac{\bar{X}_0 T_1}{\bar{X}_0 T_0}$$

相应的指数体系为
$$\frac{X_1}{X_0} = \frac{\bar{X}_1 T_1}{\bar{X}_0 T_0} = \frac{\bar{X}_1 T_1}{\bar{X}_0 T_1} \times \frac{\bar{X}_0 T_1}{\bar{X}_0 T_0}$$

工资总额绝对数变动的数量关系为
$$X_1 - X_0 = \bar{X}_1 T_1 - \bar{X}_0 T_0 = (\bar{X}_1 T_1 - \bar{X}_0 T_1) + (\bar{X}_0 T_1 - \bar{X}_0 T_0)$$

即
$$X_1 - X_0 = \bar{X}_1 T_1 - \bar{X}_0 T_0 = (\bar{X}_1 - \bar{X}_0)T_1 + \bar{X}_0(T_1 - T_0)$$

2. 平均指标的因素分析

平均指标的因素分析主要是针对简单总体而言的，并且要求简单总体已分组。值得注意的是，这里的平均数是指算术平均数。根据前面的介绍，在分组条件下，简单总体的总平均数（$\bar{X}$）是各组平均数（$\bar{x}$）的加权算术平均数：

$$\bar{X} = \frac{\sum \bar{x}f}{\sum f} = \sum \bar{x} \cdot \frac{f}{\sum f}$$

由此可见，简单总体的总平均数可分解为组平均数（$\bar{x}$）和结构相对数即比重 $\left(\dfrac{f}{\sum f}\right)$ 这两个因素乘积的和。组平均数相对于结构相对数为质量指标，而结构相对数相对于组平均数为数量指标。简单总体总平均指标的变动是组平均指标变动与结构变动共同作用的结果。

（1）基于指数体系的简单总体总平均指标变动的因素分析。此分析可基于以下指数体系：

$$\frac{\sum \bar{x}_1 \frac{f_1}{\sum f_1}}{\sum \bar{x}_0 \frac{f_0}{\sum f_0}} = \frac{\sum \bar{x}_1 \frac{f_1}{\sum f_1}}{\sum \bar{x}_0 \frac{f_1}{\sum f_1}} \times \frac{\sum \bar{x}_0 \frac{f_1}{\sum f_1}}{\sum \bar{x}_0 \frac{f_0}{\sum f_0}}$$

其中，$\dfrac{\sum \bar{x}_1 \frac{f_1}{\sum f_1}}{\sum \bar{x}_0 \frac{f_0}{\sum f_0}}$ 称为可变指数，是指在组平均数和总体结构均变动的情况下，总体平均数的最终变动；$\dfrac{\sum \bar{x}_1 \frac{f_1}{\sum f_1}}{\sum \bar{x}_0 \frac{f_1}{\sum f_1}}$ 称为固定结构指数，是假定总体结构不变的条件下，各组平均数的平均变动或各组平均数的变动对总体平均数的影响；而 $\dfrac{\sum \bar{x}_0 \frac{f_1}{\sum f_1}}{\sum \bar{x}_0 \frac{f_0}{\sum f_0}}$ 称为结构影响指数，是假定各组平均数不变的条件下，总体结构变动对总体平均数的影响。注意，结构影响指数不能解读为各组比重的平均变动，因为各组比重之和恒为1，因此，各组比重的变化是此消彼长的，不存在各组比重平均上升或平均下降之说。

记

$$\bar{X}_0 = \frac{\sum \bar{x}_0 f_0}{\sum f_0} = \sum \bar{x}_0 \frac{f_0}{\sum f_0}, \quad \bar{X}_1 = \frac{\sum \bar{x}_1 f_1}{\sum f_1} = \sum \bar{x}_1 \frac{f_1}{\sum f_1}, \quad \bar{X}_0' = \frac{\sum \bar{x}_0 f_1}{\sum f_1} = \sum \bar{x}_0 \frac{f_1}{\sum f_1}$$

$\bar{X}_0$ 为简单总体在基期的总平均数，$\bar{X}_1$ 为简单总体在报告期的总平均数，$\bar{X}_0'$（$\bar{X}_0'$ 在某些教科书中常用 $\bar{X}_{01}$ 来表示）为简单总体在基期虚拟的总平均数。以上指数体系也可写成

$$\frac{\bar{X}_1}{\bar{X}_0} = \frac{\bar{X}_1}{\bar{X}_0'} \times \frac{\bar{X}_0'}{\bar{X}_0}$$

（2）基于差额的简单总体总平均数变动的因素分析。此分析可基于以下等式：

$$\bar{X}_1 - \bar{X}_0 = (\bar{X}_1 - \bar{X}_0') + (\bar{X}_0' - \bar{X}_0)$$

（3）由总平均数引致的简单总体标志总量变动的因素分析。

（i）多因素分析原理。以上简单总体的指标均分解为两个因素的乘积。其中一个为质量指标，另一个为数量指标。如果简单总体的某个指标可分解为多个因素的乘积，那又如何进行因素分析呢？基本原理与两个因素的情形相同，同样是质量指标作同度量因素固定在基期，数量指标作同度量因素固定在报告期。所不同的是对多个因素的排序有严格的要求。以三个因素为例，不妨记这三个因素为 a，b，c。注意，这三个指标的排序规则是：a 相对于 b 和 c 为

质量指标；b 相对于 a 为数量指标但相对于 c 为质量指标；c 相对于 a 和 b 均为数量指标，则对此总量指标进行因素分析的指数体系为

$$\frac{a_1b_1c_1}{a_0b_0c_0} = \frac{a_1b_1c_1}{a_0b_1c_1} \times \frac{a_0b_1c_1}{a_0b_0c_1} \times \frac{a_0b_0c_1}{a_0b_0c_0}$$

相应的绝对数等式为

$$a_1b_1c_1 - a_0b_0c_0 = (a_1b_1c_1 - a_0b_1c_1) + (a_0b_1c_1 - a_0b_0c_1) + (a_0b_0c_1 - a_0b_0c_0)$$

多因素分析的对象既可以是总量指标，也可以是平均指标。

（ii）分组条件下简单总体标志总量变动的多因素分析。

简单总体的标志总量=总平均数×总体单位数，而在简单总体分组的情况下，总平均指标又受组平均数变动和总体结构变动的影响，故其标志总量的变动受组平均数、总体结构和总体单位数三者共同变动的影响。

分组条件下，简单总体标志总量=总平均数×总体单位数，即

$$标志总量 = \bar{X}\sum f = \left(\sum \bar{x} \cdot \frac{f}{\sum f}\right) \cdot \sum f = \sum\left(\bar{x} \cdot \frac{f}{\sum f} \cdot \sum f\right)$$

其中，组平均数 $\bar{x}$ 相对于总体结构相对数 $\frac{f}{\sum f}$ 和总体单位数 $\sum f$ 为质量指标；结构相对数 $\frac{f}{\sum f}$ 相对于组平均数是数量指标，而相对于总体单位数 $\sum f$ 则为质量指标；总体单位数 $\sum f$ 相对于组平均数 $\bar{x}$ 和总体结构相对数 $\frac{f}{\sum f}$ 均为数量指标。所以

$$\frac{\sum\left(\bar{x}_1 \frac{f_1}{\sum f_1}\sum f_1\right)}{\sum\left(\bar{x}_0 \frac{f_0}{\sum f_0}\sum f_0\right)} = \frac{\sum\left(\bar{x}_1 \frac{f_1}{\sum f_1}\sum f_1\right)}{\sum\left(\bar{x}_0 \frac{f_1}{\sum f_1}\sum f_1\right)} \cdot \frac{\sum\left(\bar{x}_0 \frac{f_1}{\sum f_1}\sum f_1\right)}{\sum\left(\bar{x}_0 \frac{f_0}{\sum f_0}\sum f_1\right)} \cdot \frac{\sum\left(\bar{x}_0 \frac{f_0}{\sum f_0}\sum f_1\right)}{\sum\left(\bar{x}_0 \frac{f_0}{\sum f_0}\sum f_0\right)}$$

即

$$\frac{\bar{X}_1 \sum f_1}{\bar{X}_0 \sum f_0} = \frac{\bar{X}_1 \sum f_1}{\bar{X}_0' \sum f_1} \cdot \frac{\bar{X}_0' \sum f_1}{\bar{X}_0 \sum f_1} \cdot \frac{\bar{X}_0 \sum f_1}{\bar{X}_0 \sum f_0}$$

即简单总体标志总量指数=固定结构指数×结构影响指数×总体单位数指数

$$\bar{X}_1 \sum f_1 - \bar{X}_0 \sum f_0 = \left(\bar{X}_1 \sum f_1 - \bar{X}_0' \sum f_1\right) + \left(\bar{X}_0' \sum f_1 - \bar{X}_0 \sum f_1\right) + \left(\bar{X}_0 \sum f_1 - \bar{X}_0 \sum f_0\right)$$

即简单总体标志总量增减总额=因组平均数变动而增减的标志总量+因总体结构变动而增减的标志总量+因总体单位数变动而增减的标志总量。

【例 1.4】[①] 某企业工人工资数据，如表 1.9 所示。

由表 1.9 得

---

① 谢启南，韩兆洲. 统计学. 广州：暨南大学出版社，2005.

$$\overline{X}_0 = \frac{\sum \overline{x}_0 f_0}{\sum f_0} = \frac{132000}{100} = 1320(元)$$

表 1.9　某企业熟练工与非熟练工工资与人数

工人分组	基期			报告期			假定的工资总额 $\overline{x}_0 f_1$
	平均工资 $\overline{x}_0$	人数 f_0	工资总额 $\overline{x}_0 f_0$	平均工资 $\overline{x}_1$	人数 f_1	工资总额 $\overline{x}_1 f_1$	
熟练工	1500	70	105000	1650	70	115500	105000
非熟练工	900	30	27000	990	130	128700	117000
合计	1320	100	132000	1221	200	244200	222000

$$\overline{X}_1 = \frac{\sum \overline{x}_1 f_1}{\sum f_1} = \frac{244200}{200} = 1221(元)$$

$$\overline{X}_0' = \frac{\sum \overline{x}_0 f_1}{\sum f_1} = \frac{222000}{200} = 1110(元)$$

$$\frac{\overline{X}_1}{\overline{X}_0} = \frac{\overline{X}_1}{\overline{X}_0'} \times \frac{\overline{X}_0'}{\overline{X}_0}$$

$$\frac{1221}{1320} = \frac{1221}{1110} \times \frac{1110}{1320}$$

$$92.50\% = 110.00\% \times 84.09\%$$

$$\overline{X}_1 - \overline{X}_0 = (\overline{X}_1 - \overline{X}_0') + (\overline{X}_0' - \overline{X}_0)$$

$$1221 - 1320 = (1221 - 1110) + (1110 - 1320)$$

$$-99 = 111 + (-210)$$

$$\frac{\overline{X}_1 \sum f_1}{\overline{X}_0 \sum f_0} = \frac{\overline{X}_1 \sum f_1}{\overline{X}_0' \sum f_1} \cdot \frac{\overline{X}_0' \sum f_1}{\overline{X}_0 \sum f_1} \cdot \frac{\overline{X}_0 \sum f_1}{\overline{X}_0 \sum f_0}$$

$$\frac{1221 \times 200}{1320 \times 100} = \frac{1221 \times 200}{1110 \times 200} \times \frac{1110 \times 200}{1320 \times 200} \times \frac{1320 \times 200}{1320 \times 100}$$

$$\frac{244200}{132000} = \frac{244200}{222000} \times \frac{222000}{264000} \times \frac{264000}{132000}$$

$$185.00\% = 110.00\% \times 84.09\% \times 200\%$$

$$\overline{X}_1 \sum f_1 - \overline{X}_0 \sum f_0 = \left(\overline{X}_1 \sum f_1 - \overline{X}_0' \sum f_1\right) + \left(\overline{X}_0' \sum f_1 - \overline{X}_0 \sum f_1\right) + \left(\overline{X}_0 \sum f_1 - \overline{X}_0 \sum f_0\right)$$

$$244200 - 132000 = (244200 - 222000) + (222000 - 264000) + (264000 - 132000)$$

$$112200 = 22200 + (-42000) + 132000$$

由固定结构指数可知，熟练工和非熟练工的工资平均提高了 10%，致使企业工人每人工资平均提高了 111 元。然而由可变指数可知，企业工人的总平均工资却下降了 7.5%，企业工人每人工资平均减少了 99 元！原因是，企业的工人结构发生了重大变化：工资水平较低的非熟练工的占比由基期的 30%大幅提高到报告期的 65%。相反，工资水平较高的熟练工的占比则由基期的 70%猛降到报告期的 35%，由结构影响指数可知，工人结构的这种变化，致使企业工人的总平均工资下降 15.91%，工人每人工资平均减少 210 元。在这一增一减因素的共同作用下，最终使企业工人的总平均工资下降 7.5%，工人每人工资平均减少 99 元。

由于熟练工和非熟练工的工资平均提高了 10%，致使企业工人工资总额增加了 222000 元；由于工人结构上述的变化，致使企业工人工资总额减少了 42000 元；又由于工人总人数的变动（由基期 100 人增加到报告期的 200 人），致使工人工资总额增加了 132000 元。

HAPTER 2

第二章　企业人力资源规模、结构与素质统计

[内容提要]

本章全面阐述企业人力资源规模统计的统计原则和统计范围，企业人力资源规模的存量、流量和动态比较的统计口径和度量指标，基于自然和社会属性的企业人力资源结构统计，以及企业人力资源的素质统计的指标体系和综合评价特点、原则程序和方法。

[学习要点]

（1）人力资源规模统计的统计原则与统计范围。
（2）人力资源规模的存量、流量和动态比较统计。
（3）人力资源的社会属性结构统计。
（4）人力资源素质综合评价的特点、原则程序和方法。

第二章 企业人力资源规模、结构与素质统计

第一节 企业人力资源规模统计

企业人力资源的规模统计主要是指从存量、增量及动态比较三个不同角度观察并统计企业人力资源在一定时间内的人员数量、构成及变动情况。它是企业顺利开展生产经营活动的"晴雨表"或"温度计"。客观、合理和规范的人力资源规模统计，可以直观呈现不同时期企业人力资源的存量状况，有利于管理者或研究人员从定量角度客观地评估企业不同阶段所拥有的劳动力资源生产能力，合理地配置企业现有人力资源，并科学地预测企业近期发展潜力。从这一意义上来讲，为更好发挥人力资源规模统计的功能和作用，需要我们准确把握企业人力资源规模统计的基本问题，明确区分人力资源规模的存量、增量和动态比较的统计概念及统计口径。

一、规模统计的基本问题

企业人力资源规模是指企业所拥有的具有能够从事生产活动的脑力和体力劳动者的总人数，具体来说是指从事的工作或服务是与该企业相关联，并由该企业支付劳动报酬或工资的从业人员数。

（一）人力资源规模统计的原则与范围

可以说，人力资源规模统计的内涵和外延为我们提供了分辨人力资源规模统计范围的理想分界线。然而，企业有些时候往往会出现一些处于分界线附近而不易按人力资源规模统计的概念内涵和外延进行归类处理的人力资源状况。例如，已到单位报到一两个月，因手续问题还未领到企业支付的工资或报酬的新员工；或者是企业已停付工资，但还没来得及办理人事关系手续的离职员工；或者是同时在多家单位兼职赚取外快的软件工程师；抑或是在职读研或读博，而人事关系还保留在原工作单位的员工；或者是脱产读研或进修，停职留薪，或者是停薪留职的员工，诸如此类，不一而足。对于这些具体情形的人力资源状况，我们还需要借助一些相应的原则或范围，才能够客观、合理和规范地统计企业人力资源规模状况。

从企业统计核算实践操作来看，企业主要遵循"不重不漏"的要求，依据工资发放和工作关系设立两大统计原则和两大统计范围，以此核算企业人力资源规模。

这两大统计原则分别为如下。

第一，"谁发工资谁统计"原则。这里的工资主要指基本工资。依据谁发基本工资谁统计原则，可以解决同一员工身兼多职的人力资源身份归属纠纷问题。例如，小张在 A 单位上班，B 单位兼职赚外快。如果直接从人力资源规模的概念内涵和外延进行辨别，那么小张同时可算是 A 和 B 单位的人力资源劳动者，但是这样会出现重复计算人力资源的问题。而依据谁发基本工资谁统计原理，小张应该算是 A 单位的人力资源，而不算入 B 单位的人力资源。此外，需要强调一点的是，这一原则比较的是基本工资，而不是薪资的大小。假如，小陈在 C 单位只拿到 3000 元，而在 D 单位拿到的是 6000 元，但是小陈主要人事关系档案是在 C 单位，他在 C 单位拿的 3000 元是其基本工资，那么还是会把小陈算是 C 单位人力资源，而非 D 单位

的人力资源。再退一步讲，假如小陈人事关系均不在两家单位的其中一家，其人事档案关系是挂靠在当地人才市场，那么我们就要看小陈的主要工作是以哪个为主。比如，小陈从周一至周五是在 C 单位上班，而周六日则在 D 单位工作，我们会把小陈归为 C 单位人力资源，而非 D 单位人力资源。

第二，"为谁工作谁统计"原则。依据这一原则，可以处理一些初入职者、工作调动者或离职员工、被裁员者、参军入伍或离职进修者等人员的人力资源归属问题。对刚入职者来说，尽管他们还没拿到工资，但是他们已是企业可以自由支配使用的劳动力资源，理所当然计入企业人力资源规模。而对于调动者或者其他各种形式的离职人员，只要解除工资关系，不再为该企业工作，那么则不计入该企业的人力资源规模。举例来说，小王刚入职 E 单位，由于单位财务处办理工资卡需要时间，小王已入职两个多月但还没拿到工资，我们依据为谁工作谁统计原则，还是会把小王划为 E 单位的人力资源。又如，小李从 E 单位跳槽到 F 单位，E 单位从这个月已停发小李工资，但小李还没办理完离职手续，这个时候，小李不归入 E 单位人力资源。那么，小李能否算是 F 单位人力资源呢？这个就问题的答案取决于 F 单位在这个月开始是否已经为小李计算和发放（以下简称计发）工资。假如 F 单位从这个月起已经开始为小李计发工资，那么依据第一条"谁发工资谁统计"原则，小李可算是 F 单位的人力资源，尽管小李还没到 F 单位报到工作。假如 F 单位要等到小李报到之后才能计发工资，那么小李在这个月既不算是 E 单位人力资源，也不算是 F 单位人力资源。从这一意义上讲，小李这个月就处于待业状态。

两大统计范围则分别如下。

其一，"谁拿工资统计谁"。这样一个统计规则与"谁发工资谁统计"统计原则形似，但是两者有所区别。"谁发工资谁统计"主要视角在于企业，侧重于企业如何解决身兼多职员工的人力资源规模统计对象。而"谁拿工资统计谁"的视角在于员工，侧重解决企业人力资源规模主要员工的统计范围。因而，依据"谁拿工资统计谁"规则，不管员工是出勤或缺勤，编制内或编制外，计划内或计划外，临时工或长期工，试用期或合同期，外派或派遣，只要员工确实拿到了该企业支付的工资，那么该员工就可归入该企业人力资源规模统计的范围。而对于身兼多职者，在此基础上再依据谁发基本工资谁统计的统计原则确定其最终的企业人力资源身份归属问题。

其二，"谁法人随谁统计"。这样一个统计规则主要是从工作关系层面进一步补充"为谁工作谁统计"的统计原则。"为谁工作谁统计"主要解决员工可能出现在不同工作单位过渡时的人力资源规模统计对象的归属问题，而"谁法人随谁统计"则是解决同一家企业同时具有多重身份时如何确定该企业员工的人力资源规模归属哪个统计范围。举例来说，小李所在的 A 公司，它是 B 公司某地区的分公司，由于分公司从法律意义上来讲只是总公司的分支机构，并不具有独立承担民事责任和独立自由开展各项业务活动的法人资格，因此小李的人力资源规模统计应该列入 B 公司当中。而假如小李所在的 A 公司是 B 公司在某地区的子公司，由于从法律意义上讲，子公司具有独立法人资格，在这情形下小李的人力资源规模是列入 A 公司里面，而非列入 B 公司的统计范围。现实经济活动当中，还会出现诸如代表处或办事处（新公司法实施后已取消办事处的说法）的情形，这些均不具有法人资格，因而其员工也理所当然要并入总公司的人力资源规模统计范围。

总而言之，"谁拿工资统计谁"的统计范围和"谁发工资谁统计"的统计原则是从工资发放关系解决员工人力资源划分问题，"谁法人随谁统计"的统计范围和"为谁工作谁统计"的统计原则是从工作隶属关系解决员工人力资源划分问题。此外，"谁发工资谁统计"主要解决同一员工多重工作关系时的人力资源规模统计对象的身份归属难题；而"谁法人随谁统计"则主要解决同一公司具有多重身份时其所管辖员工的人力资源规模统计范围的身份归属问题。

（二）人力资源规模统计应注意的问题

上述两大统计原则和统计范围分别从工资发放和工作关系提供了企业人力资源规模的统计对象和统计范围。基于这四条规则，只要劳动者跟企业存在着基本工资或工作关系，那么基本上可把该劳动者列为人力资源规模统计的范围或对象。然而，在现实生活中，企业核算统计人力资源规模时，还需要注意到一些特殊工资发放或工作关系的人力资源规模统计问题。例如，一批利用暑期到企业实习的大学生，企业给他们发放报酬，他们与企业也有一至两个月的工作关系；或者是临时给军工企业提供兵器、核工业、航空等专业生产技术或参与该企业生产过程的军工人员，企业给他们提供报酬，他们在短期内也跟企业有着工作合作关系。但是，企业在进行人力资源规模核算时，却不宜把他们列为统计对象。主要原因有两个，其一，这批实习生或军工人员并不是企业完全可以自由支配安排的劳动力；其二，若把他们列为统计对象，会虚增该阶段企业的人力资源规模，不利于企业不同时段的人力资源规模对比、评估和决策。另外，对于被剥夺政治权利受到刑事处罚的犯罪者，尽管他们在企业内工作，也与企业有工资发放关系，但是由于他们是政治权利受限的特殊从业人员，不是企业可以完全自由支配的劳动力资源，因而也不会把他们列为企业人力资源规模统计对象。然而，对于一些劳动能力或劳动范围可能受限的残疾人群体，只要他们与单位确实存在的工作关系，或者是存在工资发放关系符合上述四条统计规则之一，我们还是会把他们列为统计对象。

此外，还有一种情形是，尽管跟企业有着业务工作关系，但是只要不存在工资发放关系，企业核算人力资源规模时，不把他们列为统计对象。例如，承包公司产品的销售业务、半成品加工、包装、运输等业务，但是自负盈亏的个体工商户；或者是停薪留职、自费脱产进修或出国探亲人员等。

简而言之，企业在进行人力资源规模统计时，需要注意这样一条潜在的统计原理：工资发放是核心，工作关系是补充，企业能否自由支配劳动力资源是关键。

解决了企业人力资源规模统计的基本问题，我们就可以从存量、增量和动态比较三个不同视角核算统计企业人力资源规模。具体内容如下所示。

二、规模的存量统计

从人力资源规模的存量统计角度来看，可以采用两个不同的统计指标，一个是时点规模，另一个是时期规模，也称为平均规模。

（一）时点规模

企业人力资源的时点规模主要是指统计某个时点，诸如某月、某季度、某年度的某个具体时间点的企业人力资源规模总量。在企业实践当中，往往普遍采用期初或期末这两个不同时间点，因而就形成诸如某月期初或期末人数，某季度期初或期末人数，或某年度期初或期末人数。相比来说，期末人数比期初人数更为普遍常用，它往往是企业编制人力资源计划和决定是否需要招聘新人员的重要决策依据。

为区分出企业长期劳动力和短期劳动力，企业也可以采用分类统计的方式，如分别统计不同时点的企业员工规模总数和临时工人员总数，或者是从业人员总数，以此作为企业人力资源配置的决策依据。

（二）时期规模

企业人力资源的时期规模，也称为平均规模，主要指统计某个时期，诸如某个月、某个季度或某年度一段时间内企业的平均人力资源规模拥有量。常用的有四个时期规模统计指标，分别为月平均人数、季度平均人数、半年平均人数和年平均人数。

（1）月平均人数，是指企业在一个月内平均每天所拥有的人力资源规模数量，它是所报告月份每天实有从业人员的序时平均数。其计算公式为

$$月平均人数 = \frac{月内每天人数总和}{月内日历天数}$$

例如，某个企业的 4 月份，1~10 日每天的人力资源规模数量为 150 人，11~20 日每天的人力资源规模数量为 160 人，21~30 日每天的人力资源规模数量为 155 人。那么该企业 4 月份的月平均人数则为

$$4月平均人数 = \frac{150 \times 10 + 160 \times 10 + 155 \times 10}{10 + 10 + 10} = 155$$

在计算月平均人数时，需要注意的是：分母是该月的总天数，而不是实际的工作日；而分子是企业的实有从业人员总数，而不是应有从业人员总数。假如 A 公司在非闰年的 2 月 14 号开工，公司应有从业人员总数为 173 人，但公司批准其中 3 人停薪留职至明年上班；2 月 14 日至 2 月 24 日期间适逢两个周六日，均不用上班；而 2 月 25 日至 28 日，因特殊天气缘故公司不开工，那么该公司 2 月份的平均人数则为

$$2月平均人数 = \frac{(173-3) \times (11-4)}{28} \approx 43$$

（2）季度平均人数，是指企业在所报告季度内平均每天实际拥有的人力资源规模数量，它是所报告季度内各月平均人数的序时平均数。其计算公式为

$$季度平均人数 = \frac{季度内每天实有人数累计}{季度内日历天数} \approx \frac{季度内各月平均人数}{3}$$

例如，假设 A 公司在 1 月份平均人数为 50 人，2 月份平均人数为 55 人，3 月份平均人数为 65 人，在不知道每季度每天实有人数信息条件下，可以采用三个月的平均数来估算 A 公司第一季度的平均人数，具体计算结果为

$$第一季度平均人数 = \frac{50 + 55 + 65}{3} \approx 57$$

（3）半年平均人数，是指企业在所报告半年度内平均每天实际拥有的人力资源规模数量，它可以是所报告半年内各月平均人数的序时平均数，或者是它是所报告季度内各季度平均人

数的序时平均数。其计算公式为

$$半年平均人数 = \frac{半年内每天实有人数累计}{半年内日历天数} \approx \frac{半年内各月平均人数}{6} \approx \frac{半年内各季度平均人数}{3}$$

（4）年平均人数，是指企业在所报告年度内平均每天实际拥有的人力资源规模数量，它可以是所报告年度内各月平均人数的序时平均数，或者是所报告年度内各季度平均人数的序时平均数，抑或者所报告年度内半年平均人数的序时平均数。其计算公式为

$$年平均人数 = \frac{年内每天实有人数累计}{年内日历天数} \approx \frac{年内各月平均人数}{6}$$
$$\approx \frac{年内各季度平均人数}{3} \approx \frac{年内各半年度平均人数}{2}$$

三、规模的增量统计

上面主要是从某个时点或时期统计企业人力资源存量总量，它是一个静态指标。然而，由于不同时期企业的人力资源往往处于流动状态，有些时候我们更关心企业在某段时期内人力资源规模的变动情况，即关心企业人力资源的比较静态或动态变化情况。通过比较静态或动态变化的统计核算，可以依此间接判断该企业对人力资源的吸引力程度，评价该企业的人才管理机制，并为企业的招聘决策或人力资源管理制度提供科学合理的建议。

企业人力资源规模的增量统计，是指某一个时期内企业人力资源数量的变动情况，它是基于比较静态分析角度统计人力资源规模变动状况。人力资源在市场上进行自由流动时，会产生两种不同情形。第一种情形，在微观层面上某个企业人力资源数量的增加或减少，对应着某些企业人力资源数量的减少或增加，而宏观层面社会人力资源总量保持不变。这样一种微观层面企业人力资源净增量非零而宏观层面社会人力资源净增量为零的人力资源规模变动状况，称为人力资源规模的机械变动。而假如微观层面企业人力资源的增加或减少最终影响到宏观层面的社会人力资源规模总量，那么则称为人力资源规模的自然变动。

不同类型的人力资源变动状况，往往会对人力资源规模的自然变动或机械变动。对一个社会来说，适龄劳动者开始进入劳动力市场，或者是劳动者达到法定退休年龄退出劳动力市场，这往往会使得人力资源规模发生自然变动。例如，第一次到工作单位报到的大中专毕业生小赵，或者是达到法定工作年龄开始走上就业之路的小钱，或者是归国定居的就业人员小孙，或者是一直扮演贤妻良母角色最后终于迈出家门走上工作岗位的小李，或者是青年时参军现退伍并找到工作单位的小周，抑或者年轻时落下莫名疾病终遇良医脱胎换骨走上从业之路的小吴，诸如赵钱孙李周吴这类从业人员，均对应着人力资源规模自然变动的增量。而对于已退休休闲在家的老何，或者是因病或工伤丧失劳动力赋闲在家的老许和老孔，或者是因病死亡的老姜，或者是选择移民定居海外的老曹，或者因犯罪而入狱的老谢等，诸如何许孔姜曹谢等，均对应着人力资源规模自然变动的减量。而对于现有劳动力在不同行业、不同企业、不同地区、不同岗位之间流动，但在整个流动过程当中整个社会的劳动力总量维持不变，则是人力资源规模的机械变动。举例来说，一直从事文艺工作但因家人不满意最终换到高大上的银行柜台工作的小郑，或者是觉得A工作单位工作累且苦逼而工资报酬太低最终跳槽到同行业B单位的小王，或者是多年饱受异地恋之苦最终从广州分公司跳至北京总部的小杨，或者是因多次销售业绩太差被公

司从销售岗位调到客服岗位的小朱，诸如郑王杨朱这类人员的人力资源流动，劳动力在不同企业只是此增彼减而总量不变的情形，均归属于人力资源规模机械变动。

自然变动或机械变动，主要是针对宏观层面人力资源状况而言；而从微观层面看，企业人力资源增量统计主要看是增量还是减量，它对应企业人力资源的增员或者减员情形。因而结合宏观、微观层面，可以得到四个不同的组合：自然增员、机械增员、自然减员和机械减员，并分别用新增人数、流入人数、减少人数和流出人数依序对应相应组合人员。

（一）增员统计

增员统计主要是指某一段时间内企业人力资源增量是增加的情形。这样一个人力资源增员类型，可以再细分为自然增员和机械增员两种不同情形。

（1）自然增员：绝对数与相对数。自然增员主要指该企业人力资源增加的数量来自于企业招募到第一次进入劳动力市场的劳动者。例如，企业从大中专应届毕业生专场所招募到的劳动者；或者是从海外留学归国人员专场所招募到的海归人员；诸如此类，不一而足，把它简称为企业新增人数。而从统计口径来看，存在着自然增员绝对数和相对数两种不同情形。这两者的公式分别为

自然增员绝对数 = 报告期内企业新增人数

$$自然增员相对数 = \frac{自然增员绝对数}{增员绝对数} \times 100\%$$

$$= \frac{自然增员绝对数}{报告期企业人力资源总量 - 基期企业人力资源总量} \times 100\%$$

（2）机械增员：绝对数与相对数。机械增员主要指该企业人力资源增员主要来自于其他行业或企业减少的劳动力资源。它是现有劳动力从其他地区、其他行业、其他岗位调入的结果，把它简称为企业流入人员。从统计口径看，同样存在着机械增员绝对数和相对数两种不同情形，这两者的公式分别为

机械增员绝对数 = 报告期内企业新流入人员

$$机械增员相对数 = \frac{机械增员绝对数}{增员绝对数} \times 100\%$$

$$= \frac{机械增员绝对数}{报告期企业人力资源总量 - 基期企业人力资源总量} \times 100\%$$

（二）减员统计

减员统计和增员统计其实是一个硬币的两个方面。减员统计主要是指某一段时间内企业人力资源增量是减少的情形。这样一个人力资源减员类型，也可细分为自然减员和机械减员两种不同情形。

（1）自然减员：绝对数与相对数。自然减员主要是指该企业人力资源减加的数量来自于企业现有劳动力退出整个劳动力市场，简称为企业减少人员。而从统计口径来看，存在着自然减员绝对数和相对数两种不同情形。这两者的公式分别为

自然减员绝对数 = 报告期内企业减少人员总数

$$自然减员相对数 = \frac{自然减员绝对数}{增员绝对数} \times 100\%$$

$$= \frac{自然减员绝对数}{报告期企业人力资源总量-基期企业人力资源总量} \times 100\%$$

（2）机械减员：绝对数与相对数。机械减员主要是指从该企业调出或者跟该企业解除劳动合同而进入其他企业的劳动者数量，简称为企业流出人员。从统计口径看，同样存在着机械减员绝对数和相对数两种不同情形，这两者的公式分别为

$$机械减员绝对数 = 报告期内企业流出人员$$

$$机械减员相对数 = \frac{机械减员绝对数}{增员绝对数} \times 100\%$$

$$= \frac{机械减员绝对数}{报告期企业人力资源总量-基期企业人力资源总量} \times 100\%$$

（三）人员净增统计

人员的净增统计，主要是不考虑人力资源的自然变动或机械变动情形，而只考虑企业人力资源在某段时间内的净增量变化。净增可以是正数的增员，也可以是负数的减员。细分绝对数和相对数来看，人员净增统计公式可表示如下

$$人员净增绝对数 = 企业新增人员 + 企业流入人员 = 自然增员 + 机械增员$$

$$人员净增相对数 = \frac{自然增员 + 机械增员}{基期企业人力资源总量} \times 100\%$$

（四）人员周转统计

从企业人员周转率来看，存在着三个不同的统计指标：企业人力资源流入率、企业人力资源流出率和企业人力资源总周转率。这三个公式分别表示如下

$$企业人力资源流入率 = \frac{报告期内企业流入人数}{报告期企业人力资源总量}$$

$$企业人力资源流出率 = \frac{报告期内企业流出人数}{报告期企业人力资源总量}$$

$$企业人力资源总周转率 = \frac{报告期内企业流入人数 + 报告期内企业流出人数}{报告期内企业人力资源平均总量}$$

（五）人员变动平衡统计

从人员变动来看，企业人力资源流入和流出的规模与企业基期和报告期的企业人力资源总量是相联系在一块的，这可通过平衡公式或平衡表进行表示。具体来讲，平衡公式和平衡表的具体结果如下所示。

（1）平衡公式。依据基期和报告期人力资源总量之间的关系，可得到如下平衡公式：

$$报告期企业人力资源总量 = 基期企业人力资源总量 + 本期流入人数 - 本期流出人数 + 本期新增人数 - 本期减少人数$$

上式是从报告期和基期的平衡角度考虑，由上式进行简单转换，可变为如下形式：

$$报告期企业人力资源总量 + 本期流出人数 + 本期减少人数 = 基期企业人力资源总量 + 本期流入人数 + 本期新增人数$$

（2）平衡表。依据平衡公式，可得到如表2.1所示的企业人力资源规模变动的平衡表。

表2.1 企业人力资源规模变动平衡表

来源	人数	去向	人数
（1）基期人力资源总量		（1）本期减少人数	
（2）本期新增人数		离职、退休人员	
新聘用的大中专毕业生		因病或工伤丧失劳动能力人员	
新招录的家务劳动者		移民人员	
新引进的海外归国人员		死亡人员	
新录用初次工作的社会青年		……	
……		（2）本期流出人数	
（3）本期流入人数		企业调出人员	
企业调入人员		（3）期末人员	
总数		总数	

注：陈嗣成. 企业人力资源管理统计学. 2版. 北京：中国劳动社会保障出版社，2005：27. 本表在原表基础上有所修改

四、规模的动态比较统计

企业人力资源规模的动态比较，主要是明确比较两个不同时期企业人力资源规模的变动情形。从统计指标来看，存在人力资源规模变动的绝对数、人力资源规模变动的动态指数和总变动率指数。具体表示如下。

（一）企业人力资源规模变动绝对数

企业人力资源规模变动绝对数＝报告期企业人力资源总量－基期企业人力资源总量

（二）企业人力资源规模变动的相对数

$$\text{企业人力资源规模动态指标} = \frac{\text{报告期企业人力资源总量}}{\text{基期企业人力资源总量}} \times 100\%$$

$$\text{企业人力资源规模总变动率} = \frac{\text{报告期企业人力资源总量} - \text{基期企业人力资源总量}}{\text{基期企业人力资源总量}} \times 100\%$$

第二节 企业人力资源的结构统计

在第一节中，主要是从企业人力资源规模这样一个统计指标去观察企业可自由支配的劳动力资源状况。然而，由于规模指标统计过程中抽象掉了个体的诸多自然属性和不同社会工作的具体特征，通过规模指标只能看到一个劳动力数量，并不清楚这样一个具体数量所对应的具体结构。同样一个劳动力资源规模，由不同结构组成时会很可能产生完全不一样的生产能力和潜力。例如，同样是100个单位的劳动力资源规模，在A公司是80名初级技工和20名高级技工所组成；而在B公司则是80名高级技工和20名初级技工所组成的。A和B两家公司的人力资源规模一样，但是因结构不同，A和B两家公司的生产能力和产品质量很可能

会存在非常明显的差别。这意味着，为更科学地比较和评估企业的劳动力资源状况，除了人力资源规模这样一个统计指标，还需要考虑企业的人力资源结构问题。

从企业人力资源结构角度来看，可以有两种不同的统计口径。一种是从劳动者的自然属性区分不同结构；另一种则是从劳动者所从事的不同社会工作类型，即社会属性区分不同结构。具体划分情形如下。

一、企业人力资源的自然属性结构

企业人力资源的自然属性结构，主要是指从劳动者的性别、年龄、受教育程度和民族等社会经济人口特征等自然属性划分企业人力资源规模。依此自然属性，可以划分为不同类别的人力资源规模。主要的人力资源自然属性结构类别如下。

（一）企业人力资源的性别结构

依性别可以划分为男性和女性的人力资源。这是最为普遍的结构分类方法，由男性和女性人力资源比例可以得知不同企业以及同一企业不同工作的性别偏好，并合理平衡不同企业和不同工作中的性别分布比例。

（二）企业人力资源的年龄结构

从年龄结构看，可划分为老中青三个年龄时段。50岁及以上，归类为老年劳动力资源；35~49岁，划分为中年劳动力资源；16~34岁，归类为青年劳动力资源。16岁以下则为未成年人劳动力，归为童工问题，为法律所禁止，通常不在讨论范围之内。一般来说，为维持企业的可持续发展，需要老中青三个不同年龄结构的人力资源能够呈现均匀或者合适梯度的分布比例。

（三）企业人力资源的学历结构

从劳动者不同教育程度来看，可以把人力资源划分为不同的学历结构。例如，研究生学历、本科学历、专科学历、高中及中专学历、初中学历、小学及以下学历。一般而言，不同行业企业很可能呈现差异的人力资源学历结构。例如，在一些鞋、衣服等加工制造企业当中，人力资源的学历结构可能会集中于高中及中专或初中及以下学历；而在从事金融投资理财业务的企业当中，更多的是研究生学历或本科学历。不同行业有着不同的学历结构；而同行业从事同业务的企业，其人力资源学历结构往往是可相互借鉴或比较的对象。

（四）企业人力资源的民族结构

依据不同民族，可以把企业人力资源划分为汉族和非汉族两大类。这样一个统计指标，有利于各省市及国家人力资源与社会保障部统计分析各民族在各行业各企业的就业分布情况。它为宏观层面的少数民族就业政策制定提供微观数据基础。

二、企业人力资源的社会属性结构

企业人力资源除了从劳动者的自然属性划分不同类别，还可根据其所从事社会工作的职业、等级、岗位及工期等角度进行划分，这可形成企业人力资源的社会属性结构。相比而言，在企业管理实践当中，依据社会属性划分不同企业人力资源结构更为普遍和实用。

（一）企业人力资源的职业结构

企业人力资源的职业结构主要是依据劳动者所从事社会工作的性质划分企业人力资源类别。现有职业结构分类主要依据《中华人民共和国职业分类大典》（以下简称《大典》）。它是原劳动部、国家统计局、原国家技术监督局于1995年联合成立"国家职业分类大典和职业资格工作委员会"耗时4年编制完成的，并于1999年5月正式颁布，现已经历十多年。国家劳动和社会保障部也依据近十几年涌现的一些新职业，多次对1999年《大典》版本进行修订和增补，不过至今该《大典》的大类结构和分类依然保持不变。本章在此沿用《大典》8个大类、66个中类、413个小类和1838上细类的分类结构。从表2.2可看出《大典》的具体分类情况。

《大典》的大、中类划分可以从宏观层面统计国家或某个地区的人力资源规模具体结构。国家或各省市统计年鉴以及劳动统计年鉴也往往会依据《大典》的大类或中类披露全国或某个省市地区不同年度的从业人员数量。而《大典》中的小类和细类则可适用于微观层面统计企业内部的人力资源规模结构。例如，从电力生产企业来看①，可分为7个小类，具体分为电力设备安装人员、发电运行值班人员、输电配电变电设备值班人员、电力设备检修人员、供用电人员、生活生产电力设备安装操作修理人员、其他电力设备安装运行检修及供电人员。而从其中的供电人员这一小类来看②，又可细分为6个细类，具体分别为电力负荷控制员、用电监察员、抄表核算收费员、装表接电工、电能计量装置检修工、其他供用电人员。又如，从第三大类的邮政办事人员小类来看，细分为9个细类③，如邮政营业员、邮件处理员、投递员、邮政储汇员、报刊发行员、集邮业务员、邮政业务档案员、邮政机务员、其他邮政业务人员。而从第六大类的织造生产工人小类来看④，分为7个细类人员，分别为整经工、浆纱工、穿经工、织布工、织物验修工、意匠纹版工、其他织造人员。由这些具体例子可看出，《大典》当中的小类特别是细类，为企业设置相应专业岗位乃至统计职业结构的人力资源规模提供了科学、规范和合理的职业类别（表2.2）。

表2.2 《中华人民共和国职业分类大典》职业分类结构

类别	大类名称	中类	小类	细类
第一大类	国家机关、党群组织、企业、事业单位负责人	5	16	25
第二大类	专业技术人员	14	115	379
第三大类	办事人员和有关人员	4	12	45
第四大类	商业、服务业人员	8	43	147
第五大类	农、林、牧、渔、水利业生产人员	6	30	121
第六大类	生产、运输设备操作员及有关人员	27	195	1119
第七大类	军人	1	1	1
第八大类	不便分类的其他从业人员	1	1	1
合计		66	413	1838

注：国家职业分类大典和职业资格工作委员会. 中华人民共和国职业分类大典[G]. 北京：中国劳动社会保障出版社，1999

---

① 《中华人民共和国职业分类大典》对应编码为6-07中类。
② 《中华人民共和国职业分类大典》对应编码为6-07-05小类。
③ 《中华人民共和国职业分类大典》对应编码为3-03-01小类。
④ 《中华人民共和国职业分类大典》对应编码为6-10-03小类。

（二）企业人力资源的等级结构

企业人力资源的职业等级主要是依据劳动者不同职业技能水平划分为不同等级的人力资源结构。对于不同职业，我国采用五个等级的职业资格结构，分别为国家职业资格五级、国家职业资格四级、国家职业资格三级、国家职业资格二级和国家职业资格一级。每个等级分别对应着初级技能（五级）、中级技能（四级）、高级技能（三级）、技师（二级）和高级技师（一级）。对应于每个技能等级的职工，可分别依序简称为初级工、中级工、高级工、技师和高级技师。这五个等级还可以分为两个层次，其中初级技能、中级技能和高级技能属于技能层次，而技师和高级技师则属于技术层次。

（三）企业人力资源的岗位结构

企业人力资源的岗位结构可分为管理岗位、专业技术岗位和工勤技能岗位三种类别。其中管理岗位指担负领导职责或管理任务的工作岗位。专业技术岗位指从事专业技术工作，具有相应专业技术水平和能力要求的工作岗位。工勤技能岗位，也简称为工勤岗位，是指从事简单体力工作或一般技术工种的岗位。

细分各岗位等级来看，管理岗位有 10 个等级。依据人事部规定，部级正职、部级副职、厅级正职、厅级副职、处级正职、处级副职、科级正职、科级副职、科员、办事员依序分别对应一级至十级的管理岗位。专业技术岗位分为 13 个等级，细分为高级岗位、中级岗位和初级岗位。其中，高级岗位有 7 个等级，可再细分为正高级岗位和副高级岗位，前者由高至低分别对应一级至四级，后者则分别对应五级至七级。中级岗位则分为 3 个等级，由高至低分别对应八级至十级。初级岗位分 3 个等级，分别对应十一级至十三级。其中，最低的十三级岗位也称为员级。而工勤岗位包括技术工岗位和普通工岗位，技术工岗位由高至低分别对应上面所述级的五个职业等级：高级技师、技师、高级工、中级工和初级工。普通工岗位不分等级。

这三类岗位结构普遍出现在事业单位性质的企业当中。对非事业单位企业来说，这三类结构也有借鉴意义，因为企业所有人员所从事的工作均可划分为管理工作、专业技术工作或工勤工作，而且也同样存在着不同等级的岗位结构。只不过，在非事业单位企业当中，并非采用事业单位的岗位等级结构。例如，对于管理岗位，取而代之的可能是董事长、总经理、区域经理、部门经理等。对于不同技术工作，可能易名为学员、助理技术员、技术员、工程师和高级工程师等。而工勤岗位，则对应企业的生产服务或勤杂辅助人员。

对于同时从事管理岗位、专业技术岗位或工勤岗位等两个或以上岗位的"双肩挑"或"多肩挑"的企业工作人员，如何确定其具体岗位类别归属呢？一般来说，看哪一个是主岗位，哪一个是副岗位（或者说兼职岗位），依据主岗位确定该人力资源的岗位归属。关键问题在于，有些时候主副岗位并不是那么明晰，此时应该依据什么标准去判断哪个是主岗位，哪个是副岗位？从实际操作层面看，可以依据工资发放关系和实际工作时长进行划分，其中工资发放关系为主，实际工作时长为辅。例如，小王是他们单位的高级工程师，后来又同时升任研发部部长一职，这是典型的专业技术岗和管理岗"双肩挑"的情形。不同单位对于"双肩挑"或"多肩挑"的薪酬比例可能有所差别。假如单位财务处发放给小王的工资比例当中，以工程师专业技术所取得的薪酬大于研发部部长一职的薪酬，那么可把小

王归类为专业技术岗位；假如是工程师薪酬部分小于研发部部长薪酬，那么可把小王归类为管理岗位。有时单位专业技术工作的薪酬取决于不同技术工作业绩，这可能会出现不同月份技术专业工作报酬是浮动变化。因而以工资发放薪酬进行比较时，可能会出现有些月份高而有些月份低的情形，而我们不可能在上个月把小王归为专业技术岗位，下个月又把其归为管理岗位。这个时候可以依据劳动者在不同岗位的工作时间差异去划分。假如小王担任研发部部长之后，主要还是从事研发工作，或者说小王工作大部分时间是花在研发工作上，而非管理工作上，那么我们可以把小王归类为专业技术岗位。假如小王担任研究部部长一职之后，主要工作重心是放在研究项目的招标、开发、落实和监督等管理工作上，那么我们可以把小王归到管理岗位。

（四）企业人力资源的工期结构

企业人力资源的工期结构主要是以人力资源从事工作的实际时长或合同劳动期限进行划分的人力资源结构。根据时间长度，可分为长期、中期、短期和临时四种不同的工期结构。其中长期是指在时间长度已经满 10 年或以上；而中期则是指时间长度大于 3 年小于 10 年；而短期则指时间长度在 1~3 年之内；临时则是指时间在 1 年之内。

依据劳动者从事工作的实际时长可以得到长期、中期、短期和临时等不同工作经验的人力资源工期类型。不同类型反映出劳动者差异的工作经验和工龄，它是企业在制订产品产量和质量计划时，对人力资源进行合理配置时需要着重考虑的一个因素之一。

工作时长是从劳动者角度去考虑人力资源的工期结构问题，而从企业角度来看，依据它与劳动者所签订的劳动合同期限，可以划分为长期职工、中期职工、短期职工和临时工。对劳动者来说，可以具有长期工作经验（10年及以上），但是其是短期职工，比如，三年一签；也可能是临时工。比如，在建筑行业从事抹灰工作十多年但是一直都是临时工的农民。

第三节　企业人力资源的素质统计

第一节和第二节已分别介绍了如何从规模和结构统计企业人力资源。不过，这些指标大都是从规模和结构的不同角度提供企业可自由支配的劳动力资源的数量，却没有提供诸如劳动力质量的详细信息。在企业人力资源的结构统计指标当中，企业人力资源的学历结构和等级结构则是例外，它们不仅提供了相关人力资源结构的数量信息，也间接反映出不同质量的人力资源分布情况。除了学历结构和等级结构指标，诸如劳动积极性、独立劳动能力和团队合作能力均可反映出企业劳动力质量问题，这些能够集中反映企业劳动力质量高低程度的指标可统称为企业人力资源的素质统计。反映劳动力质量的素质统计指标与反映劳动力者数量的规模及结构指标，两者一起才能完整地呈现整个企业人力资源状况。

一、企业人力资源素质的指标体系

劳动者体力、智力、健康状况、口头表达能力、文字表达能力、独立工作能力、团队合作能力、文化程度、劳动积极性、群体素质等反映单个和整体劳动者质量的各维度指标均构成企业人力资源素质的指标体系。在这当中，劳动积极性、独立劳动能力及团队合作能力是反映劳动者质量的核心指标，因而它们也是企业人力资源素质指标体系中的重要统计指标。

（一）劳动积极性

劳动积极性主要反映劳动者或劳动者群体参与企业工作的积极程度，它包含劳动态度、劳动行为和劳动效果三个方面的内容。它是一个抽象概念，但是可以通过劳动者或劳动群体的具体劳动参与行为和劳动效果得到反映。具体来说，在同等条件下，劳动积极性越高的劳动者或劳动群体，其参与劳动的出勤率会更高，单位时间完成的产量和质量相对较高，或者单位产量所需要的劳动时间相对较低。因而，在同等条件下，劳动者或劳动群体的出勤率或劳动生产率，可以成为测度劳动积极性的工具变量。其具体测度指标如下。

（1）出勤率。它可以分为两个指标，单个劳动者的出勤率和整个单位或团队的劳动群体出勤率，两者的统计对象有所差异，前者是出勤的工时或天数进行计算，后者则是以人数进行计算。具体计算公式如下

$$单个劳动者出勤率 = \frac{报告期内实际出勤工时或天数}{报告期内应该出勤的工时或天数}$$

$$整个劳动群体出勤率 = \frac{报告期内实际出勤人数}{报告期内应该出勤的人数}$$

（2）劳动生产率。它是指单位时间内完成的工作量，或者单个工作量所需要完成的实际劳动时间。它同样可分为单个劳动者和整个劳动群体的劳动生产率，具体计算公式分别如下

$$单个劳动者劳动生产率 = \frac{单位时间的实际工作量}{单位时间内的定额产量} \times 100\%$$

$$单个劳动者劳动生产率 = \frac{单位产量的实际工作时间}{单位产量的定额时间} \times 100\%$$

$$整个劳动者群体劳动生产率 = \frac{单位时间的群体实际工作量}{单位时间内的群体定额产量} \times 100\%$$

$$整个劳动者群体劳动生产率 = \frac{单位产量的群体劳动时间}{单位产量的群体定额时间} \times 100\%$$

（二）独立劳动能力

独立劳动能力同样是一个很宽泛的概念，它可包含劳动者的体力、智力、口头表达能力、文字表达能力、独立工作能力等各个能力维度。它是综合各个维度能力的一个综合指标。一般来说，可以通过各个能力维度得分的简单加权方法评价劳动者能力。例如，小王、小李和小陈三人在体力、智力、口头表达能力、文字表达能力和独立工作能力各个能力维度方面的得分如表 2.3 所示，三人所在公司人力资源部门根据以往实践经验，对于上述各个能力维度权重依序赋值为 0.1、0.3、0.2、0.2、0.2。那么，依据各项得分及权重，可以分别算出小王、小李和小陈三人的独立劳动能力的评价指数。

表 2.3　独立劳动能力计算示例

	体力	智力	口头表达能力	文字表达能力	独立工作能力
小王	85	88	97	90	70
小李	80	80	90	86	90
小陈	70	90	88	80	98

小王的独立劳动能力得分：

$$85×0.1+88×0.3+97×0.2+90×0.2+70×0.2=86.3$$

小李的独立劳动能力得分：

$$80×0.1+80×0.3+90×0.2+86×0.2+90×0.2=85.2$$

小陈的独立劳动能力得分：

$$70×0.1+90×0.3+88×0.2+80×0.2+98×0.2=87.2$$

因而，依据测度和相应权重结果，可以从量化角度比较小王、小李和小陈的独立劳动能力差异，即小陈独立劳动能力高于小王，后者又高于小李。

需要指出的是，对于体力、智力、口头表达能力、文字表达能力和独立工作能力等各个能力维度测量，每个能力指标都可以是一个综合指标的结果。例如，可以通过双标水法（doubly labeled water）、间接热量测度法（indirect calorimetry）、体力活动问卷（physical activity questionnaires）、心率表（heart rate monitors）及运动传感器（motion sensors）等测量体力活动。通过瑞文标准推理测验（Raven's Standard Progressive Matrices，SPM）、DN 认知评价系统（Das-Naglieri Cognitive Assessment System，CAS）、认知能力测验量表（Cognitive Measurement Abilities，CAM）、学习潜能评估工具（Learning Potential Assessment Device，LPAD）等测度劳动者的智力及能力。而对于各项能力维度权重比例，可以采用实际经验的权重比例，或者依据专定评估方法得到相应权重比例，进而依据简单加权方法得到具体独立劳动能力评价指数。

由单个劳动者每项能力维度汇总平均可得到整个劳动者群体每项能力维度得分，再依据权重进行简单加权，就可以通过量化指标比较不同劳动群体的独立劳动能力差异。不过这种比较只是衡量劳动群体在个人独立劳动能力方面的平均差异，而非整个劳动群体的能力差异。度量后者，同时需要借助团队合作能力指标。

（三）团队合作能力

即便每个人的独立劳动能力综合评价指数较低，但是若各人各司其职，充分发挥其特长，那么专业化分工可大大提高整个劳动群体劳动生产率，整个劳动群体的整体劳动能力可处于较高水平。反之，若每个人的独立劳动能力综合评价指数较高，但是相互协调合作性较差，内耗严重，那么整个劳动群体的整体劳动能力可能处于较低水平。对一些个人独立工作能力无法完全胜任的公共项目来说，团队合作能力尤为重要。即使是个人独立工作能力能够胜任的工作，专业化分工依然可以发挥团队协作优势，大大提高整体生产率。因而，度量劳动者相互协调合作完成工作的团队合作能力，理所当然成为人力资源素质的一个重要指标。

需要指出的是，团队合作能力可以是一个个体度量指标，它可独立于具体团队组织而存在，可以客观测度和反映个体在团队工作中的协调配合程度。在团队合作过程当中，因为个体努力工作需要付出辛苦的代价，所以自私或团队合作能力较低的员工往往会减少自己努力工作程度而希望由别人承担更多工作量，这种在团队合作中偷懒或卸责的行为就是团队合作中的搭便车行为。

那么，如何测度个体团队合作能力？从现有实践和研究来看，可以采用两种不同方法。一种是问卷访谈法，可以采用 100 分量度由自评和他评组成。自评是自己对自己团队合作能力进行打分；他评则是由该员工所在单位的其他员工和领导对个体平时在团队工作的具体表现进行评分[①]。根据自评和他评分数采用合适权重进行简单加总，可得到该个体的团队合作能力指标。另外一种方法则可以采用公共品实验方法。具体方法可借鉴费尔和盖特（Fehr and Gächter，2000）经典的公共品实验设置测度个体真实的团队合作能力，具体来说，该标准公共品实验设置如下[②]：4 人一组，每人有 20 个筹码作为初始投资禀赋，个体可以选择投资于公共账户或私人账户。对于公共账户，不管投资与否和投资多少，每人均可获益；投资该账户的每单位收益会变为原来的 1.6 倍，然后在 4 人之间平分。20 个筹码扣除个人投资于公共账户的投资额，默认为私人账户投资额，金额不变。该期博弈之后，个人在私人账户和公共账户上的收益即可按兑换比率获得相应的现金报酬。在这当中，群体最优选择是每个人都把 20 个筹码投资于公共账户，此时团队中每个人的最终收益为 32，而假如每个人都是自私的，或者没有团队合作能力，那么个体的最终收益只有 20。因而，依据个体投资于公共账户的比例，可以以此评价个体的团队合作能力。假如个体投资于公共账户的筹码为 n（$0 \leqslant n \leqslant 20$），那么该个体的团队合作能力可表示如下

$$个体团体合作能力得分 = \frac{n}{20} \times 100$$

具体来说，假如小李投资公共账户的筹码为 10，小王投资公共账户的筹码为 15，小陈和小潘对公共账户的投资额分别为 0 和 20，那么通过这样一个实际的公共投资决策，可以测度得到小李、小王、小陈和小潘各自的团队合作能力分别为 50，75，0 和 100。

二、企业人力资源素质的综合评价

企业人力资源素质的综合评价，是指依据企业人力资源素质的指标体系，测度每个人力资源素质指标的具体量度值，并赋予各个指标体系合适的权重关系，经简单加总得到一个企业人力资源素质的综合评价指数，由此综合和量化指标客观评价企业人力资源的质量及素质。它可为同行业不同企业、同企业不同机构或部门提供了企业人力资源素质的科学比较和评估基础，为人力资源的合理和优化配置提供决策依据。对此，本节在此着重介绍综合评价的特点、原则、程序和方法。

---

① 对于单位规模较小的单位，其他员工可以是单位的所有其他员工。对于单位规模较大的单位，可以细化到其所在的工作小组或具体团队。

② 该实验设置源自 Fehr 和 Gächter（2000），此处描述转引自周业安等（2013）。

(一) 综合评价的特点

从企业人力资源素质的综合评价来看，它具有以下四个方面的特点。

(1) 数量化。早期实践和研究主要是从主观角度评价企业人力资源素质。例如，对于劳动积极性，主要是用"劳动积极性高""劳动积极性不足""劳动积极性低下"等主观词汇判断个体参与劳动的积极性程度。对于独立劳动能力和团队合作能力，往往采用"很好""好""一般""不好""非常差"五个主观评价维度，或者是"好""一般""差"三个主观评价维度。这样的评价方式比较简单，而且主观性太强，因人而异，因时而异，测度结果不客观。而企业人力资源素质综合评价指标，更多的是借助一些可量化指标，通过出勤率、劳动生产率、独立劳动能力评价指数和个体团队合作能力得分，客观地呈现抽象化的劳动积极性、独立劳动能力和团队合作能力。对于一些抽象化的人力资源素质概念，均尽量以量化指标间接地度量和反映各个不同维度的人力资源素质情况。

(2) 综合性。由于企业人力资源素质指标体系涉及劳动者多个方面的特征和因素，诸如劳动者的体力、智力、健康状况、口头表达能力、文字表达能力、独立工作能力、团队合作能力、文化程度、劳动积极性、群体素质等多个方面因素。因而，与采用单一指标测量企业人力资源的某个规模或结构所不同的是，企业人力资源素质的综合评价是一个合成指标，它具有综合性特征。

(3) 模糊性。这样一个特点主要是与人力资源素质这个宽泛的概念有关。人力资源素质涉及各个劳动者意识、心理、生理及能力等各个方面，而数量化往往只是通过劳动者可观察的具体行为间接测度或评价其所依托的人力资源素质基础。换言之，数量化只是人力资源素质浮于海面上的"冰山一角"，而潜于底下的大部分对我们来说则是模糊的。因而，模糊性特点要求我们意识到这一点：数量化只是间接反映和测度企业人力资源素质，但它并不等同于全部的人力资源素质。

(4) 动态性。由于人力资源素质所涉及的劳动者意识、心理、生理及能力等各方面特征会随时间变化而变化，因而即使是同样一批员工、不同报告时期的企业人力资源综合评价可能是不同的，这就呈现出它的动态变化特征。

(二) 综合评价的原则

基于人力资源素质评价的四个方面特点，如图 2.1 所示，可由此奠定企业人力资源素质综合评价四个方面的原则。

(1) 数量分析原则。这一原则主要是由综合评价的数理化特点所决定的。由于综合评价的数量化特点，是把企业人力资源素质中所包含的主观或者抽象的因素尽可能地予以客观化和数量化，因而它为人力资源素质的数量分析原则提供了数量基础，从而可从定量角度科学比较和评估企业不同单位或者部门的人力资源素质差异。

(2) 整体分析原则。这一原则主要是由综合评价的综合性特点所决定的。综合评价的综合性特点，意味着要从一个综合指标评价企业可支配劳动力资源质量，基于这一特点要求企业人力资源素质要具有整体分析原则。这一原则要求能够合理和全面地划分企业劳动力质量的各个测度因素和各个因素不同的维度特征，并依据各个因素及各个维度合理而全面地给予合适的权重关系,以此得到全面反映企业人力资源素质的综合评价指标。

(3)模糊灰色原则。这一原则主要是由综合评价的模糊性特点所决定的。由于综合评价具有数量化也难遍及的心理或意识等因素,它不可避免地具有模糊性特点,由此形成企业人力资源素质的模糊灰色原则。这就要求对于数量化所难普及的因素,也能够兼容定性分析方法,采用层次分析法或灰色系统理论[①]综合评价企业人力资源素质。

(4)最优分析原则。这一原则主要是由综合评价的动态性特点所决定的。综合评价当中由于不同指标会随时间而变化,这就使得综合评价的权重关系也可能要随之变化,而指标和权重的调整变化过程就要遵循最优分析原则,根据指标变化信息合理调整权重,缩小目标差,以尽可能地得到信度和效度更高的综合评价指标。

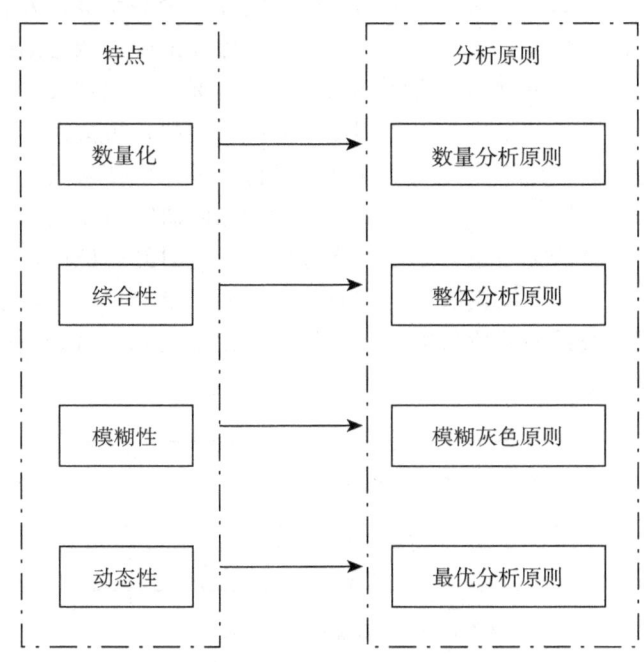

图 2.1　综合评价特点和原则的对应关系

(三)综合评价的程序

企业人力资源素质综合评价的具体程序如图 2.2 所示,具体来说可划分为四个阶段。

(1)选择综合评价的对象和范围。确定综合评价的对象和范围是企业人力资源素质评价的第一个阶段。主要任务是明确综合评价的是哪个企业哪个单位或部门,参与评价的是哪些劳动群体。这一阶段至关重要,直接影响后续第二阶段的指标体系及第三阶段的相应权重。

(2)选择企业人力资源素质的指标体系。该阶段是企业人力资源素质综合评价的第二阶段。主要任务是根据第一阶段明确的评价对象和范围,相应的选择合适的综合评价指标体系。

---

① 在控制理论当中,人们往往会用"黑"表示信息,用"白"表示信息完全明确,用"灰"表示部分信息明确、部分信息不明确。因而,灰色系统理论就是在"部分信息已知、部分信息未知",即灰色系统条件下,通过"部分"已知信息的生成和开发,确切描述和认识现实世界。它于 1982 年由我国控制论专家邓聚龙创立。

例如，若第一阶段拟定的是综合评价某建筑 A 公司搬运工的人力资源素质，那么，第二阶段当中的人力资源素质指标体系当中必不可少地要包含劳动者的身高、体重、肢长、速度、耐力、灵敏协调性、年龄、劳动积极性等与体力劳动者密切相关的详细指标体系。而假如第一阶段所拟定的是综合评价某软件开发 B 公司的人力资源素质，那么第二阶段的人力资源素质指标体系可能会侧重于与脑力活动相关的详细指标体系，如智力水平、口头表达能力、文字表达能力、团队合作能力、劳动积极性等详细指标体系。此外，假如第一阶段要评价的是同一单位销售部门 E 和后勤服务部门 F 的人力资源素质，为保证综合评价结果的可比性，那么则需要确保两个不同评估对象具有相同的指标体系。

（3）选择指标体系的权重关系。该阶段是在选择好评估对象和范围，以及明确人力资源素质的指标体系之后，依据评估对象及各指标体系内在逻辑关系选择好合适的权重关系。不同权重关系最终可能产生显著差异的综合评价结果。因而准确选取合适的权重关系，这显得至关重要。一般而言，可以依据两种方法选取合适的指标体系权重关系。第一种方法是基于经验研究证据。通俗来讲，就是借鉴已有相似研究所采用的权重关系。这样做法有一个好处是，可以使最新的这一研究成果与先前研究结果进行比较，也使得后续研究可在先前研究成果的基础上进一步进行扩展。不过，一般而言要找到相同研究对象和同样指标系统的概率比较低，或者是评估一项新研究对象并采用新指标体系，这时经验证据很难派上用场。此时我们需要借助第二种方法，即专家调查法，即对该领域的一批专家、学者或者管理层进行访谈或者问卷调查，根据调查结果明确最终的指标体系和权重关系，由此进行第四阶段的人力资源素质综合评估及评价。

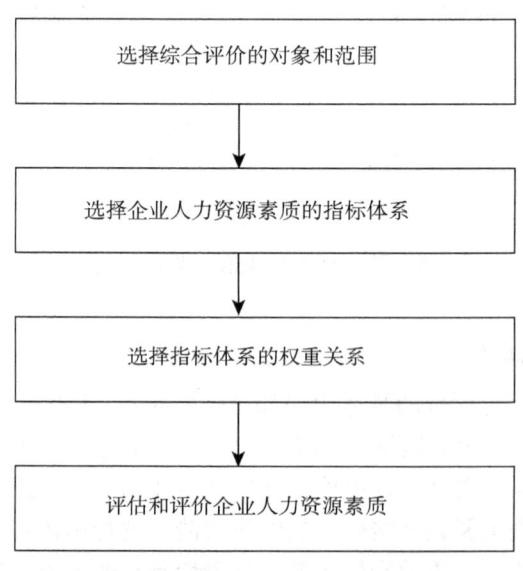

图 2.2　企业人力资源综合评价程序

（4）评估和评价企业人力资源素质。明确评估对象，依据建立的指标体系和选择的权重关系，并运用简单加权方法或者层次分析方法，由此得到企业人力资源素质综合评价的结果，基于评价结果进行比较分析，或者做出相应的权衡决策。

（四）企业人力资源素质评价的方法

由上述综合评价的四个阶段可知，在明确评估对象、选择指标体系和权重关系之后，还需要我们采用合适的分析方法。普遍采用方法有简单加权方法和层次分析方法[①]。简单加权方法，顾名思义，就是对于每个具体观测值乘以赋予相应权重，并累加各个观测值与权重的相乘结果，由此得到一个综合结果。假如具体观测值用 x_i 表示，该观测值赋予的权重用 p_i 表示，指标体系共有 n 个，则最终结果表示为

$$评价结果 = \sum_{i=1}^{n} p_i x_i$$

而层次分析法（analytic hierarchy process，AHP）是一种系统分析方法。它是将与决策相关的元素分解成目标、准则和方案等层次，核心思想是在各层次或各方案之间进行两两比较，然后把两两比较结果通过简单赋值 1~9 及其倒数的方式构造出成对比较矩阵[②]，经运算可得出每个方案相对于总目标的相对权重。每个准则对于各个方案的影响程度不同，即得到不同权重分配下的效用；选择最大效用的方案，就可得到最优的决策方案。在这当中，目标层、准则层和方案层之间的权重关系很重要，它会直接影响最终分析结果。

依据萨蒂（Saaty，1990）建议，可以依据成对比较矩阵构造目标层、准则层和方案层之间的权重关系，成对比较矩阵 $A=(a_{ij})_{n\times n}$ 当中的 a_{ij} 取值可以在 1~9 及其倒数中取值。其中假如元素 i 与元素 j 对上一层次因素的重要性是相同的，则 a_{ij} 取值为 1。若元素 i 比元素 j 略重要、重要、重要得多、极其重要，则 a_{ij} 取值分别为 3，5，7 和 9。若元素 i 与 j 的重要性程度介于 $2n-1$ 和 $2n+1$ 之间，则 a_{ij} 可取值为 $2n$，其中 $n=1, 2, 3, 4$。元素 i 与 j 之间的重要关系，一是可依据经验确定；二是可借助专家调查。

具体到企业人力资源素质评价当中，当我们不知道怎样从庞大指标体系中选择合适人力资源素质的测度指标时，可以运用层次分析方法辅助做出最优化选择的测度方案。例如，假如对于体力活动有 M1，M2，M3，M4，M5 五种不同测度方案，这五种不同测度方案分别提供了身高、体重、肢长、速度、耐力、握力、背力等测度结果信息（相当于层次方法当中的准则信息），而我们的目标是选择体力活动的最优测度方法。由此可得到如图 2.3 所示的决策目标（O）、准则信息（C）和测度方案（M）的三层次结构。

在上述三层次结构条件下，依据具体测度方法的经验信息，或者专家调查法，分别确定在决策目标 O 条件下，各准则信息 Ci 相互之间的重要程度权重比例矩阵，以及在每个准则信息 Ci 条件下，各个测度方法 Mi 相互之间的重要程度权重比例矩阵，各因素两两比较的重要程度权重表示方法可借鉴前面所述的萨蒂建议。具体来说，假如在决策目标 O 条件下，经专家问卷调查方法发现身高、体重、肢长、速度、耐力、握力、背力等测度信息相互之间对于体力活动最优测度方法的权重关系如表 2.4 所示。

[①] 当然，复杂一些的方法如上面所提及的灰色系统理论方法。

[②] 成对比较矩阵特点是 $a_{ij} > 0$，当 $i=j$ 时，$a_{ij}=1$，当 i 不等于 j 时，$a_{ij} = \dfrac{1}{a_{ji}}$。

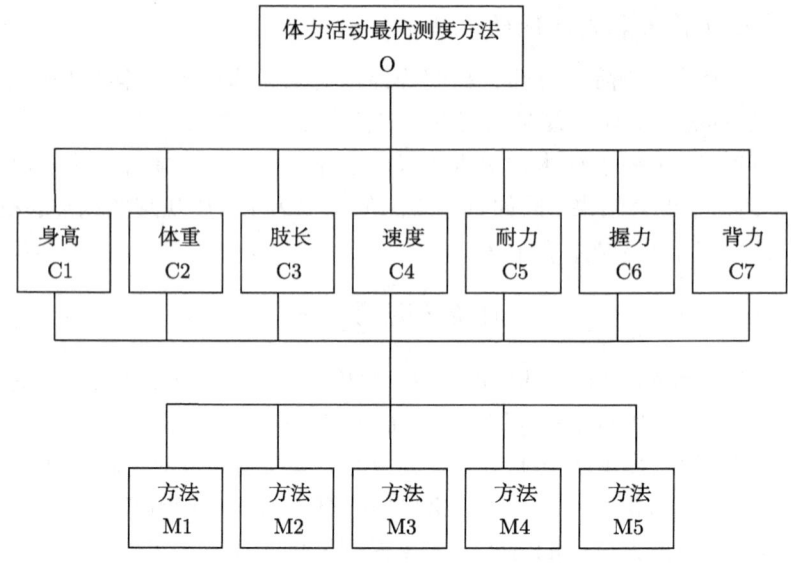

图 2.3　体力活动的层次分析结构示例

表 2.4　各体力活动测度信息的量化权重关系矩阵

O	C1	C2	C3	C4	C5	C6	C7
C1	1	1	1/2	1/2	1/3	1/5	1/7
C2	1	1	3	2	2	4	2
C3	2	1/2	1	2	3	2	3
C4	2	1/3	1/2	1	3	2	4
C5	3	1/2	1/3	1/3	1	3	2
C6	5	1/4	1/2	1/2	1/3	1	2
C7	7	1/2	1/3	1/4	1/2	1/2	1

举例来说，表 2.4 权重关系所表示的信息，实际上是对专家问卷调查结果的量化表示[①]。例如，专家问卷调查结果显示，身高和体重对于体力活动最优测度方法同样重要，而握力则比身高重要，背力则比体重重要得多。因而，依据这样调查信息，采用萨蒂量化表示规则，则 C1 和 C2 之间权重关系 a_{12} 和 a_{21} 赋值为 1，而 C6 和 C1 权重关系 a_{61} 和 a_{16} 则分别赋值为 5 和 1/5；C7 和 C1 的权重关系 a_{71} 和 a_{17} 则分别赋值为 7 和 1/7。其他因素关系依据可调查结果得到表 2.4 之间的表示关系。

然后，再分别在每个准则信息条件下，量化表示 M1，M2，M3，M4，M5 五种不同测度方案相互之间分别对于每个准则信息的重要关系。举例来说，对于身高这样一个测度信息，可能得到如表 2.5 所示的五种不同测度方案相互之间的量化权重关系矩阵。具体含义类似于上面对表 2.4 的分析。对于体重、肢长、速度、耐力、握力、背力等其他六个准则信息，也可分别得到另外的六张类似于表 2.5 的量化权重关系矩阵。

---

① 对于这样一个调查结果，是虚拟假设了表 2.4 之间的关系。换言之，也可由表 2.4 的权重关系信息推断所假设的调查结果。当然，需要明确的是，现实操作当中得先有调查结果，才有权重关系量化表格。

表 2.5　身高准则信息条件下不同测度方法重要性的量化权重关系矩阵

C1	M1	M2	M3	M4	M5
M1	1	2	3	5	7
M2	1/2	1	3	2	2
M3	1/3	1/2	1	3	7
M4	1/5	1/3	1/3	1	5
M5	1/7	1/2	1/7	1/5	1

基于表 2.4、表 2.5 以及另外六张类似于表 2.5 的量化权重关系矩阵，可以利用 Matlab 数学软件工具对各个量化权重关系矩阵进行一致性，并计算得到各个不同测度方法在每个准则信息条件下的权重向量，以及各个准则信息在最优决策目标下的权重向量，经简单加权法可得到各个不同测度方法的效用得分。比较五种不同测度方法的效用得分，选择最大得分者，由此确定体力活动的最优测度方法。

由上述一个简单介绍层次分析方法的示例，可以发现：简单加权方法适用于可以具体测度各个具体指标观测值，并可明确各个指标体系之间权重比例（总和为 1）的情形。而层次分析方法则适用于那些很难量化测度指标，而且各测度指标的权重比例不易确定，只能确定不同指标孰轻孰重的排序关系的情形。换言之，层次分析方法是一种半定性和半定量的系统分析方法，有助于辅助我们在多种不易量化的选择方案当中作出最优的选择决策。

最后，需要强调的一点是：作为一个综合的总体指标，人力资源素质的综合评价结果比较适合于不同企业的人力资源素质或者是同一企业不同单位或部门的整体人力资源素质的评估和比较，这是它的最大优势和用途。不过它的局限也很明显，即依据这一合成指标结果，我们很难对其人力资源素质所存在的问题展开详细分析并提供相应政策建议。为达到这一研究目的，可以借助分类统计分析和比较企业人力资源素质的各个指标测度结果。

HAPTER 3

第三章　时间配置与利用统计

[内容摘要]

　　本章概述企业时间配置与利用统计的相关内容，重点阐述时间配置与利用统计的意义、任务与分类，劳动时间的构成与计算，劳动时间平衡表的编制与运用，非劳动时间的配置与统计、管理与工程技术人员时间配置与利用的统计分析等基本内容。

[学习要点]

　　（1）时间配置与利用统计的概念、意义、任务与分类。
　　（2）劳动时间的构成与计算。
　　（3）非劳动时间配置与利用统计。

通过本章学习，掌握企业时间配置与利用统计的意义、任务，了解时间配置与利用统计分类及非劳动时间统计、管理与技术人员时间配置与利用的统计分析方法等基本内容，熟悉劳动时间的构成，掌握劳动时间配置与利用统计计算公式，掌握劳动时间平衡表的编制与运用。

第一节　时间配置与利用概述

一、时间配置的概念与分类

时间是人类最宝贵的资源，良好的时间配置与利用，不仅反映出人类社会的文明与进步，更能促进人类的快速发展与提升。企业是社会进步的发动机，为了促进人类更充分、有效地利用时间资源，就必须对企业时间的配置与利用状况进行统计，综合反映人类社会生活与工作的各个方面。因为人们的一切活动都有时间的限制，人们进行的各种各样的活动都能以时间为单位来计量。所以，统计并研究时间的配置与利用情况是现代企业管理统计分析的一项重要任务。

（一）时间配置的概念

时间单位可以分为秒、小时、日、周、月、季、年等。其中，一天 24 小时是最基本的时间单位。时间配置是指人们在一天（24 小时）的时间里所从事的工作、学习、料理家务和娱乐等各种活动所消耗的时间分配比例。时间配置不仅反映人们一天 24 小时的时间分配比例状况，更反映出一定社会经济条件下人们生活和工作内容的优越程度。值得注意的是，这里的时间是以空间范围划分的，是度量各种活动内容数量特征的计量单位，从而可以确定各种活动耗费时间的长短。时间配置受到的制约因素众多，其中主要有以下五个：①生产力发展水平的制约。生产力越高的地区人们所花的劳动时间越少，非劳动时间越多。②生产关系的制约。人们所处的生产关系的不同会产生不同的社会与工作关系，从而能影响时间的分配。③社会生活习惯。因为不同的生活习惯决定了活动时间的起点和终点，导致时间配置的差异。④传统风俗。世界各国和地区以及各国内部不同区域都存在各种风俗，它们对时间的配置影响较大。⑤道德信仰。不同的道德信仰对各地区人们日常生活中的时间配置影响程度不一样，我国西部少数民族每天都有祷告的习俗，西方国家等都有礼拜天上教堂的习惯。

（二）时间配置的基本分类

由于时间配置反映的是一定社会经济条件下人们生活和工作的具体情况，受到的制约因素众多，不同的群体时间配置差异很大，这里只着重研究企业劳动者的时间配置问题。企业劳动者既要参加企业的生产活动、参与社会交往、从事公益活动，又要从事家务劳动、照看子女、照顾老人，还有劳动者自身的学习、娱乐等，他们的时间配置是多种多样的。为了研究的方便，现代企业统计分析把人们所从事的各种活动按照是否从事有酬社会劳动的标准进行划分。按照是否从事有酬社会劳动可将时间配置划分为劳动时间和非劳动时间两大类，劳动时间（一般称为工作时间）又可以简单分为制度劳动时间和加班加点时间两类，非劳动时间可简单分为必须支付的时间和自由支配的时间。是时间配置的基本分类,如图 3.1 所示。时间配置的基本分类是现代企业管理统计分析研究时间配置的基本出发点。

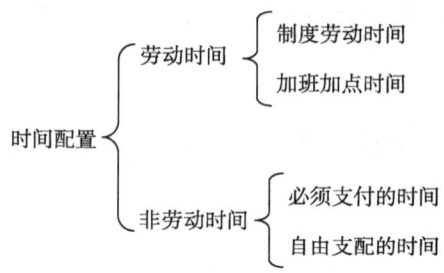

图 3.1 时间配置的基本分类

（1）劳动时间,是指劳动者从事有酬社会劳动所花费的时间。本章是指企业劳动者在单位从事生产与管理等活动所花费的时间。劳动时间是衡量劳动量的尺度。劳动时间的计量单位是劳动者数量与时间长度相结合的单位。它的计量单位一般为工日和工时,在某些情况下,也用分钟作为劳动时间的计量单位。一个工日是指一个劳动者参与一个轮班的劳动时间,一个工时是指一个劳动者参与一小时的劳动时间。从计算的精确性来看,使用"工时"作为计量单位要比使用"工日"更精准一些。从计算范围上来讲,劳动时间不仅包括实际从事本职劳动的时间,还包括未从事本职劳动的时间（如停工被利用时间）,但劳动时间不包括上下班路途时间和午休时间（工间操时间则应包括在内）。

（2）非劳动时间,是指劳动者从事无报酬社会劳动耗费的时间。非劳动时间从范围上就是指劳动时间之外的所有时间。由于非劳动时间所从事的活动种类大都非常繁杂和零碎,有时可能是几种活动同时或交错进行,为了精确计量各种活动所耗费的时间,人们对非劳动时间的计量不同于劳动时间的计量,一般不用工时,而选用"分钟"作为计量单位。

二、时间配置与利用的意义

美国著名管理学家杜拉克在《有效的管理者》就提出科学的管理者一开始就必须记录时间,可见时间的配置在科学管理中极其重要。如今人们越来越注重时间的配置与利用,关注时间配置与利用对效率和成本的影响,几乎所有国家都以各种方式对劳动者的操作进行系统的时间记录。不仅如此,一些先进的企业还将知识劳动者的劳动时间,特别是管理与技术人员的劳动时间纳入到时间配置与利用范围。

合理的时间配置与利用有利于我国企业合理地分配和使用劳动时间与非劳动时间,尽可能地减少时间的浪费,提高生产效率与效益。企业劳动生产率水平的高低,劳动经济效益和社会效益的大小,直接或间接取决于劳动时间的配置情况与利用程度。合理利用劳动时间,才能实现劳动效率的提高,从而降低产品成本,增加企业盈利。

（一）劳动时间配置与利用统计分析的意义

我国多数企业在劳动时间利用统计上,只把生产工人作为统计对象,统计也只是局限于工日,缺乏对全体员工工时利用情况的统计研究,难以准确掌握全体员工的劳动工作量与劳动效率,不能为全体员工的劳动时间建立一个合理的配置制度和科学的人事考核提供依据。

劳动时间配置与利用的意义主要表现在：①通过对劳动时间配置与利用进行统计分析，可以了解我国企业劳动时间的配置情况是否合理；②观察企业劳动时间利用程度与效果是否达标；③发现劳动时间配置与利用中的浪费现象，找出其中的原因；④发现和总结劳动时间配置与利用方面的宝贵经验，更好地利用时间，从而提高劳动效率，促进社会发展。因此，开展对企业全体员工劳动时间配置与利用情况进行统计与研究，并形成一种合理的时间配置与利用制度，有着十分重要的意义。

（二）非劳动时间配置与利用统计分析的意义

现代社会工作节奏很快，劳动强度大，对员工的理论文化知识和实践操作技能要求较高，要求员工在工作之余还必须通过各种途径学习各种与工作相关的专业知识与技术、技能，以及通过有效利用自由支配时间进行适当的锻炼、娱乐和休息，保持健康的体魄，以适应日益繁杂的工作。因此通过对非劳动时间的研究，可反映对劳动者生活水平的变化和整个社会的进步具有重要意义。具体表现在：①非劳动时间越长，表明社会生产力水平越高；②自由支配的时间越长，表明社会发展层次越高；③分析必须支付的时间的配置与利用情况，提出减少非劳动时间中必须支付的时间的社会措施；④分析自由支配时间的配置与利用情况，促进员工努力学习科学文化知识和专业技能；⑤合理配置必须支付的时间和自由支配的时间，促进人的自由和全面发展。

三、时间配置与利用统计的目标与任务

企业生产经营的中心任务是提高经济效益，企业必须以尽量少的活劳动消耗和物质消耗，生产出更多的符合社会需要的产品。合理配置劳动时间并充分加以利用是提高经济效益的重要内容，企业只有充分利用劳动时间，减少活劳动消耗，才能提高经济效益。

企业时间配置与利用统计的目标可概括为：①研究企业劳动者劳动时间配置与利用状况，提出减少时间损耗的各项措施，促进企业更加合理地配置和利用劳动时间；②研究劳动者各种非劳动时间的配置及利用状况，反映劳动者社会生活质量，促进劳动者的全面而自由发展。

企业时间配置与利用统计的具体任务主要有以下五点。

（一）为企业编制各种计划和检查执行情况加强成本核算提供基础资料

企业制订科学的生产作业计划，必须以翔实的劳动时间利用统计分析为基础。首先，制订和修订企业劳动定员定额需要进行时间配置与利用统计。企业劳动定员定额主要取决于劳动者技术装备水平和劳动时间的利用程度。通过对工时利用情况进行统计，可为企业正确制订定员定额提供翔实可靠的统计资料。其次，企业编制企业生产计划离不开时间配置与利用统计。通过对劳动时间的配置与利用统计，可为合理安排生产计划及控制生产计划的执行提供必要的时间资料。最后，劳动时间统计资料是企业核算产品成本的重要依据。企业的产品成本核算直接依赖于工时统计资料，因此，劳动时间的统计数据是企业核算产品成本的重要资源。

（二）为企业合理设置相关组织部门不断提高劳动生产率提供参考资料

通过核算劳动时间，编制劳动时间平衡表，计算分析各种劳动时间利用程度指标，可

以全面反映劳动时间利用状况。通过定量分析，可统计出企业各部门之间在产品生产过程中耗费的时间比例，把这些数据与行业先进单位进行对比，并以此为依据设置各部门的人员比例。另外，通过对劳动时间配置与利用统计，可强化时间配置与利用，减少不必要的时间停工损失，并采取相应的措施，使企业的劳动力配置进一步合理化，以此来提高劳动生产率。

（三）为企业合理分配劳动成果提供工作量依据

我国企业分配劳动成果一般是按照计时工资和计件工资、奖金、津贴、加班加点工资等方式核算。所有分配方式都是以劳动时间统计为基础的。企业大量劳动时间的统计资料是合理分配劳动成果的基本依据。通过劳动时间统计，可以汇总劳动人员的病假与事假，出勤情况，以及有效工时利用情况，从而确定工资、奖金的计发。随着企业自主经营权力的扩大，劳动成果的分配方式趋于多元化，企业在评选先进、加薪晋级、计发工资奖金等方面，将更加依赖于企业员工工时利用情况的统计资料。

（四）通过研究非劳动时间的变化，为反映社会发展程度提供依据

研究非劳动时间在整个时间配置中的比例变化及其内部结构变动情况，也是时间配置与利用统计的重要任务之一。劳动者非劳动时间越多，尤其是自由支配的时间越多，表明一个社会的进步程度越高。因此可以说，自由支配时间的多少是衡量人类社会进步的重要标志。生产力水平越低，劳动者消耗在劳动上的时间就越多，随着社会生产力水平的不断提高，劳动时间逐渐减少，非劳动时间日益增多。劳动者可利用非劳动时间来学习，提高自身的文化技术素质，以适应不断提高的劳动生产率的发展状况，也可以反映社会发展程度。

（五）研究一些特殊群体的时间配置与利用情况，为不同时期社会发展需要提供资料

不同的社会群体由于其所处的社会地位、工作性质、生活习惯、文化程度等不同，时间配置与利用状况必然会存在差异。为了研究某些特殊群体的某些问题，往往需要使用这些群体的时间配置与利用资料。本书重点研究企业管理人员和技术人员的时间配置与利用情况，为他们改善不合理的时间配置与利用状况提供指导性的建议，充分发挥管理和技术人员在生产经营过程中的中流砥柱的作用。因此，研究并反映特殊群体的时间配置与利用状况也是时间配置与利用统计的重要任务之一。

第二节　劳动时间配置与利用统计

企业合理地利用劳动时间，可以加强企业经营管理，提高企业生产率、增加产量、降低成本、提高经济效益。一般企业，尤其是工业企业，在劳动时间的统计上有很大共性。对劳动时间利用情况进行统计，首先要准确核算各种劳动时间，其次再计算反映劳动时间利用情况的各项指标，最后通过编制劳动时间平衡表分析劳动者劳动时间利用好坏的原因。

一、劳动时间的构成与核算

（一）劳动时间的构成

本节劳动时间的核算是按照工业企业生产工人的劳动时间为依据进行核算的。劳动时间的构成包括日历时间、制度劳动时间、制度公休时间、出勤时间、缺勤时间、非生产时间、停工时间、制度内实际劳动时间和全部实际劳动时间九大指标，各项指标间的关系如图 3.2 所示。

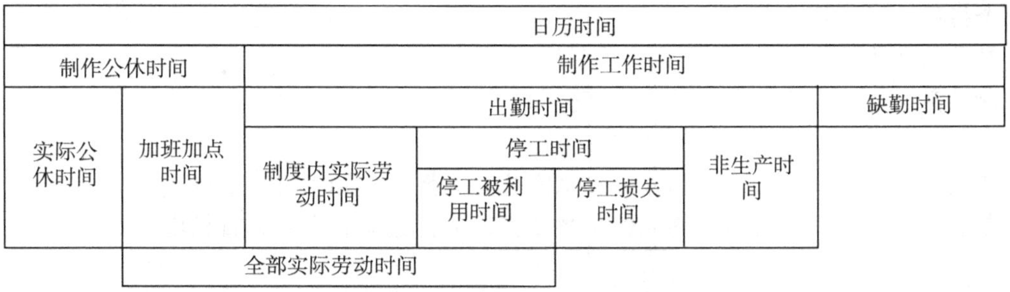

日历时间						
制作公休时间		制作工作时间				
		出勤时间				缺勤时间
实际公休时间	加班加点时间	制度内实际劳动时间	停工时间		非生产时间	
			停工被利用时间	停工损失时间		
		全部实际劳动时间				

图 3.2 劳动时间构成关系图
这里的时间包括工日或工时

1. 日历时间

日历时间是指在一定时期内所拥有的全部可能劳动时间。它是反映劳动时间构成最基本的数据，是生产工人劳动时间的自然极限。日历时间计算单位包括日历工日数和日历工时数。

计算公式为

日历工日 = 报告期日历工日 × 报告期平均人数

日历工时 = 报告期日历工日 × 报告期平均人数 × 制度劳动日长度

或

日历工时 = 报告期日历工日 × 制度劳动日长度

2. 制度公休时间

制度公休时间是指报告期内国家（或企业）制度规定员工休息的节日、假日的时间总和。我国的法定公休日，包括每周六日有 104 天，加上春节、国庆、五一、清明、端午、中秋等节假日约 10 天，我国每年制度公休时间约为 114 天。制度公休时间分为实际公休时间和加班加点时间。加班加点时间是指由于某种原因，工人在法定公休日内未休息而进行加班或加点的时间，计入全部实际劳动时间。法定公休日加班加满一个轮班的作为加班工日计算，计入全部实际劳动工日数；加班未满一个轮班的作为加点工时计算，计入全部实际劳动工时数。制度公休时间的计算单位包括制度公休工日数和制度公休工时数。加班加点时间的计算单位包括加班工日数和加班工时数。

计算公式为

制度公休工日 = 报告期平均人数 × 制度公休工日数

或

制度公休工日＝日历工日数－制度劳动工日数
制度公休工时＝报告期平均人数×制度公休工日数×制度劳动日长度
加班加点工日＝制度公休工日数－实际公休工日数
加班加点工时＝加班工日数×制度劳动日长度＋加点工时数

3. 制度劳动时间

制度劳动时间是按照国家（或企业）制度规定应该出勤上班劳动的时间。制度劳动时间反映出最大可能利用的劳动时间，是考核企业劳动时间利用情况的基础，是考核企业劳动时间利用程度充分与否的标准。制度劳动时间的计算单位一般常用制度劳动工日和制度劳动工时两个指标。

计算公式为

制度劳动工日＝日历工日数－制度公休工日数

或

制度劳动工日＝报告期平均人数×制度劳动天数＝出勤工日＋缺勤工日
制度劳动工时＝报告期平均人数×制度劳动工日数×制度劳动日长度

或

制度劳动工时＝日历工时数－制度公休工时数

4. 出勤时间

出勤时间是指在规定的制度劳动时间内实际上班的时间，一般指报告期内制度劳动日实际上班人数的累计。由于各种因素的影响，企业员工的出勤时间往往小于制度时间。出勤时间常用出勤工日和出勤工时两个指标来衡量，但在企业实际操作中，员工只要在制度劳动时间内上班了，无论是否满一个规定劳动日长度，都按一个出勤工日计算。

计算公式为

出勤工日＝制度劳动工日－缺勤工日
出勤工时＝制度劳动工时－缺勤工时

或

出勤工时＝出勤工日×制度劳动日长度

5. 缺勤时间

缺勤时间是指企业员工按制度应该到班参加工作，但由于员工本身的原因（如产假、病假、事假、探亲假、工伤假及旷工等），未能到班参加工作的时间。缺勤时间分为全日缺勤和非全日缺勤两类。凡缺勤满一个轮班的称全日缺勤，全日缺勤按照缺勤工日计算；缺勤不足一个轮班的称非全日缺勤，按工时计算；全日缺勤可以按劳动日长度折算为缺勤工时，但缺勤工时不能按劳动日长度换算为缺勤工日。

计算公式为

缺勤工日＝报告期平均人数×缺勤天数

或

缺勤工日＝制度劳动工日－出勤工日
缺勤工时＝缺勤工日×制度劳动日长度＋非全日缺勤工时

或

缺勤工时 = 制度劳动工时 − 出勤工时

6. 非生产时间

非生产时间是指企业员工在执行国家或社会义务，或经企业指定从事其他社会活动而未能从事本企业劳动的时间。这些活动包括参加各种会议、选举、参观、听报告、学习、防汛、抗旱、打扫环境以及各种公益活动等。非生产时间分为全日非生产和非全日非生产两类，计算单位分别为非生产工日和非生产工时。从事非生产活动持续满一个轮班的称为全日非生产，按照非生产工日计算；不满一个轮班的称为非全日非生产，按非生产工时计算。

计算公式为

非生产工日 = 报告期内所有全日从事非生产活动的人数之和

非生产工时 = 非生产工日 × 制度劳动日长度 + 非生产工时

7. 停工时间

停工时间分为停工被利用时间和停工损失时间。停工损失时间是指在出勤时间内由于某种原因（如停电、停水、停气、待料、等待图纸和设计更改、机器设备事故等），未能从事生产工作而浪费的时间；停工被利用时间是指员工停工后被调做非本职工作或其他非生产性劳动所占用的时间。停工时间的计算单位包括停工工日和停工工时。停工满足一个轮班的称为全日停工，按停工工日计算；停工不满足一个轮班的称非全日停工，按停工工时计算。但企业由于事先预知的原因，将公休日与劳动日调换使用，在这种情况下，在公休日劳动不算加班，在劳动日休息则不算停工。

计算公式为

停工工日 = 报告期内所有员工出勤工日中的停工工日之和

停工工时 = 停工工日 × 制度劳动日长度 + 非全日停工工时

8. 制度内实际劳动时间

制度内实际劳动时间是指企业员工在制度规定的劳动时间内实际从事生产或工作活动的时间，是劳动时间最重要的部分，也是最核心的部分。员工在一个轮班内只要到班参加生产，不管时间长短，即算作一个实际劳动工日。制度内实际劳动时间计算单位包括制度内实际劳动工日和制度内实际劳动工时。制度内实际劳动工日是报告期员工每日实际从事生产作业活动人数的累计；制度内实际劳动工时是报告期员工每人每日实际从事生产作业活动小时数的累计，既包括全日作业活动时间，也包括非全日作业活动时间。

计算公式为

制度内实际劳动工日 = 制度劳动工日 − 缺勤工日 − 停工工日 − 非生产工日 + 停工被利用工日

或

制度内实际劳动工日 = 出勤工日 − 停工工日 − 非生产工日 + 停工被利用工日

制度内实际劳动工时 = 制度劳动工时 − （缺勤工时 + 停工工时 + 非生产工时）+ 停工被利用工时

或

制度内实际劳动工时 = 出勤工时 − （停工工时 + 非生产工时）+ 停工被利用工时

9. 全部实际劳动时间

全部实际劳动时间是指企业员工在报告期内实际从事生产活动的时间。它能比较精确地反映企业员工实际用于生产活动上劳动时间的总量。全部实际劳动时间计算指标分为全部实际劳动工日和全部实际劳动工时。全部实际劳动工日包括制度内实际劳动工日数和制度公休日的加班工日数,全部实际劳动工时包括制度内实际劳动工时数和加班加点工时数。

计算公式为

全部实际劳动工日＝制度内实际劳动工日数＋加班工日数

全部实际劳动工时＝制度内实际劳动工时数＋加班加点工时数

（二）劳动时间的核算

为了准确地核算劳动时间,必须掌握劳动时间的计算单位和劳动时间的构成及核算方法。劳动时间的单位一般有工日和工时两个指标,满一个轮班的劳动时间以工日计算,不满一个轮班的劳动时间以工时计算,工日可按照制度劳动日长度折算成工时,而工时却不能折算成工日。下面分别以工日和工时为单位进行举例。

1. 以工日为单位的时间计算

【例3.1】 某企业2000年某月份（31天）公假8天,采取一班制劳动,生产工人月平均人数为800人,其他情况如表3.1所示。

表3.1 某企业劳动时间配置情况

时间项目	合计
缺勤工日	300
停工工日	200
非生产工日	50
加班工日	280
停工被利用工日	150

试计算该企业的:（1）日历工日数;（2）制度公假工日数;（3）制度劳动工日数;（4）出勤工日数;（5）制度内实际劳动工日数;（6）全部实际劳动工日数。

各种工作时间计算如下:

（1）日历工日数 = 800 × 31 = 24800 工日;

（2）制度公假工日数 = 8 × 800 = 6400 工日;

（3）制度劳动工日数 = 日历工日数 − 公假工日数 = 24800 − 6400 = 18400 工日;

（4）出勤工日数 = 制度工作时间 − 缺勤工作时间 = 18400 − 300 = 18100 工日;

（5）制度内实际劳动工日数 = 出勤工日 − 非生产工日 − 停工工日 + 停工被利用工日
　　　　　　　　　　　　 = 18100 − 50 − 200 + 150 = 18000 工日

（6）全部实际劳动工日数 = 制度内实际劳动工日 + 加班工日 = 18000 + 280 = 18280 工日。

2. 以工时为单位的时间计算

【例3.2】 某企业某月份（30日）有公假8天,采取一班制劳动,每班8小时,生产工人月平均人数为3000人,其他情况为:全日缺勤3500工日,非全日缺勤4000工时;全日停工1000工日,其中被利用800工日,非全日停工2600工时;全日非生产1500工日,非全日非生产1900工时;公休日加班9000工日,加点6000小时。

计算该企业的日历工时数、制度公假工时数、制度劳动工时数、缺勤工时数、出勤工时数、停工工时数、非生产工时数、制度内实际劳动工时数、全部实际劳动工时数。

计算公式和过程如下

日历工时数 = $3000 \times 30 \times 8 = 720000$ 工时

制度公假工时数 = $8 \times 3000 \times 8 = 192000$ 工时

制度劳动工时数 = 日历工时数 - 公假工时数 = $720000 - 192000 = 528000$ 工时

缺勤工时数 = $8 \times 3500 + 4000 = 32000$ 工时

出勤工时数 = 制度工时 - 缺勤工时 = $528000 - 32000 = 496000$ 工时

停工工时数 = $8 \times 1000 + 2600 = 10600$ 工时

停工被利用工时 = $8 \times 800 = 6400$ 工时

非生产工时 = $8 \times 1500 + 1900 = 13900$ 工时

制度内实际劳动工时数 = 出勤工时 - 非生产工时 - 停工工时 + 停工被利用工时
$= 496000 - 13900 - 10600 + 6400 = 477900$ 工时

全部实际劳动工时数 = 制度内实际劳动工时 + 加班加点工时
$= 477900 + 9000 \times 8 + 6000 = 555900$ 工时

二、劳动时间的利用程度分析

企业一线生产员工劳动时间的利用情况，是企业人力资源充分利用的核心和关键。要提高企业人力资源的利用程度，重点是提高一线生产员工劳动时间的利用程度，这也是提高企业劳动生产率的重要保证。

（一）劳动时间利用的统计分析方法

对企业劳动时间利用情况可以用多种方法进行统计和分析，其中主要有问卷调查、劳动日写实和工时抽样等。每种方法都有其科学依据，而且都具有灵活、简便等特点，能较准确地获得第一手统计资料，特别适合用来研究企业员工劳动时间利用的一些情况。这里主要介绍前面两种统计分析方法。

1. 问卷调查

问卷调查应根据调查劳动时间利用的具体要求来设计问卷，把设计好的调查问卷随机或有选择地交给被调查企业员工作答。通过对回收答卷的统计分析，可以简略地了解企业员工的工时利用情况。为了方便员工作答，调查问卷一般可具有以下选项：①劳动岗位职责的规定是否明确；②主要从事哪几项劳动；③每项劳动分别占用的时间及比重；④劳动负荷情况；⑤报告期从事本职劳动占用的时间及比重；⑥计划外加班劳动时间占多大比重；⑦有哪些劳动时间可以节省；⑧是否存在可以取消、合并或简化的劳动项目（如果有请列出该项劳动）；⑨劳动时间总体利用程度；⑩有关劳动时间设置和利用的建议。

2. 劳动日写实

劳动日写实就是在劳动现场对员工的劳动轮班时间利用情况按时间消耗的顺序进行实地观察、逐项记录的方法，也称工作时间日记。劳动日写实分为自我劳动日写实和专人劳动日写实。

自我劳动日写实是指由员工本人按顺序记录自己在劳动轮班中的各项时间消耗，经部门或主管领导审阅后，再进行汇总统计和分析。这种方法使用比较普遍。由于进行自我劳动日写实，关键在于要如实记录各项劳动时间消耗数据，所以，自我劳动日写实应在事件发生时就记录下来，而不应在事后凭记忆填写。写实的各劳动时间项目划分应根据记录的需要可适当放宽或精细一些，有利于减少填写的工作量或精准记录。

专人劳动日写实是指定专人对特定对象的劳动时间利用进行跟踪记录的一种写实方式。企业根据需要可以指定某个员工对某一部门的一个或多个特定员工进行工作时间的记录。专人劳动日写实的要求与自我劳动日写实要求基本相同。

（二）劳动时间利用程度的静态统计指标与分析

为了全面反映企业员工劳动时间的利用状况，需要在核算各种劳动时间构成指标的基础上，计算劳动时间利用情况的若干统计指标。对劳动时间利用情况进行静态分析，就是根据报告期劳动时间的统计资料，具体计算企业劳动时间利用的基本分析指标和加班加点指标，主要包括出勤率、出勤时间利用率、制度劳动时间利用率、加班加点强度和加班加点比重等指标，并进行分析，从不同侧面反映企业劳动时间的静态利用情况。劳动时间利用指标的计算，从理论上讲，既可用工日为单位，又可用工时为单位。但在实际劳动中，为了操作方便，企业一般都用工时为单位核算。

1. 劳动时间利用的基本分析指标

1）出勤率

出勤率，是指企业员工的出勤时间和制度劳动时间的比率，其含义是在制度时间内，企业员工实际出勤到岗的时间比例。出勤率反映企业员工在制度规定的劳动时间内实际出勤的程度。出勤率指标有两种计算方法。一种是按工日计算，它只反映全日缺勤工日对劳动时间利用的影响；另一种是按工时计算，它不但反映全日缺勤工日对劳动时间利用的影响，而且也反映非全日缺勤的影响。一般来说，企业的出勤率和缺勤率之和为100%，出勤率高时，缺勤率则低；出勤率低时，缺勤率则高。出勤率越高，说明劳动时间的利用程度越好。

其基本计算公式为

$$出勤率 = \frac{出勤时间}{制度劳动时间} \times 100\%$$

按工日计算的出勤率与按工时计算的出勤率，结果不相同，前者小于后者。这是因为按工日计算，只反映全日缺勤的影响；而按工时计算，除反映全日缺勤影响之外，还反映非全日缺勤的影响。所以，按工时计算的出勤率，更能精确地反映企业员工的出勤程度。

2）出勤时间利用率

出勤时间利用率，又称为业率，是指制度内实际劳动时间与出勤时间的比率，其含义是企业员工出勤后的劳动时间直接用于生产或工作的情况，是反映出勤时间利用程度的指标。企业员工出勤后，可能会由于各种原因发生停工或从事非生产活动，而未能将全部时间用在生产或工作上。一般来说，出勤工日（工时）利用率越高，说明企业员工在出勤时间内用于生产或工作上的时间越多，劳动时间利用得越好。出勤时间利用率是劳动时间利用统计的核心指标，它反映制度劳动时间实际被利用的程度。在实际劳动中，出勤率的具体计算方法有两种：一种是按工日计算，另一种是按工时计算。

其基本计算公式如下

$$出勤时间利用率 = \frac{制度内实际劳动时间}{出勤时间} \times 100\%$$

值得注意的是，企业的非生产时间和停工时间是影响出勤时间利用率的主要因素，要提高出勤时间利用率，应最大限度压缩非生产时间和停工时间。按工日计算的出勤时间利用率，只受全日停工和全日非生产时间的影响；按工时计算的出勤时间利用率，全日或非全日的停工和非生产时间，都会影响出勤时间利用率。

3）制度劳动时间利用率

制度劳动时间利用率是指制度内实际劳动时间与制度劳动时间的比率。它是反映制度规定应该劳动的时间实际被利用的程度，能全面反映全日和非全日停工、缺勤、非生产时间的影响程度，所以它是一个反映劳动时间利用情况的综合性指标。制度时间利用率分为制度劳动工日利用率和制度劳动工时利用率，为了反映工人制度时间实际用于生产的程度，还需计算制度工时利用率。按工日计算的制度劳动时间利用率，只反映全日缺勤、全日停工和全日非生产等占用时间的影响程度；按工时计算的制度劳动时间利用率，除了上述因素影响，还反映非全日的缺勤、停工和非生产等占用时间的影响程度。由于制度劳动时间是制度规定的最大可能被利用的劳动时间，实际劳动时间越接近制度劳动时间，说明劳动时间利用得越充分。

其基本计算公式为

$$制度劳动时间利用率 = \frac{制度内实际劳动时间}{制度劳动时间} \times 100\%$$

4）出勤率、出勤时间利用率与制度劳动时间利用率三者之间的关系可表示为下列等式关系

$$制度工时利用率 = 出勤率 \times 出勤工时利用率$$

由上式可以看出，企业的制度劳动利用率主要受缺勤时间、非生产时间和停工时间三个因素的影响，企业要提高制度劳动时间利用率，首先要提高员工的出勤率，即减少缺勤率；其次是要最大限度地利用员工的上班时间，尽量减少非生产时间和停工时间。

2. 劳动时间利用的加班加点分析指标

企业在正常劳动中会出现抢工、突击赶货等现象，从而产生加班加点现象。加班加点额外地增加了生产费用的支出，而且加重了员工的劳动负担；企业经常加班加点，容易发生事故，影响产品质量，深层次的原因是企业用人过少；加班过少，可能表明企业缺乏活力；但适当的加班是被允许的，在一定程度上说明企业业务繁忙，是提高经济效益的表现。通过计算加班加点比重指标和强度指标，观察分析企业生产管理和劳动管理存在的问题，以引起有关部门的重视。

1）加班加点强度

加班加点强度是指计算期加班加点时间与制度内实际劳动时间的比率，反映了企业制度之外劳动时间发生的强度，一般用 100 个单位来计算，即每实现 100 个单位时间的利用，出现加班加点的时间数量。

其基本计算公式为

$$加班加点强度 = \frac{加班加点时间}{制度内实际劳动时间} \times 100$$

2）加班加点比重

加班加点比重是指加班加点时间与全部实际劳动时间之间的比率，反映企业总体加班加点在全部实际劳动时间内所占比重。

其基本计算公式为

$$加班加点比重 = \frac{加班加点时间}{全部实际劳动时间} \times 100\%$$

3. 劳动时间利用的静态分析实例

【例 3.3】 计算劳动时间利用静态指标。

仍根据例 3.2 的资料，要求在核算劳动时间各项指标的基础上（请见例 3.2），计算劳动时间利用静态指标。

$$出勤率 = \frac{出勤工时}{制度工时} \times 100\% = \frac{496000}{528000} \times 100\% = 93.94\%$$

$$出勤时间利用率 = \frac{制度内实际劳动工时}{出勤工时} \times 100\% = \frac{477900}{496000} \times 100\% = 96.35\%$$

$$加班加点比重 = \frac{加班加点工时}{全部实际劳动工时} \times 100\% = \frac{78000}{555900} \times 100\% = 14.03\%$$

$$制度工作时间利用率 = \frac{制度内实际劳动工时}{制度劳动工时} \times 100\% = \frac{477900}{528000} \times 100\% = 90.51\%$$

$$加班加点强度 = \frac{加班加点工时}{制度内实际劳动工时} \times 100 = \frac{78000}{477900} \times 100 = 16.32$$

（三）劳动时间利用情况的动态分析

劳动时间利用情况的动态分析，就是将报告期劳动时间利用情况与基期的时间利用情况进行对比，从中发现企业劳动时间利用的变化情况，并分析其变动趋势及其对企业劳动效率的影响。同时，还应具体分析引起劳动时间变化的具体原因，以便采取有效措施，进一步提高企业劳动时间的利用程度。

【例 3.4】 某企业 2010 年 5 月份与 2009 年 5 月份的时间利用情况及变动情况如表 3.2 所示。

由表 3.2 可以看出，该企业 2010 年 5 月份制度劳动工时总数与 2009 年 5 月份数据相同，出勤工时总数和制度内实际劳动工时总数都有所增加，使出勤率增加了 9.25%，但出勤时间利用率反而下降了（降低 7.38%），这是由于 2010 年出勤率较高（98.27%），而同期出勤时间利用率较低（88.24%）。由于 2010 年制度内实际劳动工时总数相较于 2009 年增幅较少，致使制度劳动时间利用率增幅较小（+1.60%）；同时表 3.2 还显示，2010 年的加班加点强度很大（23.33），比 2009 年增加 13.14，表明企业报告期加班加点的时间增加较多（+16000）；相应地，加班加点的比重也由 2009 年的 9.24%增加到 18.92%，增加了 9.68%。对于出勤时间利用率降低和加班加点比重和强度大幅提高的原因还应做进一步的分析，即根据企业的具体情况，深入分析停工和非生产时间、加班加点时间的具体项目和原因,从中找出主要原因,以便提出相应的对策措施。

表 3.2 某企业 2010 年 5 月份与 2009 年 5 月份的时间利用情况及变动情况

时间指标	2009 年 5 月	2010 年 5 月	变动
制度劳动工时总数	138400	138400	0
出勤工时总数	123200	136000	+12800
制度内实际劳动工时总数	117800	120000	+2200
加班加点工时总数	12000	28000	+16000
出勤率/%	89.02	98.27	+9.25
出勤时间利用率/%	95.62	88.24	−7.38
制度劳动时间利用率/%	85.11	86.71	+1.60
加班加点强度	10.19	23.33	+13.14
加班加点比重/%	9.24	18.92	+9.68

三、劳动时间的损益与利用潜力分析

(一)劳动时间未能充分利用的原因分析

企业为了提高劳动时间利用程度,挖掘现有劳动时间的潜力,有必要进行劳动时间未被利用的原因分析。本书主要从缺勤时间、停工时间及出勤时间利用率和工时效率等指标计算这些工时在未被利用工时总数中的比重,然后再进行具体分析。

企业劳动时间利用不充分的原因,主要表现在四个方面:①由于劳动者个人原因造成劳动时间利用不充分,如病假、事假、探亲假、旷工等,这些都造成了劳动时间的损失;②由于生产经营管理不善造成劳动时间利用不充分,主要有计划安排不当,设计图纸不齐备,原材料供应中断,停水、停电、停气、设备出故障,任务分配不均等;③由于国家主管行政部门的行政命令或指令原因造成劳动时间利用不充分。主要有占用企业生产时间开会、学习、听报告、参观等;④由于社会突发事件等原因造成劳动时间利用不充分。主要有抢险、救灾、义务劳动、社会公益活动等。

企业的停工时间众多,包括等料、等工、模具及设备故障等,给企业经营造成一定的损失。这些停工时间是企业劳动过程造成的,应积极改进劳动过程,减少停工损失;缺勤时间在企业劳动时间未能充分利用的比重较大,要进行具体分析。包括企业员工不遵守企业的劳动纪律导致的旷工或因各种原因导致事假、病假、公假过多,造成经济损失。因此,处理缺勤时间时,可根据实际情况强调劳动纪律,或搞好卫生保健,同时号召员工尽量减少事假,合理安排公假的发生,以尽量减少时间损失。

(二)劳动时间利用的损益分析

劳动时间利用的损益分析主要从月制度劳动时间损失程度、月人均劳动时间损失程度、劳动时间损失造成的经济损失与人工成本超支等方面进行分析和评价。

1. 月制度劳动时间损失程度

企业员工的缺勤时间、停工时间与非生产时间对劳动时间的合理利用都会造成影响，可作为企业员工月劳动时间实际利用的情况指标。计算公式有

$$月制度劳动时间损失程度 = \frac{缺勤时间 + 停工时间 + 非生产时间}{制度劳动时间} \times 100\%$$

2. 月人均劳动时间损失程度

通过计算平均每人月劳动时间的利用状况，可以发现企业由于员工个人原因和企业原因造成的时间损失程度，便于观察企业时间利用情况与先进企业之间的差距。计算公式有

$$人均损失时间 = \frac{制度劳动时间 - 制度内实际劳动时间}{月平均人数}$$

$$月人均劳动时间损失程度 = \frac{人均损失时间}{制度劳动时间} \times 100\%$$

3. 劳动时间损失造成的经济损失

劳动时间利用不好，直接体现在产品生产的减少，从而形成产出和效益的减少。反映产出和效益的指标有产量损失和收益损失，计算公式分别有

$$产量损失 = 损失工日 \times 日劳动生产率$$

或

$$产量损失 = 损失工时 \times 小时劳动生产率$$

$$收益损失 = 损失工日 \times 日创收率$$

或

$$收益损失 = 损失工时 \times 小时创收率$$

4. 劳动时间损失造成的人工成本超支分析

劳动时间的损失，一方面表现出多支付人工费，包括工资、奖金、津贴、补贴、劳动保险费用和职工福利费等，使得人工成本上升，增加了生产经营成本，使企业的利润相应减少；另一方面还表现为企业为赶工或赶时间造成的加班加点工资支付，因为一般企业加班的工资是正常工资的 2 倍甚至更多，造成加班比制度劳动时间多支付工资。反映人工成本超支的指标有人工费用和加班加点工资支付。计算公式分别为

$$人工成本超支额 = 损失工日 \times 日人均人工费支出$$

或

$$人工成本超支额 = 损失工时 \times 小时人均人工费支出$$

$$加班加点多支付的工资 = 加班工日 \times 日平均工资 \times 倍数$$

$$加班加点多支付的工资 = 加班工时 \times 小时平均工资 \times 倍数$$

（三）劳动时间利用潜力分析

企业对劳动时间的利用往往还存在诸多潜力，如果能充分挖掘这些潜力，还可以进一步提高企业的经济效益。因此，分析劳动时间的利用情况，不仅要分析其未利用好的原因与造成的损益，而且要分析其提高的潜力，以便为进一步改善和加强企业的时间配置与利用。对劳动时间利用的潜力进行分析主要从提高劳动时间利用程度对产量或产值的影响角度进行统

计与分析。其主要计算指标有以下 7 种。

1. 缺勤和停工时间的潜力

减少缺勤和停工时间可增加的产量（产值）=（减少的缺勤工时 + 减少的停工工时）
×小时劳动生产率

2. 出勤工时利用率的潜力

出勤工时利用率提高后增加的产量（产值）= 增加的出勤工时利用率×出勤总工时
×小时生产率

3. 工时效率的潜力

工时效率是指在以工时为单位的时间里生产出的产品数量。工时效率的潜力计算工时为
提高工时效率可增加的产量（产值）= 增加的单位工时产量×生产总工时

4. 出勤率的潜力

出勤率达到先进水平可增加的产量（产值）
=（先进企业出勤率−本企业出勤率）
×本企业制度总工时
×本企业单位出勤工时产量（产值）

5. 出勤工时利用率的潜力

出勤工时利用率达到先进水平可增加的产量（产值）
=（先进企业出勤工时利用率
−本企业出勤工时利用率）
×本企业出勤总工时
×本企业单位工时产量（产值）

6. 制度工时利用率的潜力

制度工时利用率达到先进水平可增加的产量（产值）
=（先进企业制度劳动工时利用率
−本企业制度劳动工时利用率）
×本企业制度总工时
×本企业单位工时产量（产值）

7. 有效工时利用率的潜力

有效工时利用率达到先进水平可增加的产量（产值）
=（先进企业有效工时率−本企业有效工时率）
×本企业生产总工时×本企业单位有效工时产量（产值）

四、劳动时间平衡表的编制与运用

为了全面地反映企业职工劳动时间利用情况，分析劳动时间利用程度及其影响因素，可在劳动时间构成与核算的基础上，编制劳动时间平衡表，如表 3.3 所示。

编制完劳动时间平衡表后，就可以用它来分析劳动时间的配置情况。具体来说可作如下分析。

从表 3.3 可以看出，劳动时间平衡表由两部分组成：一部分是劳动时间资源，反映可能劳动的劳动时间，其中最基本的是制度工日（工时）总数。以制度工日（工时）数作为最大可能劳动时间，并作为劳动时间平衡的基础。另一部分是劳动时间配置情况。劳动时间配置

除列出制度内实际劳动工日（工时）外，把企业未利用的劳动时间按其性质分为因正当理由而未利用的工日（工时）和浪费的工日（工时）两大类。同时，这两类工日（工时）按其发生的原因分别列出各项工日（工时）工时数。此外，还列出加班加点工日（工时）数。应当指出，在劳动时间平衡表中，停工被利用劳动工日（工时）数，既包括在制度内实际劳动工日（工时）内，又包括在全部停工工日（工时）内，在时间利用配置合计中为了避免重复，应将其扣除。

表 3.3 劳动时间平衡表

劳动时间资源		劳动时间配置		
项目	时间数	项　目	时间数	比重/%
1.日历工日/工时		1. 制度内实际劳动工日/工时		
2.公休工日/工时		其中：停工被利用工日/工时		
		2. 因正当理由而未利用工日/工时		
		（1）正当理由缺勤工日/工时		
		其中：病假		
		事假		
		探亲假		
		婚假		
		其他		
		（2）非生产工日（工时）		
		其中：各种会议		
		打扫厂内卫生		
		社会任务		
		脱产学习		
		文体活动		
		其他		
		3. 浪费的工日（工时）		
		（1）停工工日（工时）		
		其中：停电		
		待任务		
		待原材料		
		其他		
		（2）不应当缺勤工日（工时）		
		其中：旷工		
		迟到早退		
		其他		
3.制度工日/工时		合计：(1-停工被利用工日（工时）+2+3)		100%
		4. 加班加点工日/工时		
		其中：公休日加班工日		
		劳动日加班加点工时		

通过劳动时间平衡表就可以反映出利用和未利用劳动时间的整个构成，并为进一步进行

统计分析和调查研究提供线索。利用劳动时间平衡表，可以进一步全面系统地分析劳动时间的利用状况。综合分析各个时期的劳动时间平衡表，可以找出影响劳动时间未能充分利用的长期稳定的因素及不同时期影响劳动时间利用的主要原因变化。对比同一时期本企业与同类其他企业的劳动时间平衡表，可以发现本企业在劳动时间利用上存在的薄弱环节和问题，并采取有效措施加以改进。

第三节　非劳动时间的配置与利用统计

一、非劳动时间的基本分类

人们在非劳动时间中所从事的活动是多种多样的，对非劳动时间进行分类可按其在人们生活中的基本作用大致分为必须支付的时间和自由支配的时间两大类，每个大类又可细分，具体情况如图 3.3 所示。

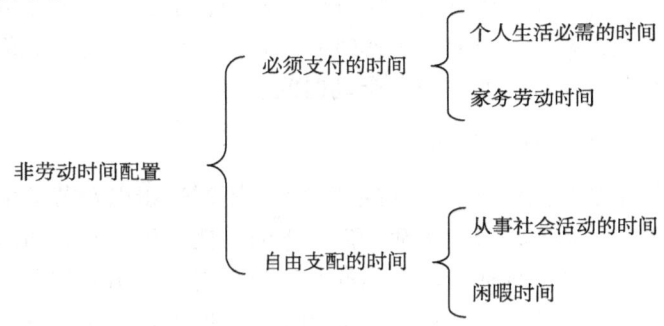

图 3.3　非劳动时间配置的分类

（一）必须支付的时间

（1）个人生活必需的时间，是指人们为满足个人正常生理需要而必须支付的时间，也是保证人的体力和智力恢复，维持劳动力再生产所必须花费的时间。主要包括睡眠、饮食、个人卫生保健、休息等时间。

（2）家务劳动时间，是指人们为满足家庭生活需要所花费的时间，主要包括做饭、购物、缝洗、清扫、照料家庭成员等时间。

（二）自由支配的时间

（1）从事社会活动的时间，指利用闲暇时间自由从事一些公众活动或社会交往活动，主要包括作为志愿者参与社会公益、扶贫、救助及探亲、应酬等活动。

（2）闲暇时间，是指人们为满足个人精神文化的需要所支付的时间，而不是出于本人生活需要或个人要对社会或他人承担责任而强制性支付的那部分时间。它包括业余学习、上网冲浪、看电视电影、教育子女等。

二、非劳动时间分配统计的目的

现代社会中，人们在工作之外的活动与其自身的劳动时间关系十分密切。人们在继续关注劳动时间的配置与利用的前提下，越来越重视非劳动时间的配置和利用情况，特别是闲暇时间的配置与利用，不仅有利于劳动者充分的休息，也有利于提高其科学文化水平。因此，加强对非劳动时间的统计研究，目的主要表现如下四点。

（一）了解人们的社会生活方式，合理引导人们配置和利用非劳动时间

人们在非劳动时间当中从事什么样的活动？花在各种活动上的时间分别是多少？不同性别、年龄、地区、阶层的人们及其家庭生活在非劳动时间的配置方面存在哪些差异？只有经过大量非劳动时间的统计整理，并加以分析，才能发现非劳动时间配置与利用的差异，从而能采取相应措施缓解或消除不良的习惯，有利于人们身心的健康。

（二）解决家务劳动负担过重的问题

家务劳动社会化是解决家务劳动负担过重的主要途径。家务劳动的体力和时间支出只有在适当的限度内，才具有家庭生活的乐趣。一旦超出适当的限度，则会成为一种负担，影响正常的工作和学习。因此，减少劳动者的家务劳动时间，增加其个人自由支配时间，是社会进步和家庭幸福的客观需要。通过对非工作时间配置的统计，发现家务负担过重问题，可通过促进家务劳动社会化等手段来减少家务劳动时间。

（三）不断增加闲暇时间的配置

闲暇时间的不断增加是人们生活水平提高和社会不断进步以及劳动生产率不断提高的标志。而个人自由支配时间是丰富人们生活，促使人的个性得到全面、和谐的发展，从而保证社会生产力不断发展。通过统计非劳动时间的配置与利用得到相关数据，从中发现不断增加闲暇时间的途径，并加以推广，促使整个社会的闲暇时间不断增加，使社会不断进步。

（四）为经济与文化建设提供各种信息

时间配置表现出劳动时间不断缩短、非劳动时间不断延长的趋势。这种趋势要求社会不断提高劳动生产率以及增加与非劳动时间相适应的各种娱乐设施和文化活动，否则会出现一些非劳动时间过剩导致的经济与社会问题。通过对非劳动时间的配置与利用进行统计，可以反映社会经济和文化建设应努力的方向，能够为我国经济和文化建设提供宝贵的信息，使社会能够正确、充分地提供人们物质与文化生活所需的服务与活动。

三、非劳动时间分配的统计指标和内容

非劳动时间分配统计一般是通过抽样调查的方式，根据事先制订好的调查表，对一定数量的企业劳动者的基本情况和一天（24小时）内的全部活动进行统计，计量单位一般选用"分钟"。调查的时间一般为7天，以周平均时间配置情况代表全年每日平均时间配置情况。非劳动时间配置统计的主要指标如下所述。

（一）上下班路途时间

劳动是人们获得报酬的一种主要手段。由于劳动地点与家庭住址存在距离从而产生上下班路途时间。因此，上下班路途时间是指往返家庭住所与劳动单位之间所花费的时间，对多数人而言，这是从事有酬社会劳动所必须支付的时间。但要注意的是，上下班路途中又从事

其他活动，如购物、逛商店、访友等，应当从中扣除。

（二）个人生活必需的时间

个人生活必需的时间主要包括以下四点。

1. 睡眠时间

包括夜间和午间睡眠时间，不包括日间和晚上的短暂休息时间。

2. 用餐时间

包括早、中、晚在家庭、食堂、饭馆等各处进餐所用时间以及排队买饭、用餐路途时间。若因夜间劳动需要，夜宵吃饭时间也应计入。

3. 个人卫生时间

包括洗脸、刷牙、梳头、洗澡、理发、上厕所及直接用于上述活动的排队和路途时间。

4. 个人医疗保健时间

包括看病、治疗、打针、吃药以及候诊、往返时间等。

（三）家务劳动时间

指社会伦理要求劳动者所必须承担的从事家务、照看老人和子女的时间，主要包括以下五点。

1. 购买商品时间

主要指购买各种家庭必需的生活用品、学习用品、文化用品所用的时间以及往返乘车、走路和排队等候所用的时间。

2. 做饭时间

主要指清洗、加工、烹调食品以及饭后清洗碗筷等餐具所花的时间。

3. 缝洗时间

主要指缝纫、缝补、编织、拆洗、洗染、烫熨、晾晒衣物等活动所占用的时间。

4. 照顾家庭成员时间

包括照看生活不能自理的老人和年幼的子女，或看护家庭伤病成员的时间。如陪伴老人就诊看病和接送子女入托儿所或上学等。

5. 清洁、维修房屋时间

包括清扫、整理房间、修理房屋和室内设施更换、搬移家具等所占用的时间。

（四）从事社会活动时间

这里所说的从事社会活动时间与社会义务活动不同。社会义务活动时间是必须履行的，而从事社会活动时间则是自由支配的，主要出于兴趣爱好或形象等原因。主要包括如下两点。

1. 社会公益活动时间

包括作为志愿者参与社会公益、扶贫、救助等活动时间。

2. 社会交往时间

主要包括探亲访友、各种喜庆活动、个人应酬等时间。

（五）闲暇时间

主要包括：

（1）业余学习时间，参加各种业余培训班、专业技术进修班等时间。
（2）休息和文娱活动时间，如看电影、上网聊天、观看文艺节目、听音乐等。
（3）体育锻炼时间，如跑步、打球、游泳等活动时间。
（4）参观、游览、旅游等活动时间。
（5）教育子女时间，如对子女进行教育、辅导、检查作业等时间。
（6）参加宗教活动时间，如参加佛教、道教、基督教等活动时间。
（7）其他自由支配时间，如疗养、美容、为亲友办事等所占用的时间。

四、非劳动时间配置统计表形式

为了更好地对非劳动时间进行统计，通常把非劳动时间设计成表格的形式，便于填写各种非劳动时间数据。根据以上对非劳动时间配置统计指标的描述，可以设计出如表3.4所示的非劳动时间配置统计表。

表3.4　非劳动时间配置统计表

项目	占用时间/分钟	比重/%
非劳动时间合计		
（一）上下班路途时间		
（二）个人生活必需的时间		
1. 睡眠时间		
2. 用餐时间		
3. 个人卫生时间		
4. 个人医疗保健时间		
（三）家务劳动时间		
1. 购买商品时间		
2. 做饭时间		
3. 缝洗衣物时间		
4. 照顾家庭成员时间		
5. 清洁、维修房屋时间		
（四）从事社会活动时间		
1. 社会公益活动时间		
2. 社会交往时间		
（五）闲暇时间		
1. 业余学习时间		
2. 休息和文娱活动时间		
3. 体育锻炼时间		
4. 参观、游览、旅游等活动时间		
5. 教育子女时间		
6. 参加宗教活动时间		
7. 其他自由支配时间		

注：本表中若再加入劳动时间就成为一张完整的日常生活分配统计表

第四节　管理与工程技术人员时间配置与利用统计

一、研究管理和工程技术人员时间配置与利用的意义

企业管理和工程技术人员是企业劳动者中一个特殊的群体，他们一般不直接在一线从事物质生产活动。但企业大多数管理和工程技术人员都受过良好的高等教育，具有较完整的知识结构和较高的专业技能，他们的工作效率和工作质量能够决定企业发展的速度和获得的效益。因为随着科学技术的迅猛发展以及科学技术转化为生产力速度的加快，科学技术人员在企业生产中的作用越来越大；另外，有效地管理能够调动企业员工的积极性，从而能极大地提高劳动效率，因此，企业的管理人员在企业生产与经营中的作用越来越重要。鉴于以上原因，专门对企业管理与工程技术人员的时间配置与利用情况进行统计与研究是十分必要的，并且通过分析影响他们（不能）充分利用劳动时间的主要原因，研究寻找提高他们时间利用程度的有效途径，有利于提高他们的工作效率，促进企业的进步与发展。另外，通过研究管理和工程技术人员非劳动时间利用情况，努力减少他们不必要的非劳动时间支付，最大限度地利用他们的专业专长，以及最大限度地发挥他们的作用。

二、研究管理和工程技术人员时间配置与利用的一般方法

（一）管理和工程技术人员与生产工人时间构成的差异

1. 管理和工程技术人员与生产工人在时间构成中存在着非生产时间的差异

企业管理和工程技术人员的劳动时间按岗位可分为两种：岗位劳动时间和非岗位劳动时间。岗位劳动时间是指管理和工程技术人员按照企业岗位分工在自身岗位职责之内的劳动时间；相应地，非岗位劳动时间是指管理和工程技术人员从事自身岗位职责之外劳动时间。企业的管理和工程技术人员几乎不直接从事生产性工作，一般都是从事非生产性工作，因此不存在非生产时间。而企业生产工人的劳动时间主要是生产时间，当生产工人离开生产岗位从事其他工作，就会产生非生产时间，因为他们的岗位职责是生产性工作。所以，管理和工程技术人员与生产工人在时间构成中存在着非生产时间的差异。

2. 管理和工程技术人员与生产工人在时间构成中存在着停工被利用的差异

管理和工程技术人员劳动时间构成中的停工时间不存在停工被利用时间，也就是说管理和工程技术人员一旦出现停工时间，就是纯粹的停工损失时间。这是因为管理和工程技术人员不直接从事生产，他们的劳动成果很难通过产量或具体数量来体现，当他们完成某件工作之后，可利用不同工作之间的间隙时间来学习、整理资料或研究相关管理或技术问题，如果出现停工，主要是由于管理和工程技术人员主观上的消极怠工引起的，这种停工时间一般是不可能被利用的。而生产工人出现停工的原因很多（详情请见第二节），由于生产工人一般只是从事产品生产，不存在整理资料或研究的工作，停工后如果不能安排他们从事别的工作，就会出现停工损失时间，但停工后安排他们从事其他工作，就会出现停工被利用时间。因此，管理和工程技术人员与生产工人在时间构成中存在着停工被利用的差异。

（二）研究管理和工程技术人员时间利用的方法

研究管理与工程技术人员时间利用情况主要有如下两种方法。

1. 相关分析法

相关分析法是研究现象之间实际存在的数量方面的相互依存度，把相关分析法用在研究管理与工程技术人员时间利用情况是一种比较常见的方法。利用相关分析法可将管理和工程技术人员的时间利用情况资料与他们自身的某项特征结合起来进行分析，研究它们之间是否存在某种联系以及联系的紧密程度。因为企业的管理和工程技术人员众多，他们的知识结构、专业特长、岗位职务以及年龄性别、健康状况、家庭条件、成长经历等都不相同，这些因素对他们的时间利用状况影响各不相同。例如，某个工程技术人员在计算机方面具有专长，在遇到计算机出现问题时，他可能只要花较短的时间就能自己解决问题，从而节约大量劳动时间；相反，一个对计算机不是很了解的管理人员或工程技术人员碰到这类问题，会花比较多的时间才能解决，或者花费了很多时间也不能自己解决，这样大大降低了工作效率。因为我们的工作和生活越来越离不开计算机，能自己解决计算机在使用中的一些简单问题，有利于提高使用效率。因此，分析上述各种因素对管理和工程技术人员时间利用的影响，有利于发现管理和工程技术人员在时间利用中存在的许多问题。利用调查数据，通过绘制相关图、相关表、计算相关系数以及建立回归方程并求解，找出其中影响管理和工程技术人员时间利用最为密切的因素，才能根据具体因素采取相应的措施，使管理和工程技术人员能够更好地利用他们的时间，充分发挥他们在企业生产经营中的作用。

2. 对比分析法

对比分析法是对不同事物进行对比来找出它们之间的不同之处或存在的差异，并分析差异存在的原因，从而更好地解决问题。对比分析法不仅是研究管理和工程技术人员时间利用情况常见的一种方法，也是统计分析中运用较为广泛的一种方法。运用对比分析法对管理和工程技术人员时间利用情况进行分析，要根据研究问题和研究目的的不同以及用来比较的内容和形式，采用具体的对比分析方法。对管理和工程技术人员时间利用情况进行对比分析一般有静态对比和动态对比两种具体方法。

1）静态对比

静态对比是在同一时期对不同对象或同一对象不同的范围和层次上进行的对比分析。对不同管理和工程技术人员时间利用情况进行静态分析，可以发现他们在知识结构、工作习惯、劳动态度、劳动积极性、兴趣爱好、家庭负担等各种单个因素对他们时间利用的影响程度。

2）动态对比

动态对比是对同一对象在不同时期的某种特征进行对比分析的一种方法，一般是用报告期与基期进行对比分析。对管理和工程技术人员时间利用情况进行动态分析，就是将报告期管理和工程技术人员时间利用情况与基期的时间利用情况进行对比分析。通过动态对比分析，可以动态的观察管理和工程技术人员时间利用情况的发展变化过程，认识管理和工程技术人员时间利用情况的发展趋势，了解影响管理和工程技术人员有效利用时间的各种因素之间结构的变化情况，还可以预测管理和工程技术人员时间利用情况。

三、管理和工程技术人员劳动时间利用统计分析

(一) 管理和工程技术人员劳动时间利用程度指标与分析

管理和工程技术人员劳动时间利用程度指标除了第二节讲述的出勤率、出勤时间利用率、制度工作时间利用率以及加班加点强度、加班加点程度指标外,还有三个比较特殊的分析指标:岗位劳动时间利用率、非岗位劳动时间利用率和岗位劳动负荷率。

1. 岗位劳动时间利用率

岗位劳动时间利用率是指管理和工程技术人员从事自身岗位劳动时间与全部实际劳动时间的比值,主要反映管理和工程技术人员在全部时间劳动时间中从事自身岗位劳动时间的多少。比值越大,说明管理和技术人员从事自身岗位的劳动时间越多,岗位劳动时间利用程度越高;比值过低,说明管理和工程技术人员从事自身岗位的劳动时间相对过少,要重新补充或安排人员从事一些岗位的劳动,使已有管理和工程技术人员集中精力搞好自身岗位工作。其计算公式为

$$岗位劳动时间利用率 = \frac{实际岗位劳动时间}{全部实际劳动时间} \times 100\%$$

式中实际岗位劳动时间包括管理和工程技术人员的制度岗位劳动时间与制度之外岗位劳动时间之和。

2. 非岗位劳动时间利用率

非岗位劳动时间利用率是指管理和工程技术人员从事非自身岗位的劳动时间与全部实际劳动时间的比值。比值越低,说明管理和工程技术人员从事自身岗位的劳动时间相对较多;比值越大,说明管理和技术人员从事非自身岗位的劳动时间越多。由于管理和工程技术人员在制度外的劳动时间(加班加点时间)经常从事非自身岗位的劳动,企业要适当减少这部分的劳动时间,尽量利用管理和工程技术人员的专长。其计算公式为

$$非岗位劳动时间利用率 = \frac{实际非岗位劳动时间}{全部实际劳动时间} \times 100\%$$

式中实际非岗位劳动时间包括管理和工程技术人员的制度非岗位劳动时间与制度之外的非岗位劳动时间之和。

从以上两个公式的含义可以得知岗位劳动时间利用率与非岗位劳动时间利用率之间的关系为

$$岗位劳动时间利用率 + 非岗位劳动时间利用率 = 1$$

或

$$岗位劳动时间利用率 = 1 - 非岗位劳动时间利用率$$

3. 岗位劳动负荷率

岗位劳动负荷率是指管理和工程技术人员在制度之内和制度之外从事自身岗位的劳动时间与制度劳动时间的比值,主要反映管理和工程技术人员在自身岗位的劳动强度。如果企业经常加班赶工,且管理和工程技术人员在制度内和制度外都从事自身岗位工作,则岗位劳动负荷率指标值会大于100%。其计算公式为

$$岗位劳动负荷率 = \frac{实际岗位劳动时间}{制度劳动时间} \times 100\%$$

(二)管理和工程技术人员劳动时间损失统计指标与分析

1. 业务不对口造成的时间损失与损失率

我国企业管理和工程技术人员业务不对口的问题是一个普遍的问题。一方面的原因是企业用人不当,存在关系用人、职权用人等情况;另一方面的原因是我国现有教育体制也存在发展滞后的问题,跟不上产业发展的步伐,不能提供一些企业确切需要的专业人才,而是往往提供比较笼统的"专业人才"。由于业务不对口,给企业实际工作带来了时间的浪费。因此,研究管理与工程技术人员的业务不对口问题具有现实意义。统计研究管理与工程技术人员业务不对口问题,一般可从业务不对口造成的时间损失和损失率两个指标来衡量。业务不对口造成的时间损失是指全部管理和工程技术人员的制度劳动时间与制度内实际岗位劳动时间之差。业务不对口造成的时间损失率是指管理和工程技术人员因业务不对口造成的时间损失占全部时间劳动时间的比重。用公式表示为

$$\begin{array}{c}管理和技术人员\\业务不对口造成的时间损失\end{array} = \begin{array}{c}管理和技术人员\\制度劳动时间\end{array} - \begin{array}{c}管理和技术人员\\制度内实际岗位劳动时间\end{array}$$

$$\begin{array}{c}管理和技术人员\\业务不对口造成的时间损失率\end{array} = \frac{管理和技术人员业务不对口造成的时间损失}{管理和技术人员全部实际岗位劳动时间} \times 100\%$$

2. 劳动时间利用不充分造成的工时损失率

劳动时间利用不充分造成的工时损失率指标是指管理与工程技术人员因各种原因造成的劳动时间损失占制度劳动时间的比重。管理和工程技术人员的劳动时间的利用也不一定就非常合理,也存在不能被充分利用的诸多问题。主要原因表现在:①企业用人不当,部分人劳动时间配置不合理;②在工作中存在怠工、聊天、看报纸等与工作无关的活动;③管理和工程技术人员常常从事与自身岗位无关的工作;④部门所有、单位所有限制了管理行业工程技术人员的合理流动,使相当一部分管理和工程技术人员的工作时间得不到充分利用。劳动时间利用不充分造成的工时损失率反映了这些主观和客观原因使管理和工程技术人员在制度劳动时间内所从事的与本专业无关的活动而造成不必要的时间损失情况。其计算公式为

$$\begin{array}{c}管理和技术人员时间利用\\不充分造成的工时损失率\end{array} = \frac{由于各种原因造成的劳动工时损失}{制度劳动工时} \times 100\%$$

四、工程技术人员时间配置与利用应注意的其他问题

研究工程技术人员的时间配置与利用问题,不仅要研究专业不对口和时间利用不充分的问题,还要研究连续工作时间、辅助工作时间以及非劳动时间中的家务劳动时间、闲暇时间的配置与利用问题。只有这样,才能全面反映工程技术人员的时间利用情况。

(一)连续工作时间

连续工作时间,是指从开始工作到结束而保持连续不中断的时间。在计算连续工作时间时,一般应超过 8 个小时的工作才能作为连续工作时间计算。工程技术人员由于工程技术工作的连续性较强等自身职业特性,有时需要连续工作。工程技术人员常常连续工作超过 8 小

时甚至更长的时间，尤其是工程抢险情况下，需要连续工作几十个小时都有可能。统计工程技术人员的连续工作时间，反映他们的连续工作情况，为企业领导或主管部门提供决策参考。

描述工程技术人员的连续工作时间一般有两个指标：连续工作时间的长度与工作超过 8 小时的频繁程度。连续工作时间的长度一般用报告期内每天工作工时数之和与制度工作日数的比值，即平均工作日长度来表示；工作超过 8 小时的频繁程度一般用报告期内连续工作的日数与制度工作日数的比值，即连续工作日比重来表示。用公式表示分别为

$$平均工作日长度 = \frac{报告期每天实际工作工时数之和}{报告期制度工作日数}$$

$$连续工作日比重 = \frac{报告期连续工作的日数}{报告期制度工作日数} \times 100\%$$

（二）辅助工作时间

工程技术工作时间可以划分为主要工作时间和辅助工作时间两种。工程技术人员在从事主要工作的同时，从事一定的辅助工作是难免的，因为并不是所有工程技术人员都拥有助手帮助他们从事辅助工作。但工程技术人员从事辅助工作的时间过多，会挤占他们从事主要工作的时间，也会影响他们的工作效率，不利于发挥工程技术人员的作用，造成工程技术人员和时间资源的损失和浪费。因此，研究工程技术人员辅助工作时间占全部实际工作时间的比重，以便观察工程技术人员主要工作时间的长短以及工程技术人员作用发挥的程度，为各级领导采取必要措施，为工程技术人员的时间用于主要工作上提供依据。反映工程技术人员辅助工作时间的配置状况，一般是通过计算辅助工作时间比重来进行，用公式表示为

$$辅助工作时间比重 = \frac{辅助工作时间}{全部实际工作时间} \times 100\%$$

（三）家务劳动时间

在非劳动时间配置中，家务劳动时间是一个比较重要的内容。家务劳动是一个比较普遍的社会现象，不同的群体所花的家务劳动时间不同。对工程技术人员来说，家务劳动适量，会促进家庭和睦，但家务劳动过量，占有时间过多，势必会影响他们的工作效率以及闲暇时间的学习等。在第三产业还不是很发达的情况下，我国城乡大量的工程技术人员都需要从事家务劳动。从社会发展角度来看，有针对性的提高家务劳动社会化水平，将工程技术人员从繁重的家务劳动中解脱出来，使他们有更多的时间和精力投入到工作和业余时间的学习上。实现家务劳动的社会化，是解决工程技术人员家务劳动时间过多的主要途径。反映工程技术人员家务劳动时间配置状况，可以用家务劳动时间占全部非工作时间的比重来反映。用公式表示为

$$家务劳动时间比重 = \frac{家务劳动时间}{全部非劳动时间} \times 100\%$$

（四）闲暇时间

闲暇时间又称为自由支配的时间。闲暇时间的多少是衡量一个社会进步的重要标志之一。闲暇时间的多少和构成反映了一个社会内部人们的生活水平和生活方式。对不同的群体，闲暇时间的配置是有很大差异的。对许多在企业一线工作的工程技术人员来说，闲暇时间的增

加并不意味着休息和娱乐的时间增多,这是由于他们所从事的工作的性质以及职业特性所决定的。工程技术人员必须利用闲暇时间进行业余学习和教育子女等方面。因为他们要适应科学技术的进步而必须不断地学习,进行知识的更新与扩充。如果工程技术人员在闲暇时间内长期得不到必要的放松和休息,可能会影响他们的身心健康,进而影响到企业的生产管理和劳动生产率的提高。研究工程技术人员闲暇时间的配置,一方面要尽量减少业务进修时间的比重,对进修业务较重的人员,可利用工作时间进行;另一方面要适当减少其教育子女的时间,可开展家庭教师辅导业务,以减轻工程技术人员负担,使他们有更多的时间和精力投入到工作和业余的学习、进修上来。反映工程技术人员利用闲暇时间进行必要的进修学习以及教育子女的时间分配,可通过业务进修时间比重和教育子女时间的比重指标来表示。其计算公式分别为

$$业务进修时间比重 = \frac{业务进修时间}{闲暇时间} \times 100\%$$

$$教育子女时间比重 = \frac{教育子女的时间}{闲暇时间} \times 100\%$$

第四章 劳动效率与劳动效益统计

[内容摘要]

本章阐述劳动效率与劳动效益统计的概念、意义与任务及其计算公式;企业劳动效益的分类标准,工业企业劳动效率与劳动效益的关系,各种工业企业劳动生产率统计公式,以及建筑企业、商业企业、交通运输企业劳动生产率统计,农业企业劳动生产率统计指标;企业劳动生产率动态统计与分析,劳动效益统计、分析与评价等内容。

[学习要点]

(1) 劳动效率与劳动效益统计相关内容。
(2) 工业企业及其他企业劳动生产率统计。
(3) 企业劳动生产率动态统计与分析计算。
(4) 劳动效益统计、分析与评价。

市场经济体制下的企业是自主经营、自负盈亏的独立的法人实体，完全面向市场需求来组织生产和从事经营，以追求市场经济效益最大化为主要目标。企业能否生存和进一步发展、适应市场经济竞争和社会化大生产对管理现代化的要求，取决于能否适应市场的需求，同样取决于能否实现劳动效率和劳动效益的提高。

企业的生产经营活动受多种因素的影响和制约，企业的人力资源、生产工具和劳动对象是其进行生产经营活动的基本要素，其中人与人的劳动是公司生产经营活动的最基本的和决定性的因素。人力资源对公司生产经营的影响因素主要表现为劳动力数量和劳动效率。因此，如何调动员工劳动的积极性是保证公司生产经营活动稳定健康发展的重要因素。随着我国经济体制改革的深入发展，企业不仅要求劳动效率，更重要的是追求劳动效益。企业在生产经营过程中，如何对这些劳动资源进行有效配置，实现最佳组合，不断提高劳动效率和经济效益，是劳动效率和劳动效益统计的一项重要内容。

统计企业生产经营活动及其实现的经济效益和社会效益，不仅要统计企业的劳动效率，还要统计企业劳动效益。通过统计分析，认识企业劳动活动的规律性，加强企业的各项劳动管理工作，实现既定的经济目标。

第一节 劳动效率与劳动效益统计概述

一、企业劳动效率的概念及其表现形式

（一）劳动效率的概念

劳动效率是企业劳动者在单位时间内生产产品的能力，或者劳动者通过劳动产生单位劳动成果所消耗的劳动量。前者可以理解为劳动者在一定时期内所生产产品的数量与相应的活劳动消耗量的比值，后者可理解为劳动者在一定时期内的劳动消耗与相应劳动成果的比值。

劳动效率主要反映劳动者的劳动成果与劳动消耗量之间的对比关系。劳动效率不仅能反映企业经营管理水平与劳动效果，而且是反映一个国家(或一个企业)经济发展水平的重要标志。企业提高劳动效率，能够节约劳动时间，表明人们在生产中劳动效率的提高。企业的劳动效率是企业人力资源利用效果的集中体现，因此，劳动效率统计与分析是企业人力资源利用情况统计与分析的核心内容之一。

（二）劳动效率的表现形式

企业的劳动效率通常情况下用劳动生产率来表示，通过计算劳动生产率来表示劳动效率的大小。前面讲到劳动效率是指劳动者在一定时期内所创造的劳动成果与其相适应的劳动消耗量的比值。按照劳动效率的这个定义，劳动生产率的计算公式有两种形式。

（1）用单位劳动时间所创造的劳动成果来表示，公式如下

$$劳动生产率 = \frac{劳动成果}{劳动消耗量}$$

式中的劳动成果可以用劳动产品总产量、总产值、附加值、增加值等多种形式来表示，单位时间生产的产品（产值）越多，表示企业劳动效率越高；反之，则越低。因此，单位时间内

生产的产品（产值）数量的多少和劳动效率的高低是成正比的。统计上一般将劳动成果与劳动消耗量的比值称为劳动效率的"正指标"。

（2）用单位劳动成果所消耗的劳动时间来表示，公式如下

$$劳动生产率 = \frac{劳动消耗量}{劳动成果}$$

以上公式表明平均单位劳动成果所耗用的劳动消耗量越少，则劳动效率水平越高；反之，则越低。单位劳动成果消耗的劳动时间的多少，与劳动效率的高低是成反比的。所以，统计上一般把劳动消耗量与劳动成果的比值称为劳动效率的"逆指标"。

劳动效率指标受时间、产量（产值）、劳动消耗等因素的影响，将劳动效率指标分为不同种类可以满足不同的分析目的。劳动效率的正指标与逆指标只是表现形式不同，其经济意义完全一样，从纯数学的角度来看，正指标和逆指标互为倒数。企业劳动效率统计一般采用正指标，而劳动定额的统计多采用逆指标。

二、劳动效率统计的意义与任务

（一）劳动效率统计的意义

劳动效率是一个经济范畴。企业劳动效率的提高表明了社会劳动的节约、成本的降低以及盈利的增加，为提高人民物质文化生活水平提供了物质保证。随着现代科学技术的发展和应用，劳动者文化水平的日益提高，提高劳动效率必然成为发展生产的主要途径。劳动效率水平的高低，对于加速社会经济发展和提高社会生产效益具有重要意义。

（1）各企业劳动效率的提高，是改善和提高劳动者物质文化生活的基础，有利于增加工业总产值，提高全社会全员劳动生产率；

（2）提高劳动效率不仅可以改善劳动条件、减轻劳动强度、提高产品质量，而且还会增加企业效益，推动社会经济的发展；

（3）工业生产的增长，不能单纯依靠增加劳动力的数量，而主要是靠提高劳动效率来实现的；

（4）通过对企业劳动效率的统计分析，能够使企业根据不同劳动效率水平招收劳动力及确定经济发展速度；

（5）通过比较培训前后劳动效率的变化来反映各企业技术培训的效果；

（6）通过对企业劳动效率进行统计分析，为研究和提高企业劳动效率提供服务；

（7）劳动效率指标是考核和评价企业经营业绩最主要的指标之一；

（8）劳动效率指标还是确定劳动报酬、制订劳动定额的依据。

（二）企业劳动效率统计的任务

劳动效率指标是评价企业生产经营与管理工作质量的重要依据之一的。通过对大量企业劳动效率的统计，可以发现各企业消耗的劳动与所获取的劳动成果的大小关系，以及与先进企业或行业的劳动效率的差距，促使落后企业采取相应措施，努力提高劳动效率。企业劳动效率统计研究的基本任务主要有：

（1）计算各企业劳动效率水平；
（2）计算劳动效率的增长速度；
（3）对各企业劳动效率水平和变动情况进行横向比较，找出其中的差距及制约因素；
（4）研究决定劳动效率变化的各种因素及其影响程度，揭示其发展变化趋势；
（5）研究和分析劳动效率的变化对社会总产量及劳动力变动的影响，推广提高劳动效率的最佳途径。

三、企业劳动效益的概念及其计算公式

（一）劳动效益的概念

劳动效益是指劳动者在单位劳动消耗量内获得实际收益的能力，或者劳动者通过劳动产生的单位实际收益所消耗的劳动量。这里的劳动消耗量指在劳动过程中活劳动和物化劳动的耗费。劳动成果指其所产生的物质效用和经济收益。实际收益不同于实际收入，实际收入指劳动成果（一般指劳动者生产的产品或提供的服务）经销售后实现的总价值，而实际收益指实际收入中扣除成本后的纯收入，也就是通常说的盈利部分。物质效用是通过生产量、劳务量、品种、质量、服务年限等，满足人民生活和社会生产的某种需要，着重从使用价值形态方面考察；经济收益是通过资金、成本、利税等价值形式反映的利益，着重从价值形态方面考察。一般把劳动占用和劳动耗费量称为"投入"，把劳动成果称为"产出"。企业劳动活动中"投入"与"产出"的比值，即称为劳动效益。在实际工作中，无论从使用价值形态还是从价值形态考察，要衡量企业劳动效益要体现出达到预定目标的程度，只有劳动的"产出"大于"投入"才有劳动效益。

（二）劳动效益的计算公式

根据劳动效益的概念，有两种计算方式。
（1）用单位劳动消耗量产生的实际收益来表示，即

$$劳动效益 = \frac{实际收益}{劳动消耗量}$$

由于单位劳动消耗量所带来的实际收益与劳动效益成正比，统计上习惯称为"正指标"。
（2）用单位实际收益所消耗的劳动量来表示，即

$$劳动效益 = \frac{劳动消耗量}{实际收益}$$

由于单位实际收益所消耗的劳动量与劳动效益成反比，统计上习惯称为"逆指标"。
与劳动效率的计算公式类似，劳动效益的正指标和逆指标在数学上互为倒数的关系。

四、企业劳动效益的分类标准及统计意义

（一）劳动效益的分类标准

从社会生产和再生产角度看，劳动效益是劳动成果与劳动消耗量之间的比值，反映社会再生产各环节、层次对人力资源利用的效果。根据社会再生产各环节、层次划分，劳动效益可分为以下三类。

1. 单个企业劳动效益和社会整体劳动效益

单个企业劳动效益是指从单个企业、单位范围内进行核算的劳动效益；社会整体劳动效益是从一个部门（地区）乃至整个社会进行核算的劳动效益。单个企业劳动效益是社会整体劳动效益的基础。它们之间是局部与全局的关系，总体上是一致的，但有时会出现冲突。从宏观经济效益考虑，单个企业劳动效益要服从社会整体劳动效益。

2. 内部劳动效益和外部劳动效益

一个企业经济实体范围内的劳动效益称为内部劳动效益；与该企业相关的经济实体得到的劳动效益称为该企业的外部劳动效益。一些内部劳动效益较高的企业并不一定形成较高的外部劳动效益，因为缺乏劳动经验的交流；相反，一些企业内部劳动效益较低，内部劳动资源与外界充分流动的条件下有可能形成较高的外部劳动效益。

3. 直接劳动效益和间接劳动效益

直接劳动效益是指一项劳动活动本身直接体现出来的经济收益；间接劳动效益是指通过某一劳动活动间接反映在其他活动方面的经济收益。直接劳动效益和间接劳动效益是按照劳动效益的计量难易程度划分的。直接劳动效益较容易计算，间接劳动效益虽然可以计算，但计算起来比较复杂，有时很难完整计量。

（二）劳动效益统计的意义

统计企业劳动效益，可进一步观察企业经济效益目标的实现形式，从人力资源角度对企业的经营业绩进行正确的评估。

企业经济活动特点就是要在不断提高企业生产经营活动能力，不断提高企业经济效益的前提下，通过为社会提供合格的产品来满足人民日益增长的物质和文化需要，提高社会效益。与此同时，通过加强企业劳动管理，提高职工的科学文化和技术业务水平，努力提高劳动效益。企业劳动效益分析就是促进和保证完成企业经济效益和劳动效益任务的重要手段之一。

1. 提高劳动效益是市场经济的要求

提高劳动效益是我国经济发展工作的中心环节。劳动效益问题是我国市场经济的重要理论问题，也是社会主义建设的重大实践问题。提高劳动效益是我国市场经济的根本要求。目前，虽然我国工业生产高速增长，但企业劳动效益与发达国家相比，差距还很大。从内部看，我国企业存在着产品质量低、劳动消耗大、人工成本高、产品竞争能力不强等原因。通过对劳动效益的统计，可以加深认识企业再生产过程中人力资源分配各环节活动的规律性，作好企业的各项管理工作，按照客观经济规律的要求，实现企业的预期目标。

2. 有利于降低企业的劳动消耗

企业经济效益是社会经济效益的基础，企业经济效益决定了社会经济效益。从微观方面看，我国企业成本居高不下，无论是生产资料成本，还是用工成本、资金成本，整体都偏高。加强劳动效益统计有利于降低用工成本，发动职工群众深入挖掘提高劳动效益的途径，从而提高企业的劳动效益。

3. 有利于合理配置劳动力资源

劳动力、劳动手段、劳动对象是企业生产过程的三个劳动要素，企业的生产过程是对劳动对象进行工艺加工的过程。因此，要做好企业的计划管理和生产管理工作，协调企业生产的各个要素和环节，深入认识和掌握劳动要素发展变化规律，合理组织相关生产要素。加强劳动效益统计，可进一步转换企业经营机制，转变政府职能，加强国家对市场的宏观调控，实现用工成本的调整和优化，促进劳动要素的合理流动，实现社会资源的优化配置，不断提高企业经济效益和社会经济效益。

4. 有利于认识企业劳动活动的规律性

企业物质资料再生产过程是劳动三要素合理组织和结合的过程，是生产关系不断完善和发展的过程。企业的劳动活动，反映了生产过程中人与人之间的劳动关系。企业的劳动效益最终必须借助商品的价值量，衡量商品的使用价值才能得以实现。企业经济活动总是在有限的社会资源条件下，合理组织各种生产力要素，努力提高其利用的效果，顺利地进行企业再生产过程，从而在生产经营中达到预期的经济效益。企业必须以最少的劳动消耗获取最大的劳动成果，合理利用劳动、物资资源，提高企业生产经营的经济效益。通过对劳动效益的统计，从中可认识和掌握企业经济活动的规律性。

5. 有利于提高企业的产品质量

不断提高产品质量，是提高企业经济效益的重要途径。随着科学技术的不断发展，人民生活水平不断提高，对产品质量的要求将日益提高。根据有关部门对相关行业产品质量的调查，我国工业产品的抽查合格率相对较低，与工业发达国家有比较大的差距。尤其是竞争激烈的行业，一些企业为了降低生产成本，偷工减料，降低产品质量，最终导致企业发展缺乏后劲。在市场经济条件下，企业只有生产出质量高、品种好的产品，才能在竞争中获胜。加强劳动效益统计，有利于企业搞好产品生产，进一步提高产品的质量。

五、企业劳动效率与劳动效益的关系

劳动效益与劳动效率既有区别，又有联系。从广义上讲，劳动效益包含劳动生产率，两者虽然都是反映劳动者的劳动效率，即反映人力资源的利用效率；而从狭义上讲，劳动效益仅指劳动者为社会提供的实际收益，不包含劳动效率。本章讨论的劳动效益是指狭义的劳动效益。劳动效率与劳动效益的主要区别表现在以下三方面。

1. 反映的生产过程不同

企业生产过程一般可分为四个过程：产前决策、产品生产、产品销售、售后服务。劳动效率一般只反映产品生产过程中的效率情况，而劳动效益则要反映四个过程的效率和效益。具体如图4.1所示。

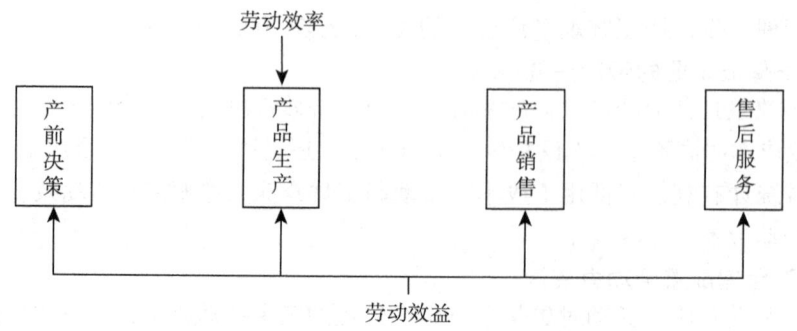

图4.1　劳动效率与劳动效益反映的生产过程

2. 数量关系不同

劳动生产率指标与劳动效益指标在量上有很大的差别，劳动效率指标始终是大于劳动效益指标的。主要表现在：①从计算公式看，产品实际收益总是小于产品总价值；②企业产品由于受预测与决策、市场供求变化等因素的影响，存在部分产品积压，不能转化为实际收益。

3. 反映的效果不同

劳动效率只能反映人力资源的生产效率，不能明确反映企业经营效果。而劳动效益更能适应市场经济体制的需要，能更直观地反映企业（或国家）的人力资源所带来的实际收益。

企业在生产经营活动中，必须兼顾劳动生产率和劳动效益的提高。两者数值既不能相差太大，也不能相差太小。相差太大，说明企业产品积压严重或成本过大；相差太小，说明企业生产不足或售后服务等成本过大。只有当劳动生产率和劳动效益保持适当的比例，才能说明企业人力资源达到合理利用的程度。

六、劳动生产率指标与劳动效益指标统计与计算的原则

在劳动生产率指标和劳动效益指标统计与计算过程中，要严格遵循可比性原则。要注意三个方面的内容。

（1）分子与分母在时间范围上要具有一致性。也就是说产品产量、实际收益和劳动消耗量，必须是同一时间的。

（2）分子和分母在空间范围上要具有一致性。也就是说产品产量、实际收益和劳动耗用量，必须是同一空间的。实际计算中必须是同一个企业内部的数据。

（3）分子和分母在计算口径和范围上要具有一致性，即劳动产品总量或实际收益与活劳动消耗量均系同一劳动主体发生，且计算单位要统一。

第二节　工业企业劳动生产率统计

工业企业劳动生产率指标，是指工业企业在一定时期内生产的产品总量与相应的活劳动消耗量之间的比值。工业企业的产量指标，有实物量指标（包括标准实物量指标）、价值量指标（包括有工业总产值、净产值、增加值等）及劳动量指标等。企业由于统计研究的目的和任务的差别，导致了不同劳动生产率的表示方法，如通过产品的实物量、标准实物量、总产值、净产值、增加值以及生产工作量等形式来表示劳动生产率。根据统计的不同任务和目的，产品产量和活劳动消耗量可以采用不同的统计指标，从而形成了工业企业劳动生产率指标体系。

一、按不同产量指标计算的劳动生产率

产品产量是企业在一定时期内为社会提供的有使用价值的产品数量，反映企业在一定时期的生产发展水平。反映企业劳动生产率的指标主要有产品实物量、产品价值量和产品劳动量三种形式。

（一）按产品产量指标计算的劳动生产率

1. 按产品实物量计算的劳动生产率指标

劳动生产率的实物量指标，是指工业企业在一定时期内所生产的产品实物总量与相应的活劳动消耗量之间的比值，表明工业企业平均每个生产者在一定时间内生产某种产品的数量，是每种产品的实物产量与其相应的劳动消耗量的比率。其计算公式为

$$产品实物劳动生产率 = \frac{产品的实物产量}{活劳动消耗量}$$

产品实物量统计应遵循的原则是：

（1）计入产品实物产量的产品必须是符合国家质量标准或部颁质量标准的合格品；

（2）必须是包装入库的产品，以产品入库单为原始凭证；

（3）遵守产量核算的截止时间，即期末最后一天最后一班前；

（4）应尽可能实际度量，少用估计推算；

（5）统计产品实物量时，其统计范围、产品名称、计算单位、计算方法均应按《工业产品目录》的规定进行统计。

企业在实际操作过程中会发现一些半成品和外购零部件，这些产品产量不能直接进行汇总，产品实物量的统计应剔除这两种情况的影响，可采用以下公式进行核算

$$产品实物产量 = 计算期产量 \times \frac{每台整机中企业自制产品产值}{每台整机产品产值} + \frac{半成品产值}{每台整机不变价格}$$

实物劳动生产率指标，通常用于核算产品品种单一的工业企业的工人劳动效率，如煤矿、电力、纺织和造纸等企业。我国现行的统计工作制度规定，诸如钢铁、原油、原煤、粗纱等四十多种对国民经济具有重要意义的主要工业产品，可采用实物劳动生产率指标。

一些工业企业工人实物劳动生产率指标的具体计算方法如下

$$炼钢工人人均合格钢产量 = \frac{合格钢产量}{炼钢工人平均人数}$$

$$电厂工人人均发电量 = \frac{发电量}{电力工人平均人数}$$

$$采煤工人人均采煤量 = \frac{原煤产量}{采煤工人平均人数}$$

$$制碱工人人均制碱量 = \frac{纯碱产量}{制碱工人平均人数}$$

$$纺织工人人均粗纱产量 = \frac{合格粗纱产量}{纺织工人平均人数}$$

$$炼钢工人人均合格钢产量 = \frac{合格钢产量}{炼钢工人平均人数}$$

2. 按标准产品实物量计算的劳动生产率指标

工业企业劳动生产率指标，还可以用标准实物产量来表示。企业的产品中会有许多规格或含量不同的同类产品，在统计企业某类产品的实物量时，有时要统计该类产品的混合产量，即按其实物计量单位直接加总所得的总产量。这种产量只能一般地说明某些同类产品的实物

数量和生产规模的大小。所以，按混合产量来计算企业劳动生产率水平，将使企业间劳动生产率指标失去可比性，另外，由于同类产品中不同规格或含量的产品，在生产中花费的劳动和使用价值有很大差别，从而也将使这一指标很难反映企业的劳动效率水平。为了解决这些问题，需将同类产品中不同规格或不同含量的产品折算为标准实物量以后再计算劳动生产率水平指标。

标准实物产量是从经济用途相同，而品种、规格、含量不同的产品中，确定某种具体产品作为标准产品，将其他产品产量按一定比例折算成标准产品产量。这种折算方法，各工业部门都有统一规定。标准实物产量一般换算方法是

$$折算系数 = \frac{产品实际规格}{标准产品规格}$$

【例 4.1】 某化肥厂生产三种氮肥（表 4.1），各种氮肥统一按标准含量（含 100%）折算为标准实物产量。

表 4.1 某化肥厂某年产量

产品名称	产量/吨	含氮量/%	折算系数	标准实物产量/吨
甲	(1)	(2)	(3)	(4)=(1)×(3)
碳酸氢铵	50000	16.8	0.168	8400
硫酸铵	20000	21.0	0.21	4200
尿素	10000	46.0	0.46	4600
合计	80000			17200

从表 4.1 中数据可以看出该厂某年生产氮肥的混合产量为 80000 吨，折合成标准氮肥为 17200 吨。

（二）按产品价值量计算的劳动生产率

为了综合反映生产多种产品的企业劳动生产率水平，企业需要计算产品价值量指标。在实际工作中，企业常用的产品价值指标主要有总产值、净产值和增加值指标。

1. 按总产值计算的劳动生产率

工业总产值是工业企业在一定时期内生产的以货币表现的各种工业产品总量，说明工业企业生产的最终总成果。工业总产值是按"工厂法"①原则计算的，是按企业的全部工业生产活动的最后成果计算的，因而，在工业企业内部不容许重复计算。其计算公式为

$$总产值劳动生产率 = \frac{工业总产值}{活劳动消耗量}$$

按总产值计算的劳动生产率指标具有综合反映企业生产多种产品的生产效率的优点，因而应用范围广泛。计算和运用这一指标时，必须注意到工业总产值指标的大小，会受到转移价值的变化和生产起点不同的影响。由于总产值中没有扣除产品的转移价值，当企业产品品种发生变动时，将会使不同时期总产值有较大波动，从而使劳动生产率水平的统计发生较大

---

① 工厂法，是指以工业企业作为一个整体，按企业工业生产活动的最终结果计算；企业内部不允许重复计算，但在各企业之间则允许重复计算。

变动。而这种变动，又不能正确反映企业生产效率的变化。因而，用它来计算企业劳动生产率，必然会受到一定局限。在实际工作中，每个工业企业可分别计算全部职工和生产工人的总产值劳动生产率指标。

2. 按净产值计算的劳动生产率

工业净产值是工业企业在一定时期内进行工业生产活动所新创造价值的总和，它排除了转移价值大小的影响。工业净产值是按照现行价格计算的，按现行价格计算的企业净产值受价格和国家税收的影响较大，计算公式为

$$\begin{matrix}\text{按现行价格计算}\\\text{的工业净产值}\end{matrix} = \begin{matrix}\text{按现行价格计算}\\\text{的工业总产值}\end{matrix} - \begin{matrix}\text{按现行价格计算}\\\text{的物质消耗价值}\end{matrix}$$

企业净产值劳动生产率水平的提高，表明企业人均新创造的价值增大，也表明工业企业每个生产者提供了多少新创造价值，更准确地反映企业职工活劳动的生产成果，并且说明了企业增产和节约两方面的效果。因为工业净产值是按现行价格计算的，所以，企业净产值劳动生产率会受到价格变化的影响，同时还会受到工业企业利润率高低的制约。其计算公式为

$$\text{净产值劳动生产率} = \frac{\text{工业净产值}}{\text{活劳动消耗量}}$$

3. 按增加值指标计算劳动生产率

企业的增加值是指企业在报告期内从事生产经营活动所取得的以货币表现的最终成果，它不受产品中价值大小的影响，用它来计算劳动生产率，能正确反映劳动成果和劳动消耗之间的关系，表明一个劳动者在一定时期内创造的增加值有多少，同时能反映增产和节约两方面的成果。增加值的计算可分为生产法和分配法两种，其计算公式分别如下：

生产法：工业增加值 = 企业总产值 – 企业生产中间投入；

分配法：工业增加值 = 固定资产折旧 + 劳动者报酬 + 生产税净额 + 企业盈余。

在我国统计工作中，同时按工业增加值和工业总产值计算工业劳动生产率。按增加值计算的劳动生产率公式为

$$\text{增加值劳动生产率} = \frac{\text{工业增加值}}{\text{活劳动消耗量}}$$

（三）按生产工作量指标（产品劳动量）计算的劳动生产率

对于企业不同品种规格的产品产量，如以实物量统计，无法折算汇总。如以价值量指标来统计，又要受价值规律、市场供求变化的影响。而如果将不同产品工时定额折算成实际完成的定额工时加以汇总，然后与生产这些产品的实际工时相比来计算劳动生产率水平，就能避免上述问题。

在计算实际完成定额工时的过程中，可以计算个人、小组实际完成定额工时数；汇总各车间小组实际完成定额工时数，可得车间实际完成定额工时数；汇总各车间实际完成定额工时数，可得全厂的工作量指标。值得注意的是，各班组工时产量直接相加常常不等于车间的工时产量；各车间的工时产量相加也不等于全厂的工时产量。主要原因在于，在实际工作中，为了准确反映个人或小组的生产成果，常将间接废品工时和非因工人过失而造成的废品工时计算在实际完成工时内，而在反映整个车间生产成果时，却要将这些废品工时扣除。另外，

有些产品常需几个车间共同协作完成，如果在加工过程中出现了废品，而废品工时属无效工时，它不仅会浪费本车间工时而且使前车间的有效工时也变成无效工时。

$$\text{生产工作量劳动生产率} = \frac{\text{实际完成定额工时（产量）}}{\text{生产实际耗用工时总量}}$$

（四）按产品产量、价值量和劳动量计算的劳动生产率比较

1. 优越性

1）产品实物量劳动生产率

劳动生产率实物量指标比较直观，能够体现每个劳动者单位时间内生产某种产品的能力。实物劳动生产率说明的问题明确、具体、易于理解，在实际对比工作和国际对比中广泛采用。产品实物量劳动生产率有利于对同类企业、不同地区之间生产同类产品的工人的劳动效率水平进行比较，能撇开市场供求导致的价格变化的影响以及国际汇率的影响，使工业企业能直接和国际上生产同类产品的企业进行比较，还利于企业与自身历史上最高水平进行比较，使企业在横向和纵向比较中，寻找差距，挖掘自身潜力，不断提高经济效益，还可作为企业修订生产定额的依据。

2）产品价值量劳动生产率

产品价值量可综合反映各种不同产品的总产量，具有广泛的用途。产品价值量可综合测定企业生产各种不同产品的平均劳动生产率及其变化情况，综合地反映了多种产品的生产效率，因而运用十分广泛。产品价值量的增加值不包括企业在生产过程中消耗的外购物质及对外支付的服务费用，因此该指标更能说明工业企业的产品产量。

3）生产工作量（产品劳动量）劳动生产率

生产工作量，是以定额工时为单位表示的产品产量，一般适用于产品性质不同、种类繁多的机械加工业，用以综合反映多种机械产品的总产量。生产工作量可以消除总产值固有特点对劳动生产率水平的影响。当企业产品品种繁多，规格复杂，用生产工作量指标来反映劳动生产率水平比较方便。

2. 局限性

1）产品实物量劳动生产率

按实物量指标计算的劳动生产率的不足之处在于只适于单一产品的统计，只能就各种产品分别计算，不能综合反映多种产品的劳动生产率，无法对多品种产品的企业的总体水平进行评价，所以有其局限性。由于不便于综合反映不同使用价值的各种产品的总量，所以进行分析时较少使用。

2）产品价值量劳动生产率

总产值指标只是一种纯生产性指标，不能正确反映企业的经济效益状况，只适合于粗略地评价企业的劳动效率水平。其局限性主要表现在：①由于总产值中没有扣除产品的转移价值，当企业产品品种发生变化时，将会使不同时期总产值有较大波动，从而使劳动生产率水平的统计发生较大变动，而这种变动，又不能正确反映企业的生产效率的变化；②由于不同工业部门、企业产品价值中的物资转移价值所占比重不同，所以不能直接利用总产值或依据总产值而计算的其他指标进行对比。

3）生产工作量（产品劳动量）劳动生产率

生产工作量指标的不足之处在于，由于生产同一类产品的各个企业在生产管理和技术装备水平上存在着差异，产品的工时定额不可能完全相同，故这个指标在企业之间的可比性较差。这样，该指标的应用，就受到了很大限制，一般只适合于企业内部使用，用作企业自身的纵向比较。

二、按不同时间单位计算的劳动生产率

计算劳动生产率的劳动消耗量，除按不同产量的范围计算外，还可按不同的时间单位来计算。劳动时间的单位有小时、日、月、季、年等，与此相应可以计算相关时间单位的劳动生产率：小时劳动生产率、日劳动生产率、月劳动生产率、季劳动生产率和年劳动生产率等。

（一）不同时间单位的劳动生产率

1. 小时劳动生产率

小时劳动生产率，是指以小时为单位计算的劳动生产率，反映每个工人在一个小时工作时间内的劳动效率或者生产产品的能力。小时劳动生产率不受缺勤和停工的影响，可以用来考核生产工人和班组完成生产定额的实际状况，主要受工人的劳动态度、技术水平、工厂设备先进程度、劳动组织及自然条件的影响。小时劳动生产率是计算其他各种时间尺度的劳动生产率指标变动的最基本的、决定性的因素。其计算公式为

$$小时劳动生产率 = \frac{产品产量}{生产工人全部实际工时}$$

计算生产工人小时劳动生产率时，分母的实际作业工时是指生产工人的全部实际作业工时，既包括了报告期内的制度内实际作业工时，也包括了制度工作时间以外的、从事工业生产作业的加班加点工时。

2. 日劳动生产率

日劳动生产率，是指以工日为单位计算的劳动生产率，反映每个工人平均一个实际工作日生产产品或完成生产任务的能力。日劳动生产率的高低，不仅决定于小时劳动生产率的高低，同时还会受到工作日利用程度，即受到非全日缺勤、非全日停工和非全日非生产时间等的影响。因此，日劳动生产率是衡量生产班组的管理状况、评价生产工人劳动时间的利用程度、检查和修改班组劳动定额的重要依据之一。

$$日劳动生产率 = \frac{产品产量}{生产工人全部实际工日}$$

由于实际工作工日包括全日工作和非全日工作的工日数，所以日劳动生产率除受时劳动生产率影响外，还受工作日内非全日缺勤、非全日停工和非全日非生产时间等因素的影响。日劳动生产率和小时劳动生产率，都可用来表示基本工人与生产工人的劳动效率。

3. 月劳动生产率

月劳动生产率是以自然月为单位计算的劳动生产率。综合反映工作月生产工人或全部职工平均能提供多少有用产品的能力。月劳动生产率一般用月平均人数来计算，通过这个指标能说明企业的生产经营管理工作的水平。其计算公式为

$$月劳动生产率 = \frac{产品产量}{月平均人数}$$

月劳动生产率指标，除了用来表明生产工人，还可以用来表示全部职工的劳动效率，综合反映企业生产经营的工作质量。月劳动生产率除受小时劳动生产率影响外，还受每个劳动者平均工作日长度和工作月长度影响，即受纯劳动时间的生产效率和各种未能用于生产的时间如缺勤、停工、非生产以及公休时间的影响。由于月劳动生产率反映多种因素的影响，并且国民经济计划中的许多经济指标都是按月来制定的，所以，这个指标在实际工作中运用比较广泛。

4. 季劳动生产率指标

季劳动生产率指标，是在月劳动生产率基础上扩大报告期，从而说明劳动生产率在相应时期的水平。无论是表示企业生产工人，还是表示企业全部职工的劳动效率，都是可以采用的。其计算公式为

$$季劳动生产率 = \frac{季度产量}{季平均人数}$$

5. 年劳动生产率

按年平均人数计算的劳动生产率称为年劳动生产率。它表明每个工人年生产能力，反映了一个年度企业人均劳动生产率。其计算公式为

$$年劳动生产率 = \frac{年度产量}{年平均人数}$$

（二）不同时间单位劳动生产率之间的关系

从上面的公式中不难看出，若不考虑工分的损失，小时劳动生产率基本上可以反映生产工人在纯工作时间内的生产效率，它是其他各种时间单位的劳动生产率指标变动的决定性因素；日劳动生产率除决定于小时劳动生产率水平高低外，还受非全日停工、非全日缺勤等的影响；月（季、年）劳动生产率则除受日劳动生产率各种因素影响外，还受工作日的利用情况的影响。

（1）小时、日劳动生产率之间存在着如下关系：
　　　　　日劳动生产率=小时劳动生产率×平均工作日长度
（2）小时、日、月劳动生产率之间存在着如下关系：
　　　　　月劳动生产率=小时劳动生产率×实际工作日平均长度×实际工作月平均长度
或
　　　　　月劳动生产率=日劳动生产率×实际工作月长度（月实际工作的天数）
（3）小时、日、月、季劳动生产率之间存在着如下关系：
　　　　　季劳动生产率=小时劳动生产率×实际工作日平均长度×实际工作季平均长度
或
　　　　　季劳动生产率=日劳动生产率×实际工作季长度（季实际工作的天数）
（4）小时、日、月、季、年劳动生产率之间存在着如下关系：
　　　　　年劳动生产率=小时劳动生产率×实际工作日平均长度×实际工作年长度
或

年劳动生产率=日劳动生产率×实际工作年长度（年实际工作的天数）

三、按不同人员范围计算的劳动生产率指标

工业企业的职工人员范围，有直接从事工业产品生产的基本工人和生产工人，有包括全部职工在内的企业全部员工等。随着企业生产过程社会化和协作化的不断发展，活劳动消耗量的概念与范围也不断扩大，劳动生产率的计算也产生了按不同人员范围计算的问题。根据研究目的和任务的需要，应分别计算他们的劳动生产率指标。

（一）不同人员范围计算的劳动生产率指标

1. 基本生产工人劳动生产率

基本生产工人是企业直接从事产品生产的工人，即在工业企业的基本生产车间从事工业产品生产作业的生产工人。基本工人劳动生产率的高低，取决于基本工人的工艺技术水平、劳动熟练程度和劳动积极性，直接影响到企业劳动生产率的高低，是决定企业劳动效率水平高低的主要因素。它能反映出企业技术装备水平、基本生产工人的技术水平以及熟练程度、劳动强度和企业的管理水平等。基本工人劳动生产率是安排生产作业计划和检查劳动定额完成情况的依据。其计算公式为

$$基本生产工人劳动生产率 = \frac{产品产量}{基本生产工人平均人数}$$

2. 生产工人劳动生产率

企业进行生产活动，既要有直接从事产品生产的基本生产工人，也离不开直接服务于生产的辅助生产主人，如机修工、搬运工、仓库管理员等，他们也参加了生产活动。所以，考察企业工人劳动生产率时，应包括辅助生产工人。这样，就必须计算生产工人劳动生产率指标。因此，企业要按全部生产工人计算劳动生产率，表明每一个生产工人在一定时间内创造了多少产品。其计算公式为

$$生产工人劳动生产率 = \frac{产品产量}{生产工人平均人数}$$

生产工人劳动生产率的高低直接影响整个企业的全部劳动生产率水平。生产工人劳动生产率的高低，反映了基本工人劳动生产率的高低，也说明了基本工人和辅助工人的配置比例。通过工人劳动生产率的研究，对于综合评价企业的各项工作，诸如管理工作、工艺设计、技术革新、劳动组织和思想政治工作等都有重要意义。要提高生产工人劳动生产率水平，除了提高基本工人的劳动生产率，还要合理降低辅助生产工人在全部生产工人中的比重。

3. 全员劳动生产率指标

"全员"是指工业企业的全部职工，包括企业直接从事工业生产的人员、工程技术人员、管理人员、服务人员等。全员劳动生产率是指以企业全部职工为对象计算的劳动生产率。计算全员劳动生产率，可以反映企业平均每一职工贡献的大小，综合观察企业生产的效能。计算全员劳动生产率，对于控制企业定员、压缩非生产人员的比例，改进劳动组织，加强劳动管理，合理使用劳动力，具有重要意义。在实际工作中，全员劳动生产率指标，还可扣除那些实际上与工业企业生产活动没有任何关系的人员后计算。其计算公式为

$$全员劳动生产率 = \frac{产品产量}{全部职工平均人数}$$

全员劳动生产率指标能使同行业各企业之间的全员劳动生产率指标具有可比性。全员劳动生产率的高低，除了取决于生产工人劳动生产率的高低，还受到生产工人在全部职工中所占比重大小的影响。因而，借此可以作为分析非生产人员的比例关系合理性的依据。全员劳动生产率既可以反映工人劳动生产率水平的影响，也可以反映工人在全部人员中所占比重的影响，特别是在考虑整个企业的生产能力时，除了要测定企业工人的技术装备水平和熟练程度影响，还必须反映企业的劳动组织和劳动管理水平对劳动生产水平的影响。

（二）三种不同人员范围劳动生产率之间的关系

全员劳动生产率、生产工人劳动生产率和基本生产工人劳动生产率之间存在如下关系。
（1）生产工人劳动生产率和基本生产工人劳动生产率之间的关系：

生产工人劳动生产率 = 基本生产工人劳动生产率 × 基本生产工人比重

或

$$\frac{产品产量}{生产工人平均人数} = \frac{产品产量}{基本生产工人平均人数} \times \frac{基本生产工人平均人数}{生产工人平均人数}$$

（2）全员劳动生产率和基本生产工人劳动生产率之间的关系：

全员劳动生产率 = 基本生产工人劳动生产率 × 基本生产工人占全部职工比重

或

$$\frac{产品产量}{全部职工平均人数} = \frac{产品产量}{基本生产工人平均人数} \times \frac{基本生产工人平均人数}{全部职工平均人数}$$

（3）全员劳动生产率和生产工人劳动生产率之间的关系：

全员劳动生产率 = 生产工人劳动生产率 × 生产工人占全部职工比重

或

$$\frac{产品产量}{全部职工平均人数} = \frac{产品产量}{生产工人平均人数} \times \frac{生产工人平均人数}{全部职工平均人数}$$

（4）全员劳动生产率和生产工人劳动生产率、基本生产工人劳动生产率之间的关系

全员劳动生产率 = 基本工人劳动生产率 × 基本工人占生产工人比重
× 生产工人占全部职工比重

或

$$\frac{产品产量}{全部职工平均人数} = \frac{产品产量}{基本生产工人平均人数} \times \frac{基本生产工人平均人数}{生产工人平均人数} \times \frac{生产工人平均人数}{全部职工平均人数}$$

第三节　其他企业劳动生产率统计

一、建筑企业劳动生产率统计

建筑企业是从事固定资产生产的单位，建筑企业生产经营活动的特点具有生产周期长、建筑产品固定和体积庞大、施工生产现场的流动性等。建筑企业作为一个独立的物质生产部

门，是从事建筑生产的基本单位，对其劳动生产率的考察是对整个建筑行业劳动效率评价的基础。因此，建筑企业劳动生产率有自身的特殊性，既有表明建筑企业劳动生产率的综合性指标，又有反映部分项目工程作业的劳动生产效率指标。因此需要多方位来描述建筑企业劳动生产率状况。建筑企业劳动生产率指标，可以采用产量表示的正指标和用劳动量表示的逆指标两种基本形式。

例如，瓦工的劳动生产率正指标、逆指标分别可表示为

$$\text{瓦工的劳动生产率正指标：单位工日完成的砌砖量} = \frac{\text{实际完成砌砖工程量}}{\text{实际耗用的瓦工工日数}}$$

$$\text{瓦工的劳动生产率逆指标：单位砌砖量消耗的工日数} = \frac{\text{实际耗用的瓦工工日数}}{\text{实际完成砌砖工程量}}$$

（一）建筑企业劳动生产率的计算

建筑企业劳动生产率的统计研究，可以反映建筑企业生产技术水平和管理水平，为企业不断改进技术和提高管理水平提供依据。建筑企业劳动生产率通常有以下两种指标。

1. 用实物量表示的劳动生产率

房屋建筑竣工面积是建筑企业的最终生产成果指标之一，它表明建筑企业在报告期内为社会各部门提供的生产工作面积，以及为居民提供的生活使用面积。运用实物工程量来表现的劳动生产率，说明在单位时间内，所生产的实物工程量。主要是对某些主要建筑安装工种工人以及相关人员，按其完成的实物工程量所计算的劳动生产率。

（1）建筑安装工人实物劳动生产率

$$\text{建筑安装工人平均每人完成房屋竣工面积} = \frac{\text{实际竣工房屋面积}}{\text{建筑安装工人平均人数}}$$

（2）计算如土方、石方、砌墙等工程的工人劳动生产率。

通常是计算瓦工的、抹灰工的、混凝土工的实物劳动生产率。一般计算公式为

$$\text{某工种每工日实物工程量} = \frac{\text{实际完成实物工程量}}{\text{某工程实际耗用工日数}}$$

上述指标的分母，可用某工种的平均人数表示。结果是报告期某工种平均每人完成的实物工程量。这种指标可用来检查作业计划的完成、修改，考核工人班组工作等，已得到了广泛的使用。

（3）平均每人完成房屋建筑竣工面积的劳动生产率。

按房屋建筑竣工面积计算的劳动生产率，是表明企业平均每人完成的建筑产品使用价值量的一种实物劳动生产率指标，其计算公式为

$$\text{企业平均每人完成房屋竣工面积} = \frac{\text{实际竣工房屋面积}}{\text{企业平均人数}}$$

2. 用价值量表示的劳动生产率

为了综合反映建筑企业的劳动生产率水平，还需计算建筑企业劳动生产率的价值量指标。价值量指标是指建筑企业全部职工在一定时期内平均每人完成的生产成果价值总量。价值量指标有总产值、净产值或增加值指标。

1）建筑安装工人劳动生产率

该指标是指在施工现场直接从事建筑安装生产活动的生产工人生产建筑产品的能力。建筑安装工人平均人数指直接在施工现场从事建筑安装工作和服务于施工过程的工人和学徒，包括军工和民工。其计算公式为

$$建筑安装工人劳动生产率 = \frac{建筑安装工人施工产值}{建筑安装工人平均人数}$$

2）全员劳动生产率

按建筑总产值或施工产值表示，计算建筑企业平均每个职工完成的建筑产品产量。其计算公式为

$$全员劳动生产率 = \frac{建筑企业总产值}{企业平均人数}$$

该指标受建筑企业不同时期建筑安装的工程结构和施工的阶段性影响较大，同一建筑企业在不同时期即使是投入的劳动力相同，劳动生产率水平也有可能不相同。总之，在利用该指标进行时间和空间上的比较时，要注意分析工程结构和施工阶段的影响。

上述两个按总产值计算的劳动生产率指标，还可以按建筑净产值或增加值计算，在一定程度上较有可比性。因为它消除了建筑总产值和施工产值中物耗价值大小或周转价值的影响。

（二）建筑企业劳动生产率统计动态分析

研究建筑企业劳动生产率的变动，一般是通过计算劳动生产率指数、变动的绝对数加以反映。具体计算公式如下

$$全员劳动生产率指数 = \frac{报告期全员劳动生产率}{基期全员劳动生产率}$$

$$全员劳动生产率变动绝对量 = 报告期全员劳动生产率 - 基期全员劳动生产率$$

$$建筑安装工人劳动生产率指数 = \frac{报告期建筑安装工人劳动生产率}{基期建筑安装工人劳动生产率}$$

$$建筑安装工人劳动生产率变动绝对量 = 报告期建筑安装工人劳动生产率 - 基期建筑安装工人劳动生产率$$

建筑企业劳动生产率的变动受到许多因素的影响，如建筑企业人员结构的调整、各类人员劳动时间利用的变化，以及劳动技术装备程度和利用状况等。分析的方法与第四节工业企业劳动生产率的动态分析方法基本上是一致的。在分析用价值量来表示的建筑企业劳动生产率的变动时，应注意到建筑总产值和施工产值计算所采用的预算价格，各时期、各地区是不同的。因此，在某种程度上会影响到可比性。

二、商业企业劳动生产率统计

商业企业劳动生产率是一定时期内平均每个商业企业职工所完成的工作量与其活劳动消耗量之间的比值。商业企业的劳动生产率是商业企业职工组织商品流通的劳动效率。商业企业劳动生产率水平的提高，可以加速商品流通，缩短流通时间，降低流通费用，使商业企业取得良好的经济效益。商业人员可以是全部职工，也可以用业务人员分别表示，工作量分别用实物量和商品流转额表示。

（一）商业企业劳动生产率主要指标

1. 实物劳动生产率

经营商品品种较单一的商业企业，主要是指流通企业，如专门经营煤炭、化肥、农药、食盐等商品的企业，一般用实物量指标来计算劳动生产率。计算公式为

$$平均每人商品销售量 = \frac{某种商品销售量}{企业平均人数}$$

2. 价值劳动生产率

该指标反映商业企业业务人员的综合劳动效率，一般按照销售价值来衡量。计算公式为

$$业务人员人均商品销售额 = \frac{某种商品销售额}{业务人员平均人数}$$

3. 每万元商品销售额占用的业务人数

该指标表示平均每一单位商品流转额耗用的劳动量，是商业企业劳动生产率的逆指标，用于检查业务人员销售定额的执行情况及反映业务人员的利用状况。计算公式为

$$每万元销售额占有的业务人员数量 = \frac{企业业务人员总数}{业务人员完成的商品销售额}$$

4. 商业企业全员劳动生产率

商业企业全员劳动生产率是考核商业企业全部职工的劳动效率的重要指标，一般用商业企业全员月商品销售额来表示。计算公式为

$$商业企业全员劳动生产率 = \frac{商业企业月商品销售额}{全部职工月平均人数}$$

5. 商业企业售货员的劳动效率

一定时期内的顾客增量与销售人员的数量可以反映顾客与销售员的比例。一般来说，接待的顾客人数越多，销售额也越大。所以，商业企业售货员在单位时间内接待顾客人数可以粗略反映售货员的工作效率。计算公式为

$$商业企业销售员劳动效率 = \frac{顾客总流量}{销售员平均人数}$$

（二）商业企业劳动生产率的动态分析

研究商业企业劳动生产率的变动，一般是计算商业企业劳动生产率指数和增加值，即将两个不同时期的劳动生产率水平进行对比，以说明其变动程度和变动方向。商业劳动生产率指数，也可以采用商品流转额指数和平均人数指数进行推算。

三、交通运输企业劳动生产率统计

交通运输企业是一个独立的物质生产部门，是国民经济的重要部门。它服务于生产领域，又服务于流通、分配和消费领域，是国民经济的纽带。交通运输企业的产品是旅客和货物的位移。它的特点是：不具有货物形态，不能调拨，也不能储存，只能在运输过程的持续中被消费。交通运输企业劳动生产率指交通运输企业人员在一定时期内平均完成的工作量，一般按实物量来统计。由于运输方式的不同，运输企业包括了铁路运输、水路运输、公路运输、航空运输和管道运输等类型的企业。这些不同的交通运输企业的生产经营活动，都有各自的

技术经济特点。因此，表现它们的劳动生产率状况的方式方法是有差别的。下面主要列举铁路、公路和航空运输企业的劳动生产率计算指标。

（一）主要运输部门劳动生产率指标

1. 铁路运输企业劳动生产率指标

铁路运输企业一般按铁路运输周转量(吨·公里)和总收入计算劳动生产率。又由于运输任务总是由各类工作人员分担不同性质的工作而共同完成的，所以，除按总运输周转量计算劳动生产率外，还需计算各类工作人员或各组工作人员的劳动生产率。

1）按周转量计算的劳动生产率

$$全员劳动生产率 = \frac{铁路货物周转量}{企业平均人数}$$

铁路货物周转量包括发送的货物量和接收的货物量。

2）按行走公里数计算的劳动生产率

$$机车乘务人员人均行走公里数 = \frac{机车行走公里数}{机车人员平均人数}$$

3）按价值计算的劳动生产率

$$平均每人实现的运输收入 = \frac{铁路货物运输总收入}{企业平均人数}$$

2. 公路运输企业劳动生产率指标

为了反映公路运输企业全部运输活动的劳动生产率水平，计算公路运输企业劳动生产率可从货运量、货物周转量、客运周转量等指标进行计算。

1）按货运量计算的劳动生产率

$$人均货物运送量 = \frac{企业公路货物运输总量}{企业平均人数}$$

式中，货物量可根据具体情况用不同的单位，如吨、立方米等。

为了比较不同公路运输企业的劳动生产率，还应计算公路运输企业劳动生产率价值量指标。计算公式为

$$人均货物运输收入 = \frac{公路货物运输总收入}{企业平均人数}$$

2）按货物周转量计算的劳动生产率

$$人均货物周转量 = \frac{企业公路货物周转总量}{企业平均人数}$$

3）按客运周转量计算的劳动生产率

$$人均客运周转量 = \frac{企业公路客运周转总量}{企业平均人数}$$

3. 航空运输企业劳动生产率指标

航空运输企业劳动生产率的计算与铁路、公路运输的计算方式差不多，主要区别在于航空运输在重量、距离方面限制较多、收费差别较大；还有航空运输有货物、邮件、行李的运输，因此计算航空运输的劳动生产率的公式为

$$人均总周转量 = \frac{航空运输周转总量}{企业平均人数}$$

其中

航空运输周转总量 = 旅客周转量 + 货物周转量 + 行李周转量 + 邮件周转量
旅客周转量 = 旅客运输量 × 旅客重量 × 航距
货物周转量 = 货物重量 × 航距
行李周转量 = 行李重量 × 航距
邮件周转量 = 邮件重量 × 航距

（二）交通运输企业劳动生产率动态分析

交通运输企业劳动生产率的变动统计，主要是用统计指数的分析方法计算劳动生产率变动的相对数，即报告期劳动生产率水平和基期劳动生产率水平对比，说明劳动生产率提高或降低多少；同时还应用差额分析法分析劳动生产率变动的绝对值，以及劳动生产率变动对运输产品产量和劳动消耗量的影响。

四、农业企业劳动生产率统计

农业劳动生产率可表明农业企业劳动力的生产效率，同时，也是反映农业企业经营活动的经济效益指标。提高农业劳动生产率，实际上是投入同样数量的劳动力或耗费相同的劳动时间，可以生产出更多的农产品。这样在满足农业自身发展需要外，才能提供富余的农产品满足国民经济的需要。农业劳动生产率是指单位劳动时间内生产的农产品数量或生产单位农产品消耗的劳动时间。因而，研究和分析农业企业的劳动生产率，对于提高农产品产量，节约劳动消耗，降低农业生产成本，增加农业的收益，以及协调农业和其他国民经济部门的关系，具有十分重要意义。

（一）农业劳动生产率水平统计指标

农业生产的重要特征之一，就是生产周期较长，需要连续或间断的劳动时间。但农业生产同样可根据农产品实物产量、价值量、劳动力来统计。

1）按实物量计算的农业劳动生产率指标

一般用单位劳动时间内生产的某种农产品的实物量来表示，或者用生产单位农产品需要消耗的劳动时间来表示。因此，可分别用正指标和逆指标来表示。

$$正指标：单位劳动时间生产的农产品数量 = \frac{某种农产品产量}{实际耗用的劳动时间}$$

$$逆指标：单位农产品耗费的劳动时间 = \frac{实际耗用的劳动时间}{某种农产品产量}$$

2）按价值量计算农业劳动生产率指标

统计农业企业的劳动生产率，除了用实物量指标进行粗略的统计，还需用农产品的价值量来衡量。价值量指标可以更好地反映农业企业的劳动力在一定时间内生产的农产品数量。农产品的价值量指标有农业总产值和农业净产值。价值量指标一般用单位劳动时间生产的农产品产值来表示，其计算公式为

$$单位劳动时间生产的农产品产值 = \frac{某种农产品产值}{实际耗用的劳动时间}$$

3）按劳动力计算的农业劳动生产率指标

按劳动力计算的农业劳动生产率指标是指平均每个农业劳动力生产的主要农产品数量表示的指标，如平均每人生产多少斤大米、多少斤棉花等。这个指标在农业企业中也是比较常见的指标，其计算公式为

$$\frac{平均每个农业劳动力}{生产的主要农产品数量} = \frac{各种主要农产品总产量}{全部农业劳动力}$$

（二）农业劳动生产率的动态分析

农业劳动生产率的变动，会受到自然条件的影响，还会受到机械化程度、农业劳动者的素质，以及经营管理水平等影响。这些因素的影响程度，都可进行统计分析。为了反映企业农业劳动生产率变化情况，通常通过计算农业劳动生产率动态指标、绝对量指标和变动率来表示。

1）农业劳动生产率动态指标

农业劳动生产率动态指标，即农业劳动生产率指数，表明某种农产品的劳动生产率变动趋势。计算公式为

$$农业劳动生产率变动程度 = \frac{报告期劳动生产率}{基期劳动生产率}$$

2）农业劳动生产率绝对量指标

$$农业劳动生产率变动的绝对量 = 报告期劳动生产率 - 基期劳动生产率$$

3）农业劳动生产率变动率指标

$$农业劳动生产率变动率 = \frac{劳动生产率变动的绝对量}{基期劳动生产率}$$

第四节 企业劳动生产率动态统计与分析

一、企业劳动生产率动态统计指标

工业企业生产经营活动的拓展，一个重要方面就是不断地提高工业企业劳动生产率水平。劳动生产率的不断提高是经济不断发展客观规律的要求。研究工业劳动生产率的变动趋势，是企业劳动统计的重要研究课题。企业劳动生产率是一个平均指标，它把总体内部各个单位的劳动生产率水平的具体差异抽象化了。工业企业劳动生产率的动态分析，是研究工业企业劳动生产率的增长演变过程，表述其增长速度，分析劳动生产率变化的影响因素，以及劳动生产率的变动对产量和劳动力的影响。

劳动生产率动态统计为企业进行纵向比较提供了依据。劳动生产率动态统计必须引入劳动生产率指数，它是指报告期劳动生产率水平与基期劳动生产率水平的比率，它可以表示劳动生产率的变化趋势。研究工业企业劳动生产率的变化过程，其基本方法是计算和编制企业劳动生产率指数。运用劳动生产率的发展速度指标或增长速度指标，观察工业企业劳动生产

率，在不同时间、地点和条件下的发展变动情况及其具体原因。

劳动生产率统计不仅要从静态上观察各个时期实际已达到的劳动生产率水平，研究其增长变动的过程及其幅度，观察其变化总趋势，而且还要分别观察和研究组成总体的各单位劳动生产率水平及其人员构成变化情况对劳动生产率的影响程度。由于劳动生产率水平的计算有正指标和逆指标之分，同样地，劳动生产率指数也有正指标指数和逆指标指数之分。下面主要讨论正指标指数。其公式为

$$报告期劳动生产率 = \frac{报告期产量}{报告期劳动耗用量} = \frac{Q_1}{T_1}$$

$$基期劳动生产率 = \frac{基期产量}{基期劳动耗用量} = \frac{Q_0}{T_0}$$

$$劳动生产率指数 = \frac{报告期劳动生产率}{基期劳动生产率} = \frac{q_1}{q_0}$$

式中：Q_1，Q_0——报告期和基期的产量；

T_1，T_0——报告期和基期的活劳动消耗量，本章一般指平均人数；

q_1，q_0——报告期和基期劳动生产率水平。

在计算劳动生产率指数时，由于劳动生产率采用的生产量指标不同，所以，劳动生产率指数有实物量指数、价值量指数和生产工作量指数。这些指数所反映的经济内容不同，因而在各种经济分析中的作用也不同，必须根据研究目的不同而正确地加以运用。

二、劳动生产率指数体系

企业劳动生产率指数体系一般包括三个指数及其相互关系。企业劳动生产率总指数是两个不同时期企业劳动生产率平均水平之比，这一指数又称为企业劳动生产率可变组成指数。它受到企业内各单位（组）劳动生产率水平变动的影响，又受到企业内各单位（组）人数在总体中所占比重不同的影响。根据平均指标指数原理，它可以分解为企业劳动生产率固定组成指数和企业劳动生产率结构影响指数，并可分析它们对企业劳动生产率可变组成指数的影响程度，这三种指数之间可以构成一定的指数体系。

（一）劳动生产率三种指数形式的计算方法

为了准确分析考察企业劳动生产率变动情况，必须分析计算劳动生产率可变组成指数、固定组成指数、结构影响指数。

1. 劳动生产率可变组成指数

劳动生产率可变组成指数是用两个不同时期的总平均劳动生产率对比来表示的，说明劳动生产率总变动水平的情况。其计算公式为

$$\bar{K}_{\bar{q}} = \frac{\bar{q}_1}{\bar{q}_0} = \frac{\dfrac{\sum q_1 T_1}{\sum T_1}}{\dfrac{\sum q_0 T_0}{\sum T_0}} = \frac{\sum q_1 \dfrac{T_1}{\sum T_1}}{\sum q_0 \dfrac{T_0}{\sum T_0}}$$

式中：$\bar{K}_{\bar{q}}$——劳动生产率可变组成指数；

$\bar{q}_1$，$\bar{q}_0$——报告期和基期企业整体劳动生产率水平；

q_1，q_0——报告期和基期各组成单位平均劳动生产率水平；

T_1，T_0——报告期和基期各组成单位平均人数；

$\sum T_1$，$\sum T_0$——报告期和基期企业总人数；

$\sum q_1 T_1$，$\sum q_0 T_0$——报告期和基期企业总产值（产量）；

$\dfrac{T_1}{\sum T_1}$，$\dfrac{T_0}{\sum T_0}$——报告期和基期各组成单位人数占企业总人数的比例。

从上式可以看出，两个时期的平均劳动生产率水平的变动，既受各组劳动生产率水平变动的影响，也受各组职工人数占总人数比例的影响。

2. 劳动生产率固定组成指数

劳动生产率固定组成指数是指将总体各单位（组）人员的人数假定在报告期，即将总体各组的人员结构固定在报告期，以消除人员结构变动的影响，从而只反映各组劳动生产率水平的变动程度。这样可以单独考察各组劳动生产率变动对整个企业劳动生产率水平的影响程度。其计算公式为

$$\bar{K}_q = \dfrac{\dfrac{\sum q_1 T_1}{\sum T_1}}{\dfrac{\sum q_0 T_1}{\sum T_1}} = \dfrac{\sum q_1 \dfrac{T_1}{\sum T_1}}{\sum q_0 \dfrac{T_1}{\sum T_1}}$$

式中：$\bar{K}_q$——劳动生产率固定组成指数；

$\dfrac{\sum q_0 T_1}{\sum T_1}$，$\sum q_0 \dfrac{T_1}{\sum T_1}$——用各单位（组）基期的劳动生产率乘以报告期的人员比重，再求和。在计算中常用符号 $\bar{q}_{01}$ 来表示。

公式中的分子是表示报告期总的劳动生产率平均水平，而分母是假定各组人员达到报告期水平的基期劳动生产率平均水平。因而，分子与分母的差别，完全是由两个时期劳动生产率水平变动而引起的。

3. 劳动生产率结构影响指数

劳动生产率结构影响指数是用来分析总体结构变动对劳动生产率总水平变动的影响。它是在假定各组职工劳动生产率维持基期水平不变的基础上计算的。这是为了反映人员结构变动的影响，故称为劳动生产率结构变动影响指数。其计算公式为

$$\bar{K}_{\frac{T}{\sum T}} = \dfrac{\dfrac{\sum q_0 T_1}{\sum T_1}}{\dfrac{\sum q_0 T_0}{\sum T_0}} = \dfrac{\sum q_0 \dfrac{T_1}{\sum T_1}}{\sum q_0 \dfrac{T_0}{\sum T_0}}$$

式中：$\bar{K}_{\frac{T}{\sum T}}$——劳动生产率结构影响指数。

上述公式的分子与劳动生产率固定组成指数的分母的经济意义是一样的，分母是基期实际劳动生产率总平均水平，经济意义与可变组成指数的分母是一样的。两者对比的结果，反映两个时期各组职工平均变动对劳动生产率总平均水平的影响程度。

（二）三种指数的相互关系

劳动生产率指数体系的建立。劳动生产率可变构成指数、固定构成指数和结构影响指数之间具有内在的经济联系，可形成一个完整的指数体系。

1. 劳动生产率指数体系

劳动生产率可变组成指数、固定组成指数、结构影响指数的相互关系可用公式表述如下。

1）相对数关系

可变组成指数 = 固定组成指数 × 结构影响指数

$$\bar{K}_{\bar{q}} = \bar{K}_q \times \bar{K}_{\frac{T}{\sum T}}$$

$$\frac{\frac{\sum q_1 T_1}{\sum T_1}}{\frac{\sum q_0 T_0}{\sum T_0}} = \frac{\frac{\sum q_1 T_1}{\sum T_1}}{\frac{\sum q_0 T_1}{\sum T_1}} \times \frac{\frac{\sum q_0 T_1}{\sum T_1}}{\frac{\sum q_0 T_0}{\sum T_0}}, \quad 即 \frac{\bar{q}_1}{\bar{q}_0} = \frac{\bar{q}_1}{\bar{q}_{01}} \times \frac{\bar{q}_{01}}{\bar{q}_0}$$

或者

$$\frac{\sum q_1 \frac{T_1}{\sum T_1}}{\sum q_0 \frac{T_0}{\sum T_0}} = \frac{\sum q_1 \frac{T_1}{\sum T_1}}{\sum q_0 \frac{T_1}{\sum T_1}} \times \frac{\sum q_0 \frac{T_1}{\sum T_1}}{\sum q_0 \frac{T_0}{\sum T_0}}$$

2）绝对数关系

$$\frac{\sum q_1 T_1}{\sum T_1} - \frac{\sum q_0 T_0}{\sum T_0} = \frac{\sum q_1 T_1}{\sum T_1} - \frac{\sum q_0 T_1}{\sum T_1} + \frac{\sum q_0 T_1}{\sum T_1} - \frac{\sum q_0 T_0}{\sum T_0}, \quad 即 \bar{q}_1 - \bar{q}_0 = \bar{q}_1 - \bar{q}_{01} + \bar{q}_{01} - \bar{q}_0$$

或者

$$\sum q_1 \frac{T_1}{\sum T_1} - \sum q_0 \frac{T_0}{\sum T_0} = \sum q_1 \frac{T_1}{\sum T_1} - \sum q_0 \frac{T_1}{\sum T_1} + \sum q_0 \frac{T_1}{\sum T_1} - \sum q_0 \frac{T_0}{\sum T_0}$$

运用劳动生产率指数体系，可以分析和测定一个企业劳动生产率的总变动趋势，以及企业内各单位（组）劳动生产率水平的变化、人员结构性变化及其对劳动生产率总变动的影响程度，还可以分析它们对企业总产值的影响。具体分析请参见下面的例子。

【例 4.2】 某企业两个车间的统计资料如表 4.2 所示。

问题 （1）分别计算生产车间、装配车间基期、报告期的劳动生产率；

（2）计算全厂基期、报告期的劳动生产率；

（3）计算并分析全厂劳动生产率可变组成指数、劳动生产率固定组成指数以及劳动生产率结构影响指数；

（4）对各车间及全厂的劳动生产率变化、全厂总产值情况作一个全面的分析。

表 4.2 某企业生产车间和装配车间的总产值、平均人数统计数据

	总产值/万元		平均人数/人	
	基期	报告期	基期	报告期
生产车间	9800	16800	1800	2600
装配车间	2800	3600	600	680
全　厂	12600	20400	2400	3280

解 （1）设 $\bar{q}$ 为全厂劳动生产率，q 为各车间劳动生产率，T 为各车间人数，则

生产车间：$q_1=16800/2600=6.462$ 万元/人，$q_0=9800/1800=5.444$ 万元/人；

装配车间：$q_1=3600/680=5.294$ 万元/人，$q_0=2800/600=4.667$ 万元/人。

（2）全厂：

$$\bar{q}_1 = \frac{\sum q_1 T_1}{\sum T_1} = \frac{16800+3600}{2600+680} = \frac{20400}{3280} = 6.220(万元/人)$$

$$\bar{q}_0 = \frac{\sum q_0 T_0}{\sum T_0} = \frac{9800+2800}{1800+600} = \frac{12600}{2400} = 5.250(万元/人)$$

$$\bar{q}_{01} = \frac{\sum q_0 T_1}{\sum T_1} = \frac{5.444 \times 2600 + 4.667 \times 680}{2600+680} = \frac{17327.96}{3280} = 5.283(万元/人)$$

（3）三种指数及其变动影响计算如下。

（i）全厂劳动生产率可变组成指数，计算如下

$$\bar{K}_q = \frac{\bar{q}_1}{\bar{q}_0} = \frac{\dfrac{\sum q_1 T_1}{\sum T_1}}{\dfrac{\sum q_0 T_0}{\sum T_0}} = \frac{\sum q_1 \dfrac{T_1}{\sum T_1}}{\sum q_0 \dfrac{T_0}{\sum T_0}} = \frac{6.220}{5.250} = 118.476\%$$

$$\frac{\sum q_1 T_1}{\sum T_1} - \frac{\sum q_0 T_0}{\sum T_0} = 6.220 - 5.250 = 0.970(万元/人)$$

总产量变化：$0.970 \times 3280 = 3181.6$ 万元。

这说明全厂劳动生产率水平提高了 18.476%，使全厂劳动生产率绝对数增加了 0.97 万元/人，使全厂总产值增加 3181.6 万元。

全厂劳动生产率水平的变动是由两个车间的劳动生产率水平和人员结构变动引起的。要分别了解各车间劳动生产率水平和人员结构变动对全厂劳动生产率变动的影响程度，还需借助于结构影响指数和固定组成指数的分析来实现。

（ii）劳动生产率固定组成指数，可以反映甲、乙两车间劳动生产率变动对全厂劳动生产率总变动的影响。

计算如下

$$\bar{K}_q = \frac{\frac{\sum q_1 T_1}{\sum T_1}}{\frac{\sum q_0 T_1}{\sum T_1}} = \frac{\sum q_1 \frac{T_1}{\sum T_1}}{\sum q_0 \frac{T_1}{\sum T_1}} = \frac{6.220}{5.283} = 117.736\%$$

$$\frac{\sum q_1 T_1}{\sum T_1} - \frac{\sum q_0 T_1}{\sum T_1} = 6.220 - 5.283 = 0.937(万元/人)$$

总产量变化：0.937×3280=3073.36（万元）。

这说明由于生产和装配两车间劳动生产率水平平均提高了 17.736%，使全厂劳动生产率水平提高了 0.937 万元/人，使全厂的总产值相应地增加了 3073.36（万元）。

（iii）劳动生产率结构影响指数计算如下

$$\bar{K}_{\frac{T}{\sum T}} = \frac{\frac{\sum q_0 T_1}{\sum T_1}}{\frac{\sum q_0 T_0}{\sum T_0}} = \frac{\sum q_0 \frac{T_1}{\sum T_1}}{\sum q_0 \frac{T_0}{\sum T_0}} = \frac{5.283}{5.250} = 100.629\%$$

$$\frac{\sum q_0 T_1}{\sum T_1} - \frac{\sum q_0 T_0}{\sum T_0} = 5.283 - 5.25 = 0.033(万元/人)$$

总产量变化：0.033×3280=108.24（万元）。

这说明生产和装配两个车间人员结构的变化，使全厂劳动生产率水平提高了 0.629%，绝对数只增加了 0.033 万元/人，使全厂总产值增加了 108.24 万元。

（4）分析如下。

根据上述三种指数的计算和分析，对全厂劳动生产率的变化情况有了一个较为全面的了解：①全厂劳动生产率可变组成指数提高了 18.476%，绝对数增加了 0.970 万元/人，使总产量增加了 3181.6 万元；②由于劳动生产率固定组成指数提高了 17.736%，使全厂劳动生产率绝对数增加了 0.937 万元/人，使总产量增加了 3073.36 万元；③由于劳动生产率结构影响指数提高了 0.629%，使全厂劳动生产率报告期比基期绝对数增加了 0.033 万元/人，使总产量增加了 108.24 万元共同造成的综合结果。

从更深层次分析，还要看到，要提高全厂的劳动生产率水平，一定要重视企业两个车间的劳动生产率的变化，两个车间劳动生产率的水平对提高对全厂劳动生产率水平的增长有很大作用，是总产值增加的主要因素；换句话说，两个车间人员比重的变化对全厂劳动生产率水平的提高贡献不大。

把以上计算结果进行归纳，可以得出如下平衡式：

（i）从指数关系有如下平衡式：

118.477%=117.736%×100.629%

（ii）从劳动生产率水平增长的绝对数看，有如下平衡式：

0.970=0.937+0.033（万元/人）

（iii）从影响的总产值关系看，有如下平衡式：

3181.6=3073.36 +108.24（万元）

三、影响企业劳动生产率变动的因素分析

企业劳动生产率变动的影响分析，可以从两个方面进行。一方面是相关因素对企业劳动生产率变动的影响分析；另一方面是企业劳动生产率变动对相关因素的影响分析。工业企业劳动生产率指标，是一个综合性的质量指标，它的变动会受到企业种种因素的影响，既包括人的因素和物的因素，也反映了企业的主观原因和客观原因。因此，有必要对企业劳动生产率变动的各种影响因素加以分析，进一步提高劳动生产率。影响企业劳动生产率变动的因素主要有三种：工人工时利用情况、企业人员结构变动情况，以及企业人均技术装备情况。下面分别计算并分析各种因素对劳动生产率的影响程度和方向。

（一）生产工人工时利用情况对劳动生产率的影响

企业月劳动生产率指标，综合反映了生产工人劳动时间的劳动效率、劳动组织的合理程度，以及制度工时的利用情况，所以，主要通过对月劳动生产率的考察来分析生产工人时间利用情况对劳动生产率的影响。企业月劳动生产率水平受小时劳动生产率水平、实际工作日长度、实际工作月长度这三个因素的影响。它们的指数关系为

$$\frac{\text{月劳动生产率}}{\text{指数}} = \frac{\text{小时劳动生产率}}{\text{指数}} \times \frac{\text{工作日长度}}{\text{指数}} \times \frac{\text{工作月长度}}{\text{指数}}$$

用公式表示为

$$\frac{q_1}{q_0} = \frac{a_1 b_1 c_1}{a_0 b_0 c_0} = \frac{a_1 b_1 c_1}{a_0 b_1 c_1} \times \frac{a_0 b_1 c_1}{a_0 b_0 c_1} \times \frac{a_0 b_0 c_1}{a_0 b_0 c_0}$$

式中：q_1，q_0——报告期和基期月劳动生产率；

a_1，a_0——报告期和基期小时劳动生产率；

b_1，b_0——报告期和基期工作日长度；

c_1，c_0——报告期和基期工作月长度。

指数体系反映了小时劳动生产率、生产工人工作日的利用和工作月的利用等因素变动影响的相对程度。与此同时，还需要分析这些因素对月劳动生产率变动影响的绝对数（即影响方向）。其计算分析方法是

生产工人月劳动生产率增减额 = 报告期生产工人月劳动生产率

－基期生产工人月劳动生产率

用公式表示为：$q_1 - q_0 = a_1 b_1 c_1 - a_0 b_0 c_0$，

由于生产工人小时劳动生产率变动对月劳动生产率影响的增减额 =（报告期小时劳动生产率－基期小时劳动生产率）

×报告期工作日长度

×报告期工作月长度

用公式表示为：$a_1 b_1 c_1 - a_0 b_1 c_1 = (a_1 - a_0) b_1 c_1$。

由于生产工人工作日长度变动对月劳动生产率影响的增减额 =（报告期工作日长度−基期工作日长度）
×基期劳动生产率
×报告期工作月长度

用公式表示为：$a_0b_1c_1 - a_0b_0c_1 = (b_1 - b_0)a_0c_1$。

由于生产工人工作月长度变动对月劳动生产率影响的增减额 =（报告期工作月长度−基期工作月长度）
×基期劳动生产率
×基期工作日长度

用公式表示为：$a_0b_0c_1 - a_0b_0c_0 = (c_1 - c_0)a_0b_0$。

这些影响因素的影响增减额的代数和，恰好与生产工人月劳动生产率的总增减额一致，即

$$q_1 - q_0 = a_1b_1c_1 - a_0b_0c_0 = a_1b_1c_1 - a_0b_1c_1 + a_0b_1c_1 - a_0b_0c_1 + a_0b_0c_1 - a_0b_0c_0$$

从以上分析可以看出，月劳动生产率指标可以表示劳动生产率与劳动时间（工作日和工作月）利用好坏之间的关系。月劳动生产率指标综合反映了企业劳动效率、劳动组织的合理程度和劳动时间的利用程度。人员构成的变化和劳动组织的合理程度会影响劳动生产率。同样地，劳动时间利用的好坏，也是影响劳动生产率的重要因素，有效地利用劳动时间是提高劳动生产率的一个重要途径。要想提高企业月劳动生产率水平，除依靠改进工艺、改进设备以及加强劳动者本身的生产技能的培训，以提高小时劳动生产率外，还要相对增加工作日长度和工作月长度。具体分析如表 4.3 所示。

【例 4.3】 某企业某月劳动生产率统计资料如表 4.3 所示。

表 4.3 某企业某月劳动生产率统计数据

各项劳动生产率	基期	报告期	指数/%
小时劳动生产率/（件/人）	10	12	120
工作日长度/工时	7.4	7.8	105.41
日劳动生产率/（件/人）	74	93.6	126.49
工作月长度/工日	20	22	110
月劳动生产率/（件/人）	1480	2059.2	139.14

问题 计算并分析小时劳动生产率、工作日长度、工作月长度变动对月劳动生产率变动的影响。

解 分析计算如下。

设 a，b，c 分别为小时劳动生产率、工作日长度、工作月长度，得

$$月劳动生产率指数 = \frac{a_1b_1c_1}{a_0b_0c_0} = \frac{2059.2}{1480} = 139.14\%$$

绝对数：$a_1b_1c_1 - a_0b_0c_0 = 2059.2 - 1480 = 579.2$（件/人）

上述计算表明由于月劳动生产率提高了 39.14%，使月劳动生产率水平的绝对数增加了 579.2 件/人。

$$\text{小时劳动生产率指数} = \frac{a_1 b_1 c_1}{a_0 b_1 c_1} = \frac{12 \times 7.8 \times 22}{10 \times 7.8 \times 22} = \frac{2059.2}{1716} = 120\%$$

绝对数：$a_1 b_1 c_1 - a_0 b_1 c_1 = 2059.2 - 1716 = 343.2$（件/人）

上述计算表明由于小时劳动生产率提高了20%，使月劳动生产率水平的绝对数增加了343.2件/人。

$$\text{工作日长度指数} = \frac{a_0 b_1 c_1}{a_0 b_0 c_1} = \frac{10 \times 7.8 \times 22}{10 \times 7.4 \times 22} = \frac{1716}{1628} = 105.41\%$$

绝对数：$a_0 b_1 c_1 - a_0 b_0 c_1 = 1716 - 1628 = 88$（件/人）

上述计算表明由于工作日长度提高了5.41%，使月劳动生产率水平的绝对数增加了88件/人。

$$\text{工作月长度指数} = \frac{a_0 b_0 c_1}{a_0 b_0 c_0} = \frac{10 \times 7.4 \times 22}{10 \times 7.4 \times 20} = \frac{1628}{1480} = 110\%$$

绝对数：$a_0 b_0 c_1 - a_0 b_0 c_0 = 1628 - 1480 = 148$（件/人）

上述计算表明由于工作月长度提高了10%，使月劳动生产率水平的绝对数增加了148件/人。
通过计算得出如下关系式。
上述四种指数的关系为

相对数：139.14% = 120% × 105.41% × 110%

劳动生产率水平绝对数的关系为

绝对数：579.2 = 343.2 + 88 + 148 (件/人)

从以上分析可以看出，该企业生产工人月劳动生产率的增长（39.14%），除了小时劳动生产率的增长（20%），劳动时间的利用比过去好转也是一个重要原因（工作日长度增长5.41%，工作月长度增长了10%）。

（二）企业人员结构变动对劳动生产率影响的动态分析

企业全员劳动生产率的高低不仅直接取决于工人的劳动生产率，也取决于工人人数在全部职工中所占比重。企业中生产工人是全部职工中的基本力量，是企业进行工业生产活动的主体。生产工人劳动生产率水平的高低，生产工人在全部职工中的比重大小，都会影响着全员劳动生产率的变动。工人劳动生产率、工人占全部职工人数比重对企业全员劳动生产率的影响，可用指数体系来分析。它们的关系为

全员劳动生产率指数 = 生产工人劳动生产率指数 × 生产工人在全部职工中的比重指数

为了分析生产工人劳动生产率的提高对全员劳动生产率的影响，需要计算生产工人劳动生产率指数。在计算中，要把生产工人占全部职工比重固定在报告期来计算。同时为了分析生产工人比重的变动对全员劳动生产率的影响，需要计算生产工人比重指数。在计算中，要注意把生产工人劳动生产率固定在基期来计算。用公式表示为

$$\frac{q_{\text{全员}1}}{q_{\text{全员}0}} = \frac{\sum q_1 T_1}{\sum q_0 T_0} = \frac{\sum q_1 T_1}{\sum q_0 T_1} \times \frac{\sum q_0 T_1}{\sum q_0 T_0}$$

式中：$q_{\text{全员}}$——企业全员劳动生产率；

q——生产工人劳动生产率水平；

T ——生产工人占全员比重。

从影响程度的绝对数表示，运用差额分析法，其计算分析公式是

全员劳动生产率增减额=报告期全员劳动生产率-基期全员劳动生产率

即 $\sum q_1 T_1 - \sum q_0 T_0$。

由于生产工人劳动生产率的变动对全员劳动生产率增减额的影响为：$\sum q_1 T_1 - \sum q_0 T_1$；

由于生产工人比重的变动对全员劳动生产率增减额的影响为：$\sum q_0 T_1 - \sum q_0 T_0$。

企业全员劳动生产率变动的增减额等于生产工人劳动生产率的变动与生产工人比重的变动对全员劳动生产率变动的增减额的代数和，即

$$\sum q_1 T_1 - \sum q_0 T_0 = \sum q_1 T_1 - \sum q_0 T_1 + \sum q_0 T_1 - \sum q_0 T_0$$

下面举例说明。

【例 4.4】 某企业总产值、生产工人人数与全部职工人数如表 4.4 所示。

表 4.4 某企业总产值、生产工人人数与全部职工人数

指标	总产值/万元	职工人数			劳动生产率/（元/人）	
		全部职工	生产工人	生产工人比重/%	生产工人劳动生产率	全员劳动生产率
基期	200	1000	800	80	2500	2000
报告期	500	2000	1800	90	2777.78	2500
指数	—			1.125	1.11	1.125

问题 试分析生产工人劳动生产率变动及生产工人占全员劳动生产率比重变动对全员劳动生产率的影响。

解 设 $q_{全员}$ 为全员劳动生产率，q 为生产工人劳动生产率，T 为生产工人在全部职工中的比重。

（1）表中各数据计算如下：

$T_0 = 800/1000 = 80\%$，$T_1 = 1800/2000 = 90\%$，$T_1/T_0 = 90/80 = 1.125$

$q_0 = 200 \times 10000/800 = 2500$（元/人），$q_1 = 500 \times 10000/1800 = 2777.78$（元/人）

$q_1/q_0 = 2777.78/2500 = 1.11$

（2）全员劳动生产率及其指数计算如下

$q_{全员 0} = 200 \times 10000/1000 = 2000$（元/人）

$q_{全员 1} = 500 \times 10000/2000 = 2500$（元/人）

$q_{全员 1}/q_{全员 0} = 2500/2000 = 1.25$

（3）各因素变动情况计算分析如下。

（i）全员劳动生产率的变动情况计算如下

相对数：$\dfrac{q_{全员 1}}{q_{全员 0}} = \dfrac{\sum q_1 T_1}{\sum q_0 T_0} = \dfrac{2777.78 \times 90\%}{2500 \times 80\%} = \dfrac{2500}{2000} = 125\%$

绝对数：$\sum q_1 T_1 - \sum q_0 T_0 = 2500 - 2000 = 500$ 元/人

对总产值影响的增减量为：500×2000=100 万元。

从（i）可以看出由于全员劳动生产率提高 125%，使全员劳动生产率水平计算期比基期增加了 500 元/人，使产值增加 100 万元。这是由于生产工人劳动生产率的增长和生产工人占全部职工比重的提高两个因素共同作用的结果。

（ii）生产工人劳动生产率指数变动对全员劳动生产率的影响：

$$\frac{\sum q_1 T_1}{\sum q_0 T_1} = \frac{2777.78 \times 90\%}{2500 \times 90\%} = \frac{2500}{2250} = 111.11\%$$

$$\sum q_1 T_1 - \sum q_0 T_1 = 2500 - 2250 = 250 \text{ 元/人}$$

对总产值影响的增减量为：250×2000=50 万元。

从（ii）可以看出生产工人劳动生产率上涨了 11.11%，使全员劳动生产率水平计算期比基期增加 250 元/人，使产值增加 50 万元。

（iii）生产工人比重指数变动对全员劳动生产率的影响

$$\frac{\sum q_0 T_1}{\sum q_0 T_0} = \frac{2500 \times 90\%}{2500 \times 80\%} = \frac{2250}{2000} = 112.50\%$$

$$\sum q_0 T_1 - \sum q_0 T_0 = 2250 - 2000 = 250 \text{ 元/人}$$

对总产值影响的增减量为：250×2000=50 万元。

从（iii）可以看出生产工人比重上涨了 12.50%，使全员劳动生产率水平计算期比基期增加 250 元/人，使产值增加 50 万元。

从以上的计算结果可以看出：①全员劳动生产率指数提高了 25%，绝对数增加了 500 元/人，使产值增加 100 万元；②生产工人劳动生产率指数提高了 11.11%，使全员劳动生产率绝对数增加了 250 元/人，使产值增加 50 万元；③由于生产工人比重指数提高了 12.5%，使全员劳动生产率报告期比基期绝对数增加了 250 元/人，使产值增加 50 万元两个因素共同造成的结果。

把以上计算结果进行归纳，可以得出如下平衡式。

三个指数关系为

$$125\% = 111.11\% \times 112.5\% \quad \text{即相对数：①=②×③}$$

劳动生产率增减的绝对量关系：

$$500 = 250 + 250 \quad \text{（单位：元/人）即绝对数：①=②+③}$$

影响产值增减的绝对量关系：

$$100 = 50 + 50 \quad \text{（单位：万元）即绝对数：①=②+③}$$

（三）劳动者技术装备程度对及利用效率对劳动生产率的影响分析

劳动者技术装备水平的高低，在很大程度上决定了劳动者劳动生产率水平的高低。提高劳动生产率的关键在于提高劳动者的技能、改进工艺、提高劳动的技术装备程度和技术装备的利用效果。企业生产过程的半机械化、机械化和自动化程度的提高，对于劳动生产率的提高有着极重要的意义。因此，有必要分析这些因素对劳动生产率的影响。

1）劳动者技术装备程度

劳动者的技术装备程度有两种表现形式，即价值指标和动力指标。

价值指标一般用人均固定资产装备程度指标来表示，其计算公式为

$$人均固定资产装备程度 = \frac{企业固定资产原值（元）}{企业平均人数}$$

动力指标一般用人均动力装备程度指标来表示，其计算公式为

$$人均动力装备程度 = \frac{企业总动力（千瓦）}{企业平均人数}$$

2）技术装备利用效率

技术装备程度的提高，为劳动生产率的不断提高创造了条件。要实现劳动生产率的真正提高，还必须提高技术装备利用效率，即提高生产用固定资产或动力的利用程度。所以，还需分析固定资产的利用指标以及分析每千瓦动力消耗所带来的产品产量指标。两者的计算公式分别为

$$固定资产利用程度 = \frac{总产值}{固定资产平均原值}$$

$$单位动力利用程度 = \frac{总产值}{总动力（千瓦）}$$

3）劳动者技术装备程度对及利用效率对劳动生产率的变动分析

根据以上两个指标，就可以测定和分析技术装备程度和利用效率对劳动生产率变化的影响程度和影响方向，其指数体系为

劳动生产率指数 = 劳动者技术装备程度指数 × 技术装备利用效率指数

形成的价值指标和动力指标指数体系为

按固定资产计算：劳动生产率指数 = 人均固定资产装备程度指数 × 固定资产利用程度指数

按总动力计算：劳动生产率指数 = 人均动力装备程度指数 × 单位动力利用程度指数

上述指数体系，体现了技术装备程度及其利用效率的变化对劳动生产率变化的影响程度（相对数）。据此，再分析其影响的绝对值，就可以分析出两者对劳动生产率变化的影响方向（绝对数）。

按固定资产计算：

$$\frac{劳动生产率}{变动的增减额} = \frac{人均固定资产变动}{对劳动生产率变动影响的增减额} + \frac{固定资产利用程度变动}{对劳动生产率变动影响的增减额}$$

按总动力计算：

$$\frac{劳动生产率}{变动的增减额} = \frac{人均动力装备变动}{对劳动生产率变动影响的增减额} + \frac{单位动力利用程度变动}{对劳动生产率变动影响的增减额}$$

劳动者技术装备程度对及利用效率对劳动生产率的影响分析的具体计算步骤与前面的两个例子基本相似，这里不再赘述。

四、劳动生产率变动对产量和劳动量的影响

（一）劳动生产率变动以及职工人数变动对总产量变动的影响分析

企业提高劳动生产率的目的是为了提高经济效益，即增加产品产量或降低劳动消耗。劳动生产率变动以及职工人数变动对产品产量直接影响。企业增加产品产量有两条重要途径，

一是增加劳动力；二是提高劳动生产率。总产量、劳动生产率和职工人数之间存在着如下关系：

$$产量 = 劳动生产率 \times 职工人数$$

以上关系式表明，在产品产量一定的条件下，劳动生产率与劳动力数量成反比，两者存在着此消彼长的关系。

总产量、劳动生产率和职工人数三者在指数（相对数）上存在着如下关系：

$$产量指数 = 全员劳动生产率指数 \times 职工人数指数$$

三者在绝对数上存在着如下关系：

$$总产量的变动 = 报告期的总产量 - 基期的总产量$$

劳动生产率变动对总产量变动影响的增减额为

$$产量增减绝对值 = （报告期劳动生产率 - 基期劳动生产率）\times 报告期职工人数$$

职工人数变动对总产量变动影响的增减额为

$$产量增减绝对值 = （报告期职工人数 - 基期职工人数）\times 基期劳动生产率$$

根据统计指数的原理，用例 4.5 资料举例说明分析劳动生产率变动以及职工人数变动对产量变动影响的方法。

【例 4.5】 某工业企业 2005 年和 2006 年完成工业总产量等情况资料如表 4.5 所示。

表 4.5　某工业企业 2005 年和 2006 年完成工业总产量等情况

项目	2006 年	2005 年
产品产量 Q/吨	2400	2000
平均职工人数 T/人	600	400
劳动生产率 q/（吨/人）	4	5

问题　分析劳动生产率变动及职工人数变动对总产量变动的影响。

解　设 Q 为产品产量，q 为劳动生产率，T 为平均职工人数。

报告期的劳动生产率　$q_1 = \dfrac{Q_1}{T_1} = \dfrac{2400}{600} = 4（吨/人）$

基期的劳动生产率　$q_0 = \dfrac{Q_0}{T_0} = \dfrac{2000}{400} = 5（吨/人）$

产品产量 Q 变动情况如下

相对数：$\dfrac{\sum q_1 T_1}{\sum q_0 T_0} = \dfrac{2400}{2000} = 120\%$

绝对数：$Q_1 - Q_0 = 2400 - 2000 = 400$（吨）

即报告期产量比基期产量提高了 20%，绝对数增加了 400 吨。这说明该厂总产值报告期比基期增长了 20%，是由于全员劳动生产率和职工人数两个因素变动共同作用的结果。

其中，由于劳动生产率变动对总产量变动的影响为

$$\dfrac{\sum q_1 T_1}{\sum q_0 T_1} = \dfrac{4 \times 600}{5 \times 600} = \dfrac{2400}{3000} = 80\%$$

$$\sum q_1 T_1 - \sum q_0 T_1 = 2400 - 3000 = -600（吨）$$

说明劳动生产率指数报告期比基期下降了 20%，使产量报告期比基期减少了 600 吨。由于职工人数变动对总产量的影响：

$$\frac{\sum q_0 T_1}{\sum q_0 T_0} = \frac{5 \times 600}{5 \times 400} = \frac{3000}{2000} = 150\%$$

$$\sum q_0 T_1 - \sum q_0 T_0 = 3000 - 2000 = 1000(吨)$$

说明由于职工人数指数报告期比基期提高了 50%，使总产量绝对数增加了 1000 吨。

从计算结果可以看出，企业报告期产量比基期产量提高了 20%，绝对数增加了 400 吨。主要影响因素有两个，其中由于企业报告期劳动生产率比基期下降了 20%，使产量报告期比基期减少了 600 吨。由于企业人员结构调整使企业报告期职工人数比基期提高了 50%，使总产量绝对数增加了 1000 吨共同作用的结果。

上述两者之间的关系用指数体系表示如下。

从影响总产量变动的指数关系看：

$$120\% = 120\% \times 150\%$$

从影响总产量变动的绝对数关系看：

$$400 \text{ 吨} = -600 \text{ 吨} + 1000 \text{ 吨}$$

（二）劳动生产率的变动对总产值和劳动力数量的影响分析

工业企业增加产量的途径有两个：一个途径是提高劳动生产率；另一个是增加劳动力的投入量。然而，依靠增加劳动力的投入来发展工业生产是不可持续的，主要是靠不断地提高劳动生产率来实现的。统计研究劳动生产率的变动，需分别说明对产量与劳动量变动的影响。劳动生产率的高低，与劳动力投入量是成反比的，劳动生产率水平越高，劳动力投入会越少；反之，亦然。因此，提高劳动生产率，意味着在劳动力数量一定的条件下增加产品产量，在产量一定的条件下节约劳动力。换句话说，就是在劳动生产率一定的条件下，生产规模扩大，劳动力需求量增多，反之，劳动力需求量就会减少；若生产规模固定，则随着劳动生产率的提高，对劳动力的需求量就会减少，反之，劳动力的需求量就会增加。因此，根据经济的增长、劳动生产率的变化情况，可以计算各部门的劳动力需求量，并对产量和劳动量的影响进行分析。以例 4.6 来说明这种分析方法。

【例 4.6】 某工业企业报告期、基期完成工业总产值资料如表 4.6 所示。

表 4.6 某工业企业报告期、基期完成工业总产值资料

项目	基期	报告期	增长率/%
总产值工业 Q /万元	3600	5000	138.89
全部职工人数 T /人	3000	3200	106.67
劳动生产率 q /（万元/人）	1.2	1.56	130.00

问题 （1）计算分析劳动生产率变动对总产量变动影响；

（2）计算分析劳动生产率变动对劳动量变动影响。

解 设 Q 为总产值，q 为劳动生产率，T 为平均职工人数。

总产值 Q 变动情况如下

相对数：$\dfrac{\sum q_1 T_1}{\sum q_0 T_0} = \dfrac{5000}{3600} = 138.89\%$

绝对数：$Q_1 - Q_0 = 5000 - 3600 = 1400$（万元）

即报告期产值比基期产值提高了 38.89%，绝对数增加了 1400 万元。

（1）由于劳动生产率变动对总产量变动影响计算如下

$$\dfrac{\sum q_1 T_1}{\sum q_0 T_1} = \dfrac{1.56 \times 3200}{1.2 \times 3200} = \dfrac{5000}{3840} = 130.21\%$$

$$\sum q_1 T_1 - \sum q_0 T_1 = 5000 - 3840 = 1160\text{（万元）}$$

说明劳动生产率指数报告期比基期增加了 30.21%，使产量报告期比基期增加了 1160 万元。

（2）由于劳动生产率变动对劳动量变动影响分析如下。

由于报告期产值比基期产值提高了 38.89%，如果劳动生产率不变，则劳动力数量必须增加 38.89%，从而使劳动力数量达到：T_0（100%+38.89%）=3000×138.89%=4167 人；而实际上企业只用了 3200 人，这就是说，劳动生产率报告期比基期增加了 30.21%，使企业节约劳动力 4167−3200=967 人。劳动力的相对节约，意味着劳动生产率的提高。

第五节　劳动效益统计、分析与评价

企业劳动效益统计是把企业的劳动投入与产出联系起来，把生产与销售联系起来，建立劳动效益统计指标体系，综合评价企业的劳动效益状况，考核企业表现在各方面的劳动效益水平，研究企业的劳动效益变动情况，分析影响企业劳动效益进一步提高的因素，为企业的经营管理决策提供依据。

一、企业劳动效益包含的内容

企业劳动效益包含两个方面的内容：企业产出与企业劳动投入。企业产出是指企业生产经营的成果。按其表现形式不同，分为使用价值成果与价值成果。前者为产品产量、品种、质量等，称为有用性生产经营成果；后者为总产值、增加值、销售收入、利税总额等，称为收益性生产经营成果。企业劳动投入，按投入的内容不同，分为活劳动的投入与物化劳动的投入。前者指人力的投入；后者指物力、财力的投入。按投入数量的性质不同，分为劳动消耗量和劳动占用量。前者是指生产经营中已经消耗掉的人力、物力、财力的数量；后者是指生产经营中占用的人力、物力、财力的数量。

劳动效益的实质就是要以尽可能少的劳动和自然资源的占用与消耗，创造出尽可能丰富的财富。因此，评价劳动效益的高低的基本方法有两种：一种是按"最大效果原则"，即在相同劳动消耗和劳动占用的基础上，产出的成果越大，则劳动效益越高；另一种是按"最小支出原则"评价，即在取得相同成果的前提下，劳动消耗和劳动占用越少则经济效益越高。

企业劳动效益的统计研究就是要对企业生产经营活动的劳动方面和劳动过程的效益状况进行全面、正确的定量反映，并作出科学、客观的评价，这对于企业更好地认识自身的劳动效益水平，寻求提高企业劳动效益的措施和途径，具有十分重要的意义。

二、劳动效益指标的核算

(一) 企业劳动效益统计指标建立的原则

为了对企业劳动活动所取得的经济效益作出全面、客观的评价,需要建立一套完善的企业劳动效益指标体系。建立企业劳动效益指标体系应遵循以下三项基本原则。

(1) 要全面反映企业的劳动效益。企业的劳动效益同企业生产经营的各个方面、各个环节都有联系,因此企业的劳动效益可以表现为不同产出形式 (价值量和实物量) 和不同劳动投入 (活劳动和物化劳动) 等多种形式。所以,企业的劳动效益需要从不同角度、不同侧面设置相应的指标去反映各个方面的劳动效益,进而达到对企业劳动效益的全面认识。

(2) 选取的统计指标要突出重点内容。劳动效益涉及企业生产经营的各个方面与环节,反映劳动效益高低的众多指标中有的能直接反映,有的只能间接反映。因此,在建立劳动效益指标体系时,指标的选取要严格区分主次,对那些能直接反映、综合反映企业劳动效益高低的指标给予应有的重视。

(3) 选择的指标应具有普遍性、可比性和相对稳定性。劳动效益指标体系中选择的指标应力求具有普遍性和可比性,至少应做到在本行业的企业之间普遍适用,指标所涉及的经济内容、空间范围、时间范围、计算口径、计算方法可比性。

(二) 企业劳动效益统计指标体系

企业在生产经营过程中,对劳动的消耗包括对活劳动的消耗和物化劳动的消耗,以及全部劳动消耗。反映劳动消耗的效益指标也就可以从活劳动消耗、物化劳动消耗,以及全部劳动消耗三方面分别考虑。活劳动消耗有些属于企业的最初投入,即企业职工付出的劳动;有些属于中间投入,即企业外部提供的各种劳务。物化劳动也如此。以折旧反映的固定资产磨损属于物化劳动的最初投入;企业消耗的原材料、燃料、动力等则属于物化劳动的中间投入。最后还应将这两方面结合起来,设置反映全部劳动消耗的指标。

企业一定时期内人力、物力利用效果如何,一般用人均增加值、全员劳动生产率和人均利润额等指标,反映人力利用的效果;用百元固定资产产值、百元材料费用生产产值 (物化产值率) 等指标,反映物力利用效果;工业企业通用的劳动效益指标一般可分为下列三类。

1. 活劳动投入产出综合效益指标

统计活劳动投入的劳动效益指标,可以反映企业生产经营投入的活劳动与生产成果之间的对比关系,可以促使企业改善劳动组织,尽可能节约活劳动消耗,增加活劳动投入的产出效益。因此,企业除一般设置全员劳动生产率指标考评外,还专门设置工资利润率或工资利税率指标,以考评活劳动投入产出的效益。活劳动新创造的价值一部分用来满足个人的需要即工资 (V);另一部分用来为企业和社会提供积累,即利润和税金 (M)。因此,用工资利润率或工资利税率能明确地反映活劳动实际消耗对企业和社会贡献的程度。其计算公式为

$$\text{工资利润(税)率} = \frac{\text{企业实现利润(税金)总额}(M)}{\text{职工工资总额}(V)} \times 100\%$$

为了说明企业活劳动投入取得的净效益,还可以设置企业人均创造的利税指标,即人均创利率。其计算公式为

$$人均创利率 = \frac{企业实现利润总额}{企业职工平均人数}$$

人均创利率与工资利润率之间的关系表现为

$$人均创利率 = \frac{企业实现利润总额}{企业职工平均人数} = \frac{企业实现利润总额}{职工工资总额} \times \frac{职工工资总额}{企业职工平均人数}$$

即

$$人均创利率 = 工资利润率 \times 平均工资$$

2. 物化劳动投入产出综合效益指标

材料、能源等物化劳动的投入和利用效果如何，以及单位产品的物耗多少，在很大程度上制约着企业劳动效益的水平。通过统计分析该指标，可以比较准确地反映企业物化劳动消耗与所得的关系，有利于企业加强技术改造，降低消耗，提高材料和能源的综合利用水平。反映物化劳动消耗的劳动效益一般用物质消耗量与生产成果的比率表示，说明原材料、燃料、动力、厂房设备等劳动资料、劳动对象消耗所提供的生产经营成果，其基本计算公式为

$$正指标：单位物质消耗利用率 = \frac{生产成果}{物质消耗量}$$

$$逆指标：单位生产成果的物质消耗量 = \frac{物质消耗量}{生产成果}$$

在实际统计中主要有以下指标。

（1）原材料利用效益指标。单位产品或单位工作量原材料消耗(单耗)以及单位能耗。这种指标可以从另一个角度反映原材料或能源的利用效益，指标数值越小说明原材料或能源的利用效益越好。

（2）稀缺资源利用的效益指标。企业对哪些稀缺资源的利用效益进行统计要根据各企业的具体情况而定。一般有单位产品单项能耗和万元产值综合能源消耗量，还可以计算单位综合能耗提供的利润税金指标。其计算公式为

$$单位综合能耗提供的利润税金 = \frac{单位综合能耗实现的利税总额}{企业综合能源消耗量}$$

（3）企业全部物化劳动消耗的效益指标。企业全部物化劳动消耗是指企业对外购原材料、燃料、动力的消耗，对固定资产的耗费以及其他生产管理中的物耗。实际工作中，大多数企业都用增加值率作为反映全部物化劳动消耗的效益指标。

$$增加值率 = \frac{报告期增加值（现价计算）}{报告期现价总产值}$$

3. 反映全部劳动消耗的效益指标

企业活劳动消耗的劳动效益和物化劳动消耗的劳动效益和变动往往是不一致的。有些企业劳动生产率虽高，但设备、物资的消耗较多；有些企业劳动生产率虽低，但设备的消耗较少。为此，有必要对生产经营过程中的全部消耗进行综合考察，计算全部消耗的劳动效益。比较具有概括性的指标是成本费用利税率，它是用企业利税总额与成本费用对比，反映单位成本费用所带来的利润额，其指标数值越大，劳动效益越好。

$$成本费用利税率 = \frac{报告期实现的利税总额}{报告期成本费用总额} \times 100\%$$

公式分母中的成本费用总额既是活劳动消耗与物化劳动消耗的总量，也可以看成最初投入与中间投入的总量，综合反映了企业的全部劳动消耗。分子中的利税总额则包括了企业生产经营活动的全部最终有用成果。在生产规模一定、产品销售收入一定的情况下，分子分母存在此长彼消的关系。当企业成本费用发生变动，成本费用利税率的感应最为灵敏。因此我们把成本费用利税率作为反映企业全部劳动消耗的最具综合性的效益指标。

三、企业劳动效益的分析

企业的劳动效益主要决定于企业的劳动管理水平，同时也受宏观环境因素的影响，以及受许多企业外部条件的制约。对企业劳动效益的统计分析还要包括对这些综合因素的分析。为了观察和测算企业生产经营活动中各种劳动消耗及各种劳动占用是否合理，所获得的生产经营成果中各种劳动消耗及各种劳动占用是否适合社会需要，就必须从成果与消耗、成果与劳动占用、成果与社会需要等各种不同的角度，分别对企业的生产经营过程进行分析、比较和评价。由于从不同角度计算的经济效益指标不能直接加总，为了对企业劳动效益进行全面分析、比较和评价，还必须采用适当方法，把反映企业生产经营活动的各个环节与因素的劳动效益指标综合起来，对企业的劳动效益状况作出总的分析与评价，这就是企业劳动效益的综合分析与评价。

（一）企业劳动效益分析的方法

企业劳动效益分析是运用一定的技术方法，分析企业在一定时期内的劳动耗费和占用同劳动成果之间的对比，反映企业对人力、物力利用的效果之间的对比，从而为企业进行有效的经营决策提供可靠的资料依据，以达到提高企业劳动效益的一种科学方法。企业劳动效益分析常用的定量分析方法主要有比较分析法、因素分析法、差额分析法、平衡分析法、综合分析法、线性规划分析法等。本节主要介绍前四种分析方法。

1. 比较分析法

企业劳动效益表现为各种劳动经济指标，比较分析法就是通过指标相对比，从数量上确定差异的一种方法。比较分析法简单，是经济指标分析的基础。比较分析法的形式有以下三种。

1）实际劳动效益指标同计划劳动效益指标对比

分析时，可以计算出绝对数指标，也可以计算出相对数指标。其计算公式为

$$相对数：劳动效益完成程度 = \frac{实际劳动效益}{计划劳动效益} \times 100\%$$

绝对数：劳动效益的增减额 = 实际劳动效益指标 − 计划劳动效益指标

2）报告期实际指标同基期实际指标对比

报告期实际指标同基期实际指标对比，是以基期为标准，找出报告期与基期之间的差异，以分析企业经济发展的过程和发展趋势。其计算公式为

$$相对数：劳动效益变动程度 = \frac{报告期实际劳动效益}{基期实际劳动效益} \times 100\%$$

绝对数：劳动效益变动的增减额 = 报告期实际劳动效益指标 − 基期实际劳动效益指标

3）本企业实际劳动效益指标同其他企业实际劳动效益指标对比

本企业同其他企业相比，是以其他企业为标准，找出本企业与其他企业之间的差异，从而学习先进企业的经验。其计算公式为

$$相对数：劳动效益差异程度 = \frac{本企业实际劳动效益}{其他企业实际劳动效益} \times 100\%$$

绝对数：劳动效益差异的增减额 = 本企业实际劳动效益指标 – 其他企业实际劳动效益指标

2. 企业劳动效益的因素分析法、差额分析法、平衡分析法

企业劳动效益的高低，受企业生产经营管理各方面、各环节、各要素投入及利用情况的影响。因此，企业劳动效益因素分析的角度和内容非常广泛。下面仅以综合反映企业投入产出比例关系的劳动效益指标——总资产利润率和人均创利率为例，简要介绍其基本分析思路和方法。

1）从全员劳动生产率和人均技术装备程度来分析总资产利润率

企业要对总资产利润率进行分析，需要联系企业的资产装备水平和生产经营的盈利水平来分析。具体的经济联系即分析依据是

总资产利润率 = 人均技术装备程度（逆指标）× 全员劳动生产率 × 增加值利润率

式中：（1）总资产利润率的计算公式为

$$总资产利润率 = \frac{利润总额}{总资产平均余额}$$

（2）人均技术装备程度是采用逆指标形式计算的，用人均资产装备程度（逆指标）来表示，即指平均人数与总资产平均占用额之比。在其他条件不变的情况下，指标值越低，说明企业资产的利用越充分，效率越高，使用成本越低；指标值越高，说明企业资产的平均占用额情况不佳，劳动效率越低。计算公式为

$$人均技术装备程度 = \frac{平均人数}{总资产平均余额}$$

（3）全员劳动生产率指标是用人均增加值来表示的，计算公式为

$$全员劳动生产率 = \frac{增加值}{平均人数}$$

（4）增加值利润率的计算公式为

$$增加值利润率 = \frac{利润总额}{增加值}$$

要分析上述因素变动对企业总资产利润率变动的影响程度（相对数或指数），可建立如下指数体系：

总资产利润率指数 = 人均技术装备程度(逆指标)指数 × 全员劳动生产率指数
　　　　　　　　× 增加值利润率指数

要分析上述因素变动对企业总资产利润率变动的影响方向（绝对数），可通过差额分析法计算。计算公式如下

总资产利润率的增减额 = 报告期的总资产利润率 – 基期的总资产利润率

　　由于人均技术装备程度变动影响总资产利润率变动的增减额

= （报告期人均技术装备程度 – 基期人均技术装备程度）

×基期全员劳动生产率×基期增加值利润率

由于全员劳动生产率变动影响总资产利润率变动的增减额

= （报告期全员劳动生产率–基期全员劳动生产率）

×基期增加值利润率×报告期人均技术装备程度

由于增加值利润率变动影响总资产利润率变动的增减额

= （报告期增加值利润率–基期增加值利润率）

×报告期人均技术装备程度×报告期全员劳动生产率

2）从工资利润率和平均工资来分析人均创利率

从前面的分析可以得到人均创率的变动主要受到工资利润率的变动和平均工资变动两个因素的影响。我们可以从公式：

人均创利率 = 工资利润率×平均工资

得出其指数体系：

人均创利率指数 = 工资利润率指数×平均工资指数

根据人均创利率指数体系运用差额分析法得到

人均创利率的增减额 = 报告期的人均创利率–基期的人均创利率

由于工资利润率变动影响人均创利率变动的增减额

= （报告期工资利润率–基期工资利润率）×报告期平均工资

由于平均工资变动影响人均创利率变动的增减额

= （报告期平均工资–基期平均工资）×基期工资利润率

（二）企业劳动效益的因素分析法、差额分析法、平衡分析法应用举例

【例4.7】 某企业2006~2009年生产经营的各种有关指标如表4.7所示。

表4.7 某企业2006~2009年生产经营的各种有关指标

序号	指标名称	单位	2006年	2009年	指数/%	增减额
1	利润总额	万元	5000	6800	136	+1800
2	总资产平均余额	万元	26000	30000	115.38	+4000
3	增加值	万元	9300	12000	129.03	+2700
4	平均人数	人	5300	5800	109.43	+500
5	工资总额	万元	4000	4800	120	+800
6	总资产利润率	%	19.231	22.667	117.87	+3.436
7	人均增加值	万元	1.755	2.069	117.89	+0.314
8	增加值利润率	%	53.76	56.67	105.41	+2.91
9	人均资产装备程度(逆指标)	人/万元	0.2038	0.1933	94.85	−0.0105
10	人均创利率	万元/人	0.9434	1.1724	124.27	+0.229
11	工资利润率	%	1.25	1.4167	113.34	+0.1667
12	平均工资	万元/人	0.7547	0.8276	109.66	+0.0729

1）从全员劳动生产率和人均技术装备程度来分析总资产利润率

根据表4.7资料进行计算，利用平衡分析法可得出如下平衡式：

$$117.87\% = 94.85\% \times 117.89\% \times 105.41\%$$

计算结果表明,该企业报告期总资产利润率提高了 17.87%,这是由于人均技术装备程度降低了 5.15%、全员劳动生产率提高了 17.89%,增加值利润率提高了 5.41%共同影响的结果。显然,主要影响因素是全员劳动生产率的大幅度提高。

使用差额法分析各因素影响的绝对效果,计算如下。

总变动:总资产利润率的增减额=22.667−19.231=3.436%

因素一:

由于人均技术装备程度变动影响总资产利润率变动的增减额
$$=(0.1933−0.2038)\times 1.755 \times 53.76 = −0.9907\%$$

因素二:

由于全员劳动生产率变动影响总资产利润率变动的增减额
$$=(2.069−1.755)\times 0.1933 \times 53.76 = 3.263\%$$

因素三:

由于增加值利润率变动影响总资产利润率变动的增减额
$$=(56.67−53.76)\times 0.1933 \times 2.069 = 1.164\%$$

综合三个因素对总量变动的差额影响,利用平衡分析法可以得出如下平衡式:
$$3.436\% = −0.9907\% + 3.263\% + 1.164\%$$

计算结果表明,该企业报告期总资产利润率增加了 3.436 个百分点,这是由于人均技术装备程度变动使总资产利润率减少了 0.9907 个百分点、由于全员劳动生产率变动使总资产利润率增加了 3.263 个百分点,以及由于增加值利润率变动使总资产利润率增加了 1.164 个百分点共同影响的结果。跟上面的类似,主要影响因素是全员劳动生产率变动导致的。

2)从工资利润率和平均工资来分析人均创利率

下面仍然以例 4.7 来进行计算与分析,这里只给出计算分析结果,具体计算过程不再列出,请读者自己计算。

从表 4.7 可以看出:利用平衡分析法可得到人均创利率指数体系的平衡式为
$$124.27\% = 113.34\% \times 109.66\%$$

利用平衡分析法可得到人均创利率绝对数关系的平衡式为
$$0.229\ 万元/人 = 0.138\ 万元/人 + 0.091\ 万元/人$$

分析 该企业报告期人均创利率提高了 24.27%,绝对数增加了 0.229 万元/人。这是由于企业工资利润率提高了 13.34%,使人均创利率绝对是增加了 0.1380 万元/人[(1.4167−1.25)× 0.8276],以及由于平均工资提高了 9.66%,使人均创利率绝对是增加了 0.0911 万元/人 [(0.8276−0.7547)× 1.25]共同影响的结果。

四、企业劳动效益评价

劳动效益的综合评价是用一系列综合性的经济指标和一定的综合分析评价方法,全面系统地评价企业经济活动的总体效益,提出改进方案,达到改善经营、提高劳动效益的目的。综合评价有利于全面、正确地评价企业的生产经营状况和劳动效益,准确及时地发现影响企业劳动利用状况和劳动效益的薄弱环节和关键问题。

（一）劳动效益评价应注重的三个方面

综合评价企业劳动效益应从注重从企业的收益性、成长性和稳定性三方面来进行。

（1）收益性评价。它主要是考察企业一定时期消耗一定劳动量的获利能力。主要分析指标是人均创利率指标。

（2）成长性评价。它是用来判断企业的发展属于速度型还是效益型。主要分析利润增长率、净产值劳动生产率、附加值劳动生产率、平均工资利润率等指标。

（3）稳定性评价。它主要是分析企业劳动效益指标的稳定性，具体分析企业的获利能力与各种劳动消耗状况、盈利状态、劳动与资金使用的安全性等。主要分析企业产品的市场地位和满足社会需要的程度，以及人力资源使用的成本变动程度。

（二）企业劳动效益评价体系与原则

1. 企业劳动效益评价指标体系

企业劳动效益的评价指标体系，是根据企业的具体劳动情况，以及有关的社会经济背景作不同的选择。我国在不同时期评价企业劳动效益的指标体系虽有不同，但一些基本指标体系却是不变的。以工业企业的劳动效益为例，评价工业企业劳动效益的指标体系大致包括：

（1）企业总产值和增长率；

（2）企业主要产品产量计划完成率；

（3）企业主要产品质量稳定提高率；

（4）每百元产值消耗的劳动量和降低率；

（5）每百元产值工资含量；

（6）平均每人创利率；

（7）工资利润率；

（8）工资净产值率；

（9）净产值劳动生产率；

（10）企业全员劳动生产率和增长率；

（11）企业职工重伤、死亡人数和降低率。

上述 11 项指标涵盖了企业产前投入、生产过程、销售等各经营环节劳动要素投入的几个主要方面，兼顾企业生产经营的效率性、成长性和安全性，比较全面地反映企业劳动活动的经济效益，但也有其本身的局限性。

2. 企业劳动效益评价原则

衡量和评价一个企业的劳动效益必须遵循相应的原则，以保证企业劳动效益的评价公正合理、准确可靠。评价企业劳动效益的总体原则要求是在一定劳动环境下，充分发挥最大劳动效能，用最大值来衡量，或者是在既定目标的条件下，充分利用现有的人力资源，使劳动消耗量最少，用最小值去衡量。企业劳动效益评价既要遵循企业的计划标准和历史标准，又要遵循社会标准和国际先进标准。其中主要评价原则有如下 5 个。

1）企业劳动效益与社会整体劳动效益相一致的原则

单个企业的劳动效益与社会整体劳动效益之间既有统一的一面，又有对立的一面。但作为低层次的企业劳动效益必须服从高层次的社会整体劳动效益，对单个企业劳动效益进行评价必须与社会整体经济环境相联系，进行综合评价。

2）直接劳动效益与间接劳动效益相统一的原则

企业普遍关心的问题是自身的劳动效益，而对间接劳动效益缺少兴趣。在对企业重大劳动活动产生的效益进行评价时要充分考虑这些劳动活动给本地或整个社会带来的间接劳动效益。要求企业在提高自身劳动效益的同时，在重大劳动活动投入、技能培训和人才激励方面必须兼顾这些活动给社会带来的劳动效益。

3）内部劳动效益与外部劳动效益相统一的原则

对企业的劳动效益进行评价还必须要求企业在追求内部劳动效益的同时，兼顾外部劳动效益。企业在一切劳动活动中，要充分考虑到人力资源的使用、开发和培训工作，根据社会发展的需要，从思想文化知识和职业技能等方面全面提高劳动者素质和技能，以达到外部劳动效益最优化的目标。

4）长远劳动效益与短期劳动效益相统一的原则

在评价企业劳动效益时，应注意长远劳动效益与短期劳动效益相统一，防止企业过度追求眼前利益而牺牲长远利益的短期行为，因为企业要发展，必须始终保持劳动效益稳步增长的态势。只有两者相统一，才能兼顾国家、企业、职工的利益，有组织、有计划、有目的地开展各种教育培训活动，不断提高劳动效益。

5）使用价值与价值统一的原则

市场经济条件下，企业生产的目的是赚取最大利润，但企业生产的商品必须满足广大消费者的物质和文化需求。这就要求企业生产的商品必须具备消费者需要的使用价值，否则企业商品价值中所包含的劳动效益得不到实现。因此，企业在生产过程中努力提高产品价值，同时降低劳动消耗和产品成本，做到使用价值和价值的统一。

（三）企业劳动效益的综合评价方法

综合评价企业劳动效益的方法有多种，这里只简要介绍以下四种方法。

1）利用指数体系进行评价

根据企业选择的劳动效益指标体系，利用综合指数法对各项劳动效益指标个体指数进行加权平均，计算出劳动效益综合值，用以综合评价企业劳动效益的一种方法。计算劳动效益指标个体指数要确定好基期指标，可把企业历史最好水平作为基期指标，或者以行业先进水平或全国平均水平作为基期指标，把企业报告期每一指标的实际数与基期指标对比。综合劳动效益指数可作为企业间综合劳动效益评比排序的依据。

2）利用综合性指标进行评价

企业有些劳动效益指标可以表示为多个劳动效益分指标的连乘积，或者说某项劳动效益指标受多种因素的影响，可以把该项劳动效益指标作为综合评价企业劳动效益的指标。进而还可以根据各分指标间的数量关系，将该项劳动效益指标层层分解，用连锁替代法或差额分析法等方法，将各影响因素对该项劳动效益指标的影响方向和影响程度反映出来。如总资产利润率指标，是受到人均技术装备程度(逆指标)、全员劳动生产率和增加值利润率的影响，可作为企业劳动效益的综合评价指标。具体分析与评价请见例 4.6 所示。

3）利用功效系数法进行评价

功效系数法是用多目标规划的原理去评价劳动效益综合指标的一种方法，其基本思想是通过功效函数把各种不同度量的劳动效益指标转化成为同度量的功效系数，然后将这些功效系数加权平均得出一个综合指标，即总功效系数。企业根据加总后的总功效系数去综合评价企业的劳动效益，功效系数越大，表明企业综合劳动效益越好，反之，表明企业综合劳动效益越差。

4）利用打分法进行评价

这种方法是根据企业劳动效益各指标的重要程度对指标设定一个分数值，各项指标的总分值通常定为 100 分。然后根据指标的实际水平进行打分，将所有得分值相加算出总分，作为评价企业劳动效益的一种方法。总分越高表明企业综合劳动效益越好，反之则越差。

HAPTER 5

第五章　劳动定额统计

[内容摘要]

本章主要阐述劳动定额统计的意义、劳动时间统计、劳动定额完成情况统计、劳动定额实施结果分析,以及劳动定额管理状况的统计分析。

[学习要点]

(1) 劳动定额的概念、性质、类型与重要性。
(2) 产品实耗工时的概念和种类。
(3) 作业者个人与生产单位劳动定额完成情况统计。
(4) 劳动定额完成情况指标的计算方法。
(5) 企业劳动条件失常对劳动定额完成情况的影响分析。
(6) 劳动定额管理状况的统计分析。

企业人力资源统计学

第一节 劳动定额统计的意义

科学合理的劳动定额是企业合理配置定员的重要依据。对企业各类员工制订各自的劳动定额，并按照先进合理的定额计算和配置各岗位人员，既可保证生产需要，又能避免人浮于事、窝工浪费，从而提高企业的劳动效率。劳动定额工作的内容包括劳动定额的制定、贯彻、统计分析和修订等。

一、劳动定额的概念、性质与类型

（一）劳动定额的概念

劳动定额是指在一定生产技术组织条件下，采用科学合理的方法，为劳动者完成单位合格产品或劳务，所预先规定的必要劳动消耗量的标准，或者规定在单位时间内完成合格产品的数量标准。具体地说，就是在单位时间内应当生产多少产品，或者生产每一单位产品应当用多少时间。

劳动定额的概念中包括以下四个要点。

（1）劳动定额在企业具体的生产、技术、组织条件下制定。生产条件是指生产环境和劳动条件等，包括生产规模、生产协作及原材料和动力等的供应；技术条件是指机械设备的先进和自动化程度，加工工艺操作方法，各种技术措施，工艺装备，计量检测试验手段的状况，以及工作地的各种运输，照明，信息传递，安全保障等方面的状况；组织条件是指生产过程的组织和劳动组织，包括企业生产经营管理水平、工作地供应、服务、半成品、成品保管、设备维修保养、劳动力合理配置等情况。

（2）劳动定额的对象是劳动者的劳动消耗量，劳动消耗量是指劳动者在劳动过程中脑力体力的支出。所以，劳动定额就是对劳动者在生产或工作过程中，活劳动消耗量规定的标准。

（3）劳动定额在生产（工作）进行之前预先制定，这是为了使劳动定额的各项功能得以成功发挥。

（4）产品一般是合格产品或符合质量要求工作任务。

（二）劳动定额的性质

劳动定额的性质，主要有以下四个方面：

（1）规范性，具有一定强制性、约束性。

（2）凝固性，作为一种标准，劳动定额衡量和反映劳动的凝固形态，不是潜在或流动形态。

（3）综合性，是一项综合指标，劳动定额综合反映企业一定时期的技术和管理水平。

（4）相对性，劳动定额是相对的概念，在一定时间和生产技术组织条件下制定，不是一成不变的。

(三）劳动定额的类型

劳动定额体现的是生产量与相应劳动时间之间的比例，因此可根据工作性质来划分劳动定额的类型。劳动定额有两种最基本的类型：工时定额和产量定额。

（1）工时定额，也称时间定额，用时间来表示劳动定额，即规定一个工人（或一组工人）完成单位质量合格产品或完成某项工作，所必须消耗的劳动时间标准，一般以8个"工时"的工作时间为1个"工日"单位。工时定额包括准备与结束工作时间、基本与辅助工作时间、不可避免的中断及必需的休息时间等。

（2）产量定额，用产量来表示劳动定额。规定在单位时间（一般是一个工日）内，一个工人（或一组工人）应完成单位质量合格产品或完成某项工作的数量。

工时定额和产量定额在数值上互为倒数，成反比，即时间定额越低，产量定额越高。

（3）看管定额，用看管机器设备的数量来表示的劳动定额，即在单位时间（一般是一个工日）内，一个工人（或一组工人）应当同时看管的机器设备台数，或机器设备上的操作岗位的数目。

（4）服务定额。用服务量来表示劳动定额，即在单位时间（工日）内，一个工人（或一组工人）应完成服务项目的数量。

（5）工作定额，是指为企业的技术、经济、管理、服务等工作规定的必要劳动消耗量。

以上劳动定额的概念都是以一定技术等级的一个工人（或一组工人）在正常生产技术组织条件下，完成质量合格产品或完成某项工作为前提条件。为了适应生产上的需要，企业应根据不同的生产条件和特点，采用不同类型的劳动定额。例如，纺织企业可采用看管定额；采掘、冶金企业常采用产量定额；而机械制造企业则可采用工时定额。即使在一个企业内部，也可根据工种性质的不同而同时采用多种类型。技术、管理、营销、辅助和后勤工人可采用不同的工作定额。

二、劳动定额统计的重要性

劳动定额是社会化大生产的客观要求，也是企业管理的一项重要的基础性工作。劳动定额是企业生产规划，编制计划、组织生产的重要依据；是企业定编定员，核算成本，合理安排和使用劳动力资源，提高劳动生产率，开展劳动竞赛的重要方法；是贯彻按劳分配原则，衡量和考核工人劳动成果，发放奖金的必要前提；也是企业实行经济核算的必要信息来源。

要充分发挥劳动定额的各项作用，使劳动定额真正起到应有的作用，最重要的是正确规定劳动定额的水平，劳动定额水平应是平均先进水平，即在正常的生产技术组织条件下，介于先进水平与平均水平之间，使得多数工人经过努力可以达到、部分工人能够超过、少数工人可以接近。如果劳动定额水平规定过高，工人努力后还不能达到，就很可能挫伤工人的积极性，从而影响生产；反之，如果劳动定额水平过低，工人不需要努力就能超过，劳动定额就不能发挥应有的作用。此外，还需要进行劳动定额统计，这是劳动定额管理的基本环节之一，对加强劳动定额管理，调动职工的积极性及主动性，推动生产发展，改进管理水平，提高生产经营水平，具有重要意义。

（一）劳动定额统计是合理组织劳动的重要依据

现代化企业组织生产经营活动，必须首先编制各项计划，包括生产、劳动、成本等。而劳动定额是计划管理的基础，是计算产量、成本、劳动生产率等各项经济指标和编制生产、作业、成本、经营、销售等各项计划的基础。企业需要根据劳动定额来确定生产任务、劳动力需求、岗位的定编定员，企业有了先进合理的劳动定额，才能依据大生产要求合理配备劳动力，缩短生产周期，对完成每件产品或每项工作，严格规定时间要求，保证生产协调地进行。劳动定额统计有助于及时掌握劳动定额的完成情况，为及时修改劳动定额，确定企业的各项计划提供必要的资料。

（二）劳动定额统计是调动劳动者生产积极性的手段

通过劳动定额统计，及时了解劳动定额完成情况，确切地反映生产劳动人员实际达到的定额水平，从而有助于进一步采取措施调动劳动者生产积极性的目的。

（三）劳动定额统计是组织劳动竞赛，不断提高劳动生产率的重要工具之一

劳动定额是企业衡量和考核从业人员生产工作成绩的重要尺度，有助于企业推广先进经验和操作方法。企业通常在开展劳动竞赛过程中，通过劳动定额统计分析贯彻实施情况，衡量作业者的劳动成果，评价质量优劣和贡献大小，评出先进，激励后进。贯彻劳动定额，提高定额的完成率，就意味着降低产品中活劳动的消耗，节省人力，增加生产，从而不断提高劳动生产率。

（四）劳动定额统计是企业贯彻按劳分配原则的条件

劳动定额是衡量劳动者在生产中支付劳动量和贡献大小的尺度。所以，劳动定额统计为肯定并计算劳动者的劳动成果、协调各种关系、核算及调整定编定员、核定工资奖金并贯彻按劳分配原则等，提供了科学的基础和保证。

（五）劳动定额统计是全面经济效益核算及分析的手段

劳动定额是核算和比较人们在生产中的劳动消耗和劳动成果的标准。劳动定额统计，进行一系列的经济核算工作，核算和准确地规定包干基数和分成比例，把生产任务层层分解落实到车间、班组和个人，明确和检查督促所承担的经济责任，为节约各种费用，降低企业生产经营成本，获取最大的利润、提高企业经济效益提供了科学依据，也有利于完善和推行企业经营责任制。

三、劳动定额统计的任务

劳动定额统计的主要任务包括以下四个方面。

（一）统计和计算实耗工时与完成定额工时

通过各种原始记录和统计台账，取得产品实耗工时的有关统计分析资料，为计算劳动定额完成程度指标，统计现行定额的状况，核算产品成本提供资料。

（二）统计、检查、分析与评定劳动定额的完成情况及各项指标

为考核生产工人以及基层单位的生产成果，进行经济核算提供依据。

（三）统计与分析现行劳动定额水平

对现行劳动定额的状况及劳动定额水平进行统计分析并作出全面的评价，以便及时发现问题，采取有效措施，加强劳动定额管理，适时修订和改进现行定额标准，促进劳动生产率的不断提高。

（四）统计与分析劳动定额管理工作情况

劳动定额的制订、实施、统计分析及修订，是企业劳动管理的重要环节，劳动定额统计在从新定额开始实行到正式修订之前的整个执行期内都是一项不容忽视的重要基础工作。劳动定额制订以后，首先要组织实践。为了发现新定额存在的问题，更适应企业生产的要求，还必须搞好统计分析工作。

劳动定额统计的具体任务一般包括：①劳动时间统计（产品实耗工时的统计）；②劳动定额完成情况统计；③劳动定额管理状况统计。

第二节 劳动时间统计

劳动时间统计中最重要的是产品实耗工时的统计计算。正确及时地统计产品的实耗工时，有助于考察企业以及车间、班组和个人劳动定额的完成情况，衡量现行劳动定额水平是否先进、合理。同时，实现工时统计资料又是企业核算产品的实际成本的基本依据。通过实耗工时的统计和分析，还可以揭示产品生产过程中影响劳动消耗的主要问题，发现薄弱环节，为进一步改善和调整劳动组织指明方向。

一、产品实耗工时的概念和种类

（一）产品实耗工时的概念

产品实耗工时，也称实作工时、实用工时、实动工时等，即在正常的生产技术组织条件下，生产工人为完成生产任务或生产质量合格产品而实际消耗的以工时为统计单位的劳动时间。

（二）产品实耗工时的类型

产品实耗工时根据不同的角度可以划分为不同的类型。

（1）按照统计范围分类：总产品的实耗工时和单位产品的实耗工时。

（2）按照生产单位和工艺过程分类：车间或班组的实耗工时、工种的实耗工时、工序的实耗工时等。

（三）产品实耗工时统计的方法

产品实耗工时根据各企业产品的品种、批量、生产周期不同，可采用不同的汇总统计

方法，如下所示。

1. 以产品为对象统计产品实耗工时

（1）按产品零件逐道工序汇总产品的实耗工时。

（2）按产品批量统计汇总实耗工时。

（3）按照重点产品、重点零部件和主要工序统计汇总实耗工时。

2. 以生产者或生产单位为对象统计产品实耗工时

（1）以生产者或作业者个人为对象进行统计核算。

（2）以生产单位为对象进行统计核算，包括作业班组、工段、车间和企业的统计核算。

二、以产品为对象汇总产品实耗工时

企业在统计产品实耗工时指标时，可以通过各种工时统计的原始记录取得有关数据，也可以采用抽样调查的方法。

（一）以原始记录为根据的产品实耗工时统计

各种工时消耗的原始记录，按记录对象的不同，生产工人工时记录单（卡）和产品工时记录单（卡）两种原始记录。企业可根据这两种原始记录，从不同的生产条件和生产类型出发，分别采用以下三种方法，汇总产品实耗工时。

1）按产品零件逐道工序汇总产品的实耗工时

以车间为单位，分产品、工种，按零件部件逐道工序统计汇总实耗工时。适用于生产稳定、品种不多、工序结构简单、生产周期较短的企业。是一项十分繁杂而细致的工作。由车间统计员定期地根据原始记录（生产工时记录单、工票等）登记台账，制表上报厂部，厂部定额统计员再根据各车间上报的报表（日报、周报、旬报或月报）或工时统计台账，按产品分车间（或工种）汇总。由于车间和厂部的统计台账粗细的程度有所不同，采用本方法进行汇总时，工作量较大。

2）按产品批量统计汇总实耗工时

以一批产品为对象汇总实耗工时；单件、小批、生产周期不太长的产品生产。由于生产周期长，时间拖得就长，批次易于混乱，统计效果差，且是以一批投入生产的产品为对象，统计其实耗工时数和完成定额工时数。使用本方法，要求各车间按期、按产品批量（一般分工种汇总）分别向厂部报送实耗工时和完成定额工时，厂部凭此登记台账。而车间在填报报表时是凭原始记录直接汇总的。采用本方法比按产品零件逐道工序汇总产品的实耗工时减少了一定的工作量，但它主要适用于生产周期短、投入批量不大的企业。

3）按照重点产品、重点零部件和主要工序统计汇总实耗工时

从生产过程中，选出主要零部件或主要工序，以此为对象，统计其实耗工时。从众多的产品中选出重点产品，或从众多的零部件、加工工序中选出重点零部件、关键性工序，作为统计对象，分别按照一定的顺序汇总实耗工时。这种方法主要适用于：产品结构与工序或工艺方法较复杂，工艺流程、生产周期长的企业。

（二）以现场测定为基础的产品实耗工时统计

以原始记录为根据的产品实耗工时统计，往往受到填写者人为因素的影响，存在一定的登记性误差，使统计资料的准确性得不到切实的保障，特别对于生产工人实际操作情况，以及各种时间的支配、利用的合理性，缺乏全面的了解。为了确切掌握生产工人工作时间的支配情况，使制订和修订出的新定额达到先进合理的要求，还必须采用以下三种方法，对生产工人加工产品的实耗工时，以及整个工作班、工作时间消耗进行直接观察。

（1）工作日写实。对生产工人整个工作日中工时利用情况进行观测可以掌握以下两类时间及其在工作日中的比重。

（i）实际用于作业以及完成作业所必需工时消耗，如作业时间、组织与技术性宽放时间、休息与生理需要宽放时间、准备与结束时间等。

（ii）不必要的工时损失和占用，如停工时间、非生产工作时间等。

产品实耗工时主要是由（1）类时间构成的，而（2）类时间直接制约和影响着产品实耗工时的多少。

（2）测时。以工序为对象进行现场观测，可以进一步掌握工人在加工产品中作业等类时间的消耗情况，分析和研究各个工序工时消耗的构成，为统计汇总产品实耗工时提供基础数据。

（3）瞬间观察法。根据统计抽样的原理，通过对现场操作者或机器设备进行随机的瞬间观测，调查各项活动作业事项的发生次数及发生率，可以对产品实耗工时进行统计推断，并能保证其具有一定的信度和效度。

以上三种方法，就其性质来看，都属于非全面调查。例如，工作日写实虽是对整个工作日工时消耗进行调查，但它并不是每天都进行。

总之，通过上述介绍，可以看出企业统计产品实耗工时指标，一般应以原始记录、工时统计台账和厂内报表为基础，即通过经常性调查取得有关数据。同时，为了保证合理，提高统计资料的准确度，企业还应当注意通过非全面调查（如工作日写实、测时和瞬间观察等），在工作现场直接进行观测，以取得第一手资料，弥补日常统计的不足。

三、以生产者为对象汇总产品实耗工时

这种方法是按照生产单位和生产者个人统计总实耗工时。由于各生产单位和每个生产工人在同一时期内，加工制作的产品是不同的。由此，也可以按照生产单位，如车间、工段、作业组班或生产者个人，分别统计出每月或季度的实耗工时，然后根据原始记录，如生产工时记录单等，按产品归类分组，最后得到产品实耗工时的资料。

以生产者为对象统计产品实耗工时是以生产者个人为对象，统计每天工人在一定时间内完成同一产品或不同产品任务所实耗的工时。以生产单位为对象统计产品实耗工时是按生产车间，班组分别统计其每月（季）消耗的实际工时。适用于：品种单一，生产比较稳定，大量、大批生产的企业，便于生产单位之间的比较。

为减少工作量，节约时间，在具体核算时可采用倒算的方法，求得本单位或个人加工某产品时的实耗工时。其计算公式为

实耗工时=制度工时-缺勤工时-停工工时-非生产工时+停工被利用工时+加班加点工时

四、计算单位产品的实耗工时

在汇总产品实耗工时的基础上，可采用以下两种方法，计算出单位产品的实耗工时。

（1）直接计算法。它利用下面的工时求出单位产品实耗工时：

$$单位产品实耗工时 = \frac{报告期内某产品实耗工时总数}{报告期内该产品成品总量}$$

其中，

$$报告期内该产品成品总量 = \frac{报告期内生产合格产品完成定额工时总数}{该产品的工时定额}$$

（2）间接计算法。对大量生产的企业，由于生产连续性强，很难区别投入批量。这时，可以企业产品现行工时定额为基础，按车间分产品，根据分工种的定额完成系数（劳动定额完成程度指标）计算出单位产品的实耗工时。其计算公式为

$$单位产品实耗工时 = \sum \frac{单位产品各工种}{现行工时定额} \div 本工种定额完成系数$$

其中，定额完成系数是按产品分工种计算的综合平均数。

五、生产者完成定额工时的统计

完成定额工时是在实际工作时间内，生产者实际完成工作或生产的产品实物量以产品定额工时所表现出来的数量，即完成定额工时是在计算作业者个人或班组实际生产的产品实物量的基础上，用每种产品实物产量乘以相应的工时定额，再加以汇总而得出的。其计算公式是

$$实际完成定额工时 = \sum (各种产品实物产量 \times 产品的工时定额)$$

第三节　劳动定额完成情况统计

在统计与检查劳动定额完成情况的时候，需要分别以个人、班组、车间、企业或工种为核算对象，分别将完成定额工时与实耗工时加以对比，反映完成定额的情况，说明各工种和各生产单位的定额水平和它们之间的均衡程度。

劳动定额完成情况的统计指标可根据产量定额和工时定额两种形式来进行统计，两者用途的主要区别是单品种还是多品种。在单一产品条件下，两种计算方法的结果是一致的。通常需要计算的统计指标主要有劳动定额完成率、超额率和达额率。

一、作业者个人劳动定额完成情况统计

（一）作业者个人生产单一产品或完成某道工序

当作业者个人生产单一产品或完成某道工序时，其定额完成程度，可按产量定额或工时定额来计算，两种计算方法得到的结果一致。

按产量定额计算定额完成率的公式为

$$产量定额完成率 = \frac{单位时间内实际完成的产量}{产量定额} \times 100\%$$

按工时定额计算定额完成率的公式为

$$工时定额完成率 = \frac{完成工时定额}{实耗工时} \times 100\%$$

定额完成程度还可用超额率表示

$$超额率 = 定额完成率 - 1$$

【例 5.1】 一工人生产某种产品的产量定额为一个工日 100 个，实际一个工日完成了 125 个，计算该工人产量定额完成率。

解

$$产量定额完成率 = \frac{单位时间内实际完成的产量}{产量定额} \times 100\% = \frac{125}{100} \times 100\% = 125\%$$

【例 5.2】 某工人在一个工日内完成定额工时共 10 小时，实耗工时为 8 小时，则计算该工人定额的完成程度。

解

$$工时定额完成率 = \frac{完成工时定额}{实耗工时} \times 100\% = \frac{10}{8} \times 100\% = 125\%$$

（二）作业者个人生产多种产品或从事多道工序

当作业者个人生产多种产品计算或从事多道工序加工作业时，其定额完成情况通常按工时定额来计算。其计算公式为

$$定额完成率 = \frac{\sum(产品产量 \times 工时定额)}{实耗工总工时} \times 100\% = \frac{\sum Q_1 t_n}{\sum Q_1 t_1} \times 100\%$$

式中：Q_1——产品的实际产量；

t_n——单位产品工时定额；

t_1——单位产品实耗工时。

【例 5.3】 某企业某工序加工某产品 A 零件的工时定额为 3 小时，B 零件为 2 小时，C 零件为 8 小时，D 零件为 4 小时，某工人分别各生产了 13，5，3，4 个，实耗总工时为 64 小时，则该工人的工时定额完成程度是多少？

解

$$定额完成率 = \frac{\sum Q_1 t_n}{\sum Q_1 t_1} \times 100\% = \frac{3 \times 13 + 2 \times 5 + 8 \times 3 + 4 \times 4}{64} \times 100\% \approx 139\%$$

二、生产单位劳动定额完成情况的统计

生产单位劳动定额完成程度指标，即分别以企业、车间、班组、工段等不同生产单位为对象，计算定额完成情况。在生产多种产品的情况下，为了考核不同生产单位劳动定额完成情况，只能采用工时定额的形式，以定额工时综合反映出总的劳动成果。主要有综合计算

法和分组计算法两种计算方法。

劳动定额完成率=完成定额工时总数/实耗工时总数=$\sum Q_1 \times t_n / \sum Q_1 \times t_1$

式中：Q_1——某种产品的实际产量；

t_n——某种单位产品的工时定额；

t_1——某种单位产品的实耗工时。

（一）综合计算法

首先计算出生产单位在一定时期内所完成的定额工时的总和与实耗工时的总和，其次计算生产单位综合平均定额完成率。其计算公式为

$$综合平均定额完成率 = \frac{生产单位完成定额工时总和}{生产单位实耗工时总和} \times 100\% = \frac{\sum Q_1 \times t_n}{\sum Q_1 \times t_1} \times 100\%$$

式中：Q_1——某种产品的实际产量；

t_n——某种单位产品的工时定额；

t_1——某种单位产品的实耗工时。

公式中的分子减分母之差，说明劳动定额完成程度的好坏所产生的实际效果，即生产工人劳动工时的节约或超支。

同样地，也可以计算出平均超额率：

平均超额率=综合平均定额完成率-1

【例 5.4】 某车间完成定额工时的总和为 19452 小时，实耗工时的总和为 17415 小时，则计算该车间综合平均定额完成率。

解

$$综合平均定额完成率 = \frac{19452}{17415} \times 100\% \approx 111.7\%$$

平均超额率=111.7%-1=11.7%。

【例 5.5】 某车间在报告期内生产甲、乙、丙三种产品，每种产品的劳动定额完成情况如表 5.1 所示。

劳动定额完成率=$\sum Q_1 \times t_n / \sum Q_1 \times t_1 = 8000/6000 = 1.333$

计算结果表明，该企业在报告期内 3 种产品的劳动定额平均超额完成 33.3%，因而生产工人在报告期内节约了 2000 个工时 $\left(\sum Q_1 \times t_n - \sum Q_1 \times t_1 = 8000 - 6000 = 2000 \right)$。

表 5.1 劳动定额完成情况

产品名称	工时定额 t_n	实际产量 Q_1	实耗工时 $Q_1 t_1$	单位产品实耗工时 t_1	实际完成定额工时 $Q_1 t_n$	劳动定额完成率 $Q_1 t_n / Q_1 t_1$
甲	2	1500	2250	1.5	3000	133.3
乙	3	1000	2000	2	3000	150.0
丙	4	500	1750	3.5	2000	114.3
合计	—	—	6000	—	8000	133.3

（二）分组计算法

在对生产人员按定额完成程度分组的基础上，计算平均定额完成率和达额率，说明生产单位内部成员完成定额的情况。其计算公式为

$$综合平均定额完成率 = \frac{\sum(各组定额完成率的组中值 \times 各组工人人数)}{\sum 各组工人人数} \times 100\%$$

$$达额率 = \frac{达到和超过定额的人数}{达到和超过定额的人数 + 未达到定额的人数} \times 100\%$$

【例 5.6】 某车间 3 月份的定额完成程度分组资料，如表 5.2 所示。

表 5.2 某车间 3 月份的定额完成程度分组资料

定额完成情况/%	组中值/% x	人数/人 f	各组完成总数/% $x \cdot f$
80 以下	70	6	420
80—100	90	5	450
100—120	110	10	1100
120—140	130	10	1300
140 以上	150	4	600
合计	—	35	3870

解

$$\begin{aligned}
综合平均定额完成率 &= \frac{\sum(各组定额完成率的组中值 \times 各组工人人数)}{\sum 各组工人人数} \times 100\% \\
&= \frac{70\% \times 6 + 90\% \times 5 + 110\% \times 10 + 130\% \times 10 + 150\% \times 4}{6+5+10+10+4} \times 100\% \\
&= \frac{38.7}{35} \times 100\% = 110.57\%
\end{aligned}$$

$$达额率 = \frac{达到和超过定额的人数}{达到和超过定额的人数 + 未达到定额的人数} \times 100\% = \frac{24}{35} \times 100\% = 68.57\%$$

三、劳动定额完成情况统计应注意的问题

劳动定额完成率是由实际完成定额工时与产品实耗工时对比而求得的。为准确计算这个指标，反映劳动定额的实际完成情况，必须对公式中子项与母项指标的范围、内容和统计口径加以明确。统计时应注意以下三点。

（一）报告期产品产量的范围

统计产品产量指标时采用的产品必须是符合产品质量要求、经过检验合格的产品，废品不得计算在内。但计算劳动定额完成程度指标时需要区别对待，以全面考察劳动者支付的劳动消耗量。也就是说，统计产品产量指标时，应视废品产生的原因及研究目的的不同来决定是不是把废品排除在外。其方法是：

（1）如果为了反映劳动效率来计算生产工人、班组或车间的劳动定额完成率指标，那么不是因为工人、班组或车间过失而造成的废品，应统计在产品产量范围内，因为生产废品也要消耗劳动时间，这样才能真实地反映工人、班组及车间完成定额的能力。但是如果废品是由工人、班组、车间自身原因产生的，则不应统计在内。

（2）如果为了反映整个企业劳动定额的完成情况而计算劳动定额完成率指标，那么，不论何种原因造成的废品，都不能计算在产量范围之内。因为企业产生的废品，无论是什么原因造成的，都是企业自身的责任，应由企业负责。所以，废品不应计算在内，以真实地反映整个企业完成劳动定额的水平。

（二）工时定额的内容

工时定额是企业所规定的在正常生产技术组织条件下完成单位产品所规定的应该消耗劳动时间的标准。但是，在实际工作过程中，往往会出现各种异常情况。例如，产品设计结构、工艺加工方法、原材料等的变更，实耗工时超出定额规定的时间标准，现行工时定额不能适应生产的要求，必须对工时进行补充或追加。这种补充或追加的工时称为补充或追加定额。所以，企业在生产失常情况下计算劳动定额应该考虑如何处理追加定额或补充定额。此时，正常生产条件下的原工时定额称为基本定额。

在计算劳动定额完成程度指标时，应根据研究目的来决定单位产品工时定额是否包括追加定额。

（1）计算整个生产单位劳动定额完成程度指标时，不正常的生产技术组织条件的出现是企业自身的责任，所以，工时定额中不应包括追加定额，这样才能反映出企业在劳动定额管理中存在的问题。

（2）计算车间劳动定额完成情况指标时，也必须先分析原因。如果不正常的生产技术条件是车间的责任，则工时定额中就不应包括追加定额，否则就应包括追加定额。

（3）计算生产工人或班组劳动定额完成率时，对不正常的生产技术组织条件和非工人、班组自身原因所造成的追加定额或补充定额，应该计算在单位产品工时定额之内。这样做才能真实地反映生产工人的劳动效率，充分表明工人、班组完成定额的能力，不挫伤其生产积极性。

【例5.7】 甲工人完成工时400小时，其中合格工时350小时，因车间责任报废工时50小时，则对甲工人来说完成合格工时400小时，对车间来说完成合格工时350小时。

以此来推，有以下公式：

班组合格工时=$\sum$（个人合格工时-非个人责任报废、返修等的完成工时）

工段合格工时=$\sum$（班组合格工时-非班组责任报废、返修等的完成工时）

车间合格工时=$\sum$（工段合格工时-非工段责任报废、返修等的完成工时）

全厂合格工时=$\sum$（车间合格工时-非车间责任报废、返修等的完成工时）

即纳入统计的完成工时对某一级核算来说，必须是合格的完成工时。

【例5.8】 某企业规定一个工作班生产某种产品400吨，其中，一级品360吨，计划内允许有二级品40吨，并规定二级品可以按70%折算产量。如果一个工人在一个工作班完成一级品 400 吨。统计定额完成率。

解 可将原产量定额进行折算：
$$折算后的产量定额 = 360 + 40 \times 70\% = 388（吨）$$
则定额完成率 $=400/388 \times 100\% = 103.09\%$。

（三）实耗工时的内容

实耗工时是指生产产品所实际消耗的劳动时间。在计算劳动定额完成率时，除了用于生产的有效消耗时间，还有无效消耗时间，如缺勤、停工和非生产等的时间消耗等。不同计算方法对这些时间消耗量的处理不同。

1. 个人劳动定额完成率统计

目的是观察生产者在纯工作时间内的劳动效率和实际完成定额的能力，所以应采用实际消耗工时来计算，即从事有定额工作的实际消耗工时。

2. 生产单位劳动定额完成率统计

目的是考核企业、车间等的生产工作质量，统计企业在现实管理与技术水平条件下完成劳动定额的情况，因此，统计实耗工时还应包括无定额工作时间、缺勤时间、停工时间和非生产时间，这种情况下，实耗工时实际就是制度工作时间。

四、劳动定额完成情况指标的计算方法

在实际工作中，劳动定额完成程度指标的计算方法有以下两种。

（一）工人小时劳动定额完成情况指标

$$\text{工人小时劳动定额完成情况} = \frac{\sum(Q_1+Q_1')(t_n+t_n')}{\sum(Q_1+Q_1')t_1} \times 100\%$$

$$= \frac{\sum Q_1 t_n + \sum[Q_1 t_n' + Q_1'(t_n+t_n')]}{\sum T_1} \times 100\%$$

$$= \left(\frac{\sum Q_1 t_n}{\sum T_1} + \frac{\sum[Q_1 t_n' + Q_1'(t_n+t_n')]}{\sum T_1}\right) \times 100\%$$

式中：Q_1——合格品数量；

Q_1'——非因工人过失造成的废品量；

t_n——单位产品工时定额；

t_n'——单位产品追加定额；

$\sum T_1$——生产工人从事有定额工作的实际消耗工时。

以上公式反映了生产工人在纯工作时间内的劳动效率，其中：$\dfrac{\sum Q_1 t_n}{\sum T_1}$ 是合格品劳动定额完成情况指标；$\dfrac{\sum[Q_1 t_n' + Q_1'(t_n+t_n')]}{\sum T_1}$ 是劳动条件失常情况下增耗劳动时间占实际消耗工时的比重。

（二）企业综合劳动定额完成情况指标

$$企业综合劳动定额完成情况 = \frac{\sum Q_1 t_n}{\sum T_1 + \sum T_2 + \sum T_3 + \sum T_4} \times 100\%$$

其中：$\sum T_1$——生产工人从事有定额工作的实际消耗工时；

$\sum T_2$——停工工时；

$\sum T_3$——缺勤工时；

$\sum T_4$——生产工人从事无定额工作的实际消耗工时。

这个公式反映了企业综合劳动效率，也就是在劳动条件与各种时间的利用因素的综合影响。其中：$\sum Q_1 t_n$ 是合格品劳动定额完成情况指标；不考虑加班加点公式的情况下 $\sum T_1 + \sum T_2 + \sum T_3 + \sum T_4$ 是制度工作时间。

第四节　劳动定额实施结果分析

一、劳动定额水平的统计分析

劳动定额管理的核心问题是劳动定额水平，劳动定额水平就是劳动定额标准的高低程度。这是相对的，只有两种定额标准比较时，才会有高低之分。对劳动定额水平的基本要求是先进合理，定额水平过高或者过低，都会影响劳动定额在企业管理中的基础性作用的发挥。

统计分析劳动定额水平通常是将产品现行劳动定额（产量定额或工时定额）与作为对比尺度的另一劳动定额相比较，求出定额水平对比系数，进而分析现行劳动定额水平的高低及其先进合理的程度。

定额水平对比系数的基本公式是

$$定额水平对比系数 = \frac{某产品（零部件、工序）的现行劳动定额}{作为对比标准的劳动定额}$$

作为对比标准的劳动定额，可以分别采用下列方法得出：

（1）技术测定的劳动定额；

（2）按定额标准制定的劳动定额；

（3）同行业先进的劳动定额；

（4）历史上最高水平的劳动定额。

在此基础上，相应计算出这四种定额水平的定额水平对比系数，进一步分析出现差距的原因以及如何保持先进合理定额水平的管理方法。

二、劳动定额水平均衡度的统计分析

对劳动定额水平进行均衡程度的分析，这是定额管理中必不可少的一项工作。均衡程度是指企业内部各车间（或工种）之间劳动定额水平的高低悬殊程度。如果定额水平高低悬殊，则说明劳动定额水平不平衡；如果定额水平高低悬殊，则说明劳动定额水平比较平衡。

衡量和判断劳动定额水平的均衡度的统计指标是定额水平均衡率。

劳动定额水平均衡率的统计分析过程如下。

（一）计算分组平均定额完成率

$$分组平均定额完成率(X') = \frac{\sum(各组定额完成率的组中值 \times 各组工人人数)}{\sum 各组工人人数} \times 100\%$$

$$= \frac{\sum Xf}{\sum f} \times 100\%$$

（二）计算标准差

$$标准差(\sigma) = \sqrt{\frac{\sum(X-X')^2 f}{\sum f}}$$

（三）计算定额水平均衡率

$$定额水平均衡率(v) = \frac{\sigma}{X'} \times 100\%$$

（四）判断定额水平均衡程度

判断各车间（或工种）定额水平的均衡程度时依据定额水平平衡率。定额水平均衡率值越小，说明定额水平越趋向均衡，定额水平均衡率值越大，说明定额水平波动越大，越不均衡。

三、企业劳动条件失常对劳动定额完成情况的影响分析

一方面，当企业的劳动条件不正常时，需对生产工人的工时确定额进行适当调整，即追加定额，这势必会对企业的劳动定额完成程度产生负面影响；另一方面，劳动时间利用不充分，如缺勤、停工、非生产等劳动时间损失。也会对企业的劳动定额完成程度产生重大影响。因此，可以通过以下指标的计算分析，对企业的生产技术组织状况以及劳动条件失常和工时利用不充分的原因进行更深入的调查研究，以便采取有效措施，加强管理，促进企业经济效益的提高。

需要统计分析的主要计算指标有：①生产工人劳动定额完成程度；②企业劳动定额完成情况；③企业劳动条件失常下的增耗工时占实耗工时的比重；④以企业全部工时消耗为基础的劳动定额综合完成程度指标。公式分别如下所示

$$\frac{生产工人定额}{完成程度} = \frac{(合格品数量 + 废品数量) \times (基本定额 + 追加定额)}{实耗工时总数} \times 100\%$$

$$\frac{企业劳动定额}{完成程度指标} = \frac{合格品数量 \times 基本定额}{实耗工时总数} \times 100\%$$

$$\frac{企业劳动条件失常增耗}{工时占实耗工时的比重} = \frac{(合格品数量 + 非工人原因废品数量) \times 追加定额 + 非工人原因废品数量 \times 基本定额}{实耗工时总数} \times 100\%$$

$$\frac{\text{以企业全部工时消耗为基础的}}{\text{劳动定额综合完成程度}} = \frac{\text{合格品数量} \times \text{基本定额工时}}{\text{实耗工时总数} + \text{停工工时总数} + \text{非生产工时总数} + \text{缺勤工时总数}} \times 100\%$$

此外，若企业出现加班加点情况，则分母项还应加上"加班加点工时"。

【例 5.9】 某企业计算期生产工人工时消耗与产量等资料为：合格品产量 9000（件），非工人原因造成的废品产量 170（件）；基本定额 2 工时/件，追加定额 0.5 工时/件；实耗工时 18700 工时，缺勤 1560 工时，停工 1124 工时，非生产 470 工时。计算该企业工人与企业各种劳动定额完成情况并分析条件不正常和劳动时间利用不充分对劳动定额完成情况的影响。

解 （1）生产工人定额完成程度 $= \dfrac{\sum (Q_1 + Q'_1) \times (t_n + t'_n)}{\sum T_1} \times 100\%$

$= \dfrac{(9000 + 170) \times (2 + 0.5)}{18700} \times 100\% = \dfrac{22925}{18700} \times 100\% = 122.59\%$

（2）企业劳动定额完成程度指标 $= \dfrac{\sum Q_1 \times t_n}{\sum T_1} \times 100\%$

$= \dfrac{9000 \times 2.0}{18700} \times 100\% = 96.26\%$

（3）企业劳动条件失常增耗工时占实耗工时的比重

$= \dfrac{\sum (Q_1 + Q'_1) \times (t'_n) + Q'_1 \times t_n}{\sum T_1} \times 100\%$

$= \dfrac{(9000 + 170) \times 0.5 + 170 \times 2.0}{18700} \times 100\% = \dfrac{4925}{18700} \times 100\% = 26.34\%$

（4）以企业全部工时消耗为基础的劳动定额综合完成程度

$= \dfrac{\sum Q_1 \times t_n}{\sum T_1 + \sum T_2 + \sum T_3 + \sum T_4} \times 100\%$

$= \dfrac{9000 \times 2.0}{18700 + 1124 + 470 + 1560} \times 100\% = \dfrac{18000}{21854} = 82.36\%$

企业与生产工人的劳动定额完成程度存在差别的原因分析。劳动条件不正常和劳动时间利用不充分对劳动定额完成情况的影响：①由于劳动条件不正常，损失了 4925 个定额工时，使企业劳动定额少完成 26.34%；②由于出勤率偏低，劳动时间利用不充分，停工时间、非生产时间、缺勤工时合计为 3154 小时，按企业劳动定额完成程度计算，总计约 3154×96.34%=3037 工时，使企业劳动定额少完成了 13.9%(3037/21854×100%)，使企业最后劳动定额完成程度为 82.36%。

四、劳动定额完成情况不同的结构分析

用上述方法计算生产单位（企业、车间或班组）的劳动定额完成情况指标，只能从总体上反映定额的执行情况，但实际工作中，常常需要统计到底有多少工人完成定额、有多少工人接近或没有完成定额。这就需要采用分组法，根据工人劳动定额完成程度来进行分组并统计，可以观察总体内部的构成，对劳动定额的执行情况作出全面的详细说明。

【例 5.10】 某车间 100 名工人根据劳动定额完成程度分组后，统计分析结果如表 5.3 所示。

表 5.3 某车间 100 名工人根据劳动定额完成程度分组

	生产工人按劳动定额完成程度分组/%						人数合计	劳动定额完成程度指标/%
	90 以下	90~100	100~110	110~120	120~130	130 以上		
A 组	2	4	20	3	3	1	33	106.2
B 组	1	2	30	5	3	2	43	108.0
C 组	2	4	10	2	4	2	24	108.3
合计	5	10	60	10	10	5	100	107.5

从表 5.4 计算分析中可以说明，车间 C 组工人超额完成定额 8.3%，是最好的一组，其次是 B 组、A 组。从各组的分布情况来看，三个组都有完不成定额的或超额比较多的工人。A 组中未完成定额的工人占 18%（6／33=0.18），B 组中未完成定额的工人占 6.98%（3／43=0.0698），C 组中未完成定额的工人占 25%（6／24=0.25）。这说明 B 组工人完成定额的比重最高，而甲组次之，丙组最低。从整个车间来看，完不成定额的工人占 15%，而有 85%的人完成并超额完成了定额。经过统计分析后，企业还应当进一步查明工人没有完成定额的原因，及时采取有效措施，帮助这部分工人逐步接近并完成定额。

通过表 5.4，可以得出乙班组工人丙班组中有 1/4 的工人未完成定额，而甲班组未完成定额的比重占到近 1/5。全车间有 85%的工人完成和超额完成了定额。

第五节 劳动定额管理状况的统计分析

为以后全面修订现行劳动定额，加强劳动定额管理提供依据，劳动定额统计还应对企业劳动定额管理的状况，以及现行劳动定额的质量进行统计分析。

一、产品定额制定规模和方法的统计指标

劳动定额工作作为企业管理的一项基础工作，具有十分重要的意义。为了充分发挥劳动定额在企业管理中的基础性工作的作用，企业必须不断扩大劳动定额实施的范围，争取使企业内所有参加产品生产制造的车间、工段、班组，凡是具备条件能够直接或间接计算劳动消耗量的工序、工种都实行劳动定额管理。为了反映一定时期内企业劳动定额实行范围，可

按照不同类别计算劳动定额实行范围指标，通过各种范围定额面指标的计算，可以查明哪些车间、作业组或哪些人员还没有规定定额或定额规定得不完全，可能发现劳动定额管理中的不足，从而及时采取相应措施，创造条件，改进方法，以扩大劳动定额实行的范围。

定额覆盖率基本计算公式是

$$定额实施率 = \frac{实施执行定额人数（岗位）}{应该执行定额人数（岗位）} \times 100\%$$

（一）基本生产工人定额实施率

$$基本生产工人定额实施率 = \frac{基本生产工人中实施劳动定额的人数}{基本生产工人总数} \times 100\%$$

以上公式反映了全体基本生产工人中实行劳动定额的比重。

$$基本生产工人定额考核率 = \frac{基本生产工人中实施劳动定额的人数 - 不在岗定额工人数}{基本生产工人中实施劳动定额的人数} \times 100\%$$

其中，不在岗定额工人数是指，在实行劳动定额的基本生产工人中由于各种原因离岗未工作或从事无定额工作的人数。

（二）生产工人定额实施率

$$生产工人定额实施率 = \frac{生产工人中实施劳动定额的人数}{生产工人总数} \times 100\%$$

其中，生产工人包括基本生产工人和辅助生产工人。

（三）全部职工定额实施率

又称全员定额实施率。

$$全部职工定额实施率 = \frac{企业职工中实施劳动定额的人数}{企业职工总数} \times 100\%$$

上式反映了全体职工中实行劳动定额的比重。

二、产品定额制定规模和方法的统计指标

（一）产品工序定额制定率

$$产品工序定额制定率 = \frac{产品工序中有定额的工序数目}{产品工序总数} \times 100\%$$

上式反映了全体产品工序中实行劳动定额的工序所占比重。

（二）产品工序技术定额率

$$产品工序技术定额率 = \frac{产品工序中有技术定额的工序数目}{产品工序总数} \times 100\%$$

以上指标反映了定额制订的科学性和先进性，这里的技术定额指的是采用技术测定法、动作因素分析法、定额标准查算法等常用方法制订的定额。

三、劳动定额调整幅度的统计指标

由于企业管理水平的提升，生产技术的不断发展、生产组织和劳动组织的完善、工人文化技术水平和劳动熟练程度的不断提高，产品结构、机器设备、工艺过程等发生了重要变化，都会导致原来制订的劳动定额需要进行相应修订。这就需要统计反映劳动定额调整幅度的指标。

（一）定额工时压缩率

$$定额工时压缩率 = \frac{压缩工时}{原定额工时} \times 100\% = \frac{原定额工时 - 新定额工时}{原定额工时} \times 100\%$$

上式反映了工时定额修改后的新定额工时降低幅度。该指标可按单一产品计算，也可按多项产品进行综合计算。可在定额修改前或修改后计算，这样分别得到计划压缩率指标和实际压缩率指标。

（二）定额产量增长率

$$定额产量增长率 = \frac{增长产量数值}{原产量定额} \times 100\% = \frac{新产量定额 - 原定额工产量定额}{原产量定额} \times 100\%$$

公式反映了劳动定额修改后新产量定额增长的幅度。该指标在定额修改前后都能运用。一般按单一产品计算，若要综合计算多种产品的产量增长率时，可先计算出定额工时压缩率，再利用换算公式得到多种产品的产量增长率。

（三）定额工时压缩率与定额产量增长率的换算公式

$$定额工时压缩率 = \frac{定额产量增长率}{1 + 定额产量增长率} \times 100\%$$

或

$$定额产量增长率 = \frac{定额工时压缩率}{1 - 定额工时压缩率} \times 100\%$$

HAPTER 6

第六章 劳动报酬统计

[内容摘要]

本章首先阐述劳动报酬的含义、劳动报酬统计的意义以及企业工资总额的核算原则,随后重点介绍工资总额的构成及其变动分析、平均工资的变动分析,最后简单介绍企业职工劳动关系和工资效益统计分析的相关内容。

[学习要点]

（1）劳动报酬的含义及劳动报酬统计的意义。
（2）工资总额的构成及其变动分析。
（3）平均工资及其变动分析。

第六章 劳动报酬统计

第一节 劳动报酬的含义及劳动报酬统计的意义

一、劳动报酬的含义

企业是由人、财、物等要素组成的集合，各要素的投入要从企业取得相应的回报，资本的回报形式为利息或利润等，人力资源投入者的回报就是劳动报酬。劳动报酬是劳动者付出体力或脑力劳动所得的物质补偿，体现的是劳动者创造的社会价值。在劳动法范畴内，劳动者获得的劳动报酬主要以工资形式表现，包括计时工资、计件工资、奖金、津贴、补贴、加班加点工资、特殊情况下支付的工资及劳动提成等。不同的从业人员，由于其劳动的复杂程度、劳动强度、劳动技能、劳动者的责任及贡献的不同，其获得劳动报酬的大小和多少差异很大，劳动者劳动报酬的支付形式差异也比较大。按照税法的分类，劳动者个人为企业或他人从事设计、装潢、安装、制图、医疗服务、法律服务、咨询、讲学培训、书画、雕刻、影视录音、演出、表演等活动获得的按次计算的劳动报酬一般称为劳务报酬；若个人受雇于企业，在企业中获取长期稳定的劳务报酬，一般称为工薪收入。因此，企业劳动报酬统计的对象为在企业工作的职工，劳动报酬统计的范畴指企业职工的工薪收入，职工从本单位工资之外取得的其他收入或从外单位取得的收入不属于工资统计的范畴，比如，企业职工从事第二职业的收入、专利收入、个人稿费、利息及股息等资产性收入等。简单地说，在企业中职工劳动报酬的表现形式为工资收入，企业劳动报酬的统计表现为对职工工资收入的统计。

在现代企业的分配制度中，对普通员工实行的是工资制，而对企业中技术创新者和职业经理人实行的是薪酬制，薪酬包括岗位工资、年终奖、人力资本持股、职务消费及福利补贴等几部分内容。一般地，工资由企业人事部门决定，而薪酬则是由董事会直接决定的。工资是普通员工作为劳动投入而享有的回报，而薪酬是作为人力资本投入而享有的回报，两者统称工薪收入，关于工资、薪酬的内涵与外延非常复杂，这些概念的产生与发展随着社会制度、企业制度的变革被提出且不断发展，本书仍沿用习惯，称为工资收入[①]。

职工工资收入总额反映了一定时期内劳动者在企业获得的全部劳动报酬，它是员工为社会所创造价值中取得的、归个人占用和支配的那一部分价值。职工工资收入总额是计算国民经济核算和宏观统计的重要指标，也是研究劳动者收入水平和居民购买力的主要指标。从企业核算角度看，支付给职工的工资是企业成本的重要组成部分，职工工资收入的统计和核算是企业成本和利润核算的重要内容。因此，职工工资收入的核算及其变动具有重要意义。

二、劳动报酬统计的意义

劳动报酬不仅是劳动者及其家属生活的主要来源，也是社会对其劳动的承认和评价。在企业劳动报酬中，工资支付是主要形式，所以劳动报酬统计研究的重点放在从业人员的工资方面。企业劳动报酬的核算，既是国民经济核算的重要环节，也是企业经济核算的重要内

[①] 工资收入中企业支付给员工的福利补贴和职务消费等内容应按人工成本计算，不是劳动报酬统计的内容。

容，企业工资收入统计具有非常重要的意义。

首先，职工工资收入总额统计在宏观上反映国民生活水平提高的情况、宏观分配关系和分配政策。我国社会主义生产的目的之一是不断增加人民群众的收入，提高人民群众的生活水平。在国民收入中，劳动报酬收入占主要内容，统计企业从业人员的劳动报酬收入及其变化情况，能直接反映我国人民群众收入和生活水平的变化情况。同时，企业从业人员的劳动报酬占全部国民收入的比重大小，不同行业及不同地区间从业人员的劳动报酬差异的大小，都直接影响到劳动者的切身利益和劳动积极性，进而影响到国民经济健康稳定的发展。

其次，职工工资收入总额统计对企业管理有重要作用。职工工资收入的高低、增长幅度不仅关系到劳动者生活水平的高低，还关系到企业生产经营的发展。在企业产出一定条件下，劳动者工资收入过高，企业的积累和发展会受到不同的影响：如果劳动者工资收入过低，企业发展资金充足，但劳动者生活水平受影响，其工作积极性和创造性受到影响。反之，如果劳动者工资收入过高，企业发展资金不足，企业后续发展乏力，劳动者将来的收入水平受到很大影响。职工工资收入统计也是研究企业内部工资关系的重要手段，如企业领导层和员工之间的工资关系、技术人员和普通员工之间的工资关系等。企业是一个团队整体，由全体从业人员共同分工协作来完成企业的生产和服务。由于从业人员的岗位不同、技能的差异、责任大小不同、劳动强度的不同，他们为企业的贡献也有差异，在"按劳分配"原则下，从业人员的劳动报酬应该有适度的差异，差异过大或者过小都会有不利影响。另外，职工工资收入统计也是分析企业成本计划执行情况的重要手段和方法。

下面从企业工资总额和平均工资两个角度研究企业劳动报酬的统计与分析内容。

第二节 企业工资总额的核算与统计分析

企业工资总额是企业在一定时期内以货币或实物形式支付给全体员工的劳动报酬总额。企业工资总额反映了一定时期内员工从企业得到的全部收入，也反映了企业总产出中有多大比例分配给了劳动者。工资总额是计算国内生产总值的基础性指标，也是研究劳动者收入状况和居民购买力状况的主要依据。因此，了解工资总额的核算原则及其主要内容，是工资总额统计分析的重要基础。

一、工资总额的核算要求

工资总额是国家宏观统计分析的基础资料，也是企业成本核算等微观统计分析的基础资料，因此正确地核算企业工资总额具有重要的意义。由于工资总额的构成广泛，为准确地核算企业工资总额，必须遵循如下的核算原则和要求。

（一）职工工资属于劳动报酬性质

企业职工工资是根据职工的劳动数量和质量支付的劳动报酬的货币表现。因此，凡属于劳动报酬性质支付给职工的，都应计入企业工资总额核算范围内；不属于劳动报酬性质的支出，即便其付给企业职工，也不应包括在企业工资总额内，比如，企业支付给职工的利息收入、股息收入等就不能包括在职工工资收入内。这条核算原则是工资总额核算最基本的要求，它对于区别企业的劳动报酬性支出与企业的劳动保护支出、各种保险支出、职工福利支出及退休人员支出等其他人工成本费用的差异非常重要。

（二）职工工资应按实发数核算

我国企业工资按月发放，一般月末企业根据从业人员计算当月的应付工资总额，但实际中工资发放往往错时支付，即当月的工资一般下月实际支付，所以会出现当月实际支付的工资总额与同期应付工资总额不一致的矛盾。但是从年度范围来看，应付的工资总额和实发的工资总额基本上没有差异或差异很小，从统计核算的目的出发，职工工资按实发数核算是可行的。

（三）注意工资支付形式和经费来源

一般情况下，工资是以货币形式支付企业职工的劳动报酬，但是在少数农林牧渔企业，会以部分农副产品实物支付给企业人员在这种情况下，实物应折合为一定量货币计入工资总额。从经费来源看，绝大部分职工工资都是由工资基金开支的，然而，也会有少数职工工资由其他经费开支，如职工福利基金、企业基金、企业利润或企业附属机构的业务收入等开支，尽管资金来源不同，但都是企业人员的劳动报酬支出，因而应计入企业工资总额内。

另外，在核算工资总额时，要注意统计口径和时间周期的一致性。如核算某周期整个企业的工资总额应该包括该周期内全部从业人员的劳动报酬。如果统计的指标为职工工资总额，应注意该周期内全部从业人员与职工统计口径上的差别。

二、工资总额的核算

由于企业支付给员工工资报酬的形式多样，所以对于工资总额构成内容的了解，对于正确核算工资总额及其变化非常重要。工资总额构成内容的研究构成企业劳动报酬统计分析的基础。按照我国统计部门的要求，企业工资总额的构成主要有以下几部分：计时工资、计件工资、奖金、津贴和补贴、加班加点工资和其他工资等。其中，计时工资、计件工资是工资支付的基本形式，奖金、津贴和补贴、加班加点工资和其他工资是工资支付的辅助形式。

（一）计时工资

计时工资是考虑劳动者的技术熟练程度、劳动的繁重程度及工作时间长度等因素后，按计时工资标准和实际工作时间计算和支付的工资形式。它是最基本的工资支付形式，是一切工资形式的基础。它由时间计量单位、单位时间的工资标准和实际有效劳动时间三个基本要素构成。工资的时间计量单位包括小时、日、周、月、年等；单位时间的工资标准指上述时间单位内工资水平的高低；实际有效劳动时间指完成一定劳动成果的有效劳动时间。按照工资的时间单位不同，计时工资制有小时工资制、日工资制、周工资制、月工资制、年薪制等。小时工资制、日工资制适用于非经常性或短时间劳动的报酬支付形式，月工资制适用于固定员工或工资期限较长的劳动报酬支付形式。目前，我国企业一般采用月工资制为标准，对高级管理人员实行年薪制。

计时工资在考虑工资的时间计量单位、工资标准及有效劳动时间三个因素前提下，它的核算包括以下内容：

（1）对已完成工作任务按计时工资标准支付的工资；

（2）实行结构工资制支付给员工的基础工资、职务工资、等级工资和岗位工资等；

（3）新参加工作人员的见习工资；

（4）职工受处分期间的工资；

（5）根据法律法规和条例规定，职工因病假、事假、工伤、生育、婚丧假、探亲等原因未参加劳动，按计时工资标准或一定比例支付的工资。

（二）计件工资

计件工资是按照员工生产的合格产品的数量或完成的工作量，按照预先确定的计件单价支付的劳动报酬。计件工资能比较准确及时地反映员工实际的劳动产出量，可以把员工的工资与劳动成果更直接、更紧密地联系起来。

企业的计件工资主要形式有：全额无限计价、超额无限计价、超额有限计价、超额累进计价、提成计件等形式。

（三）奖金

奖金是支付给在岗员工的超额劳动报酬和增收节支的劳动报酬。奖金的发放可以根据个人的工资业绩来评定，也可以根据部门和企业的效益来评定。奖金比其他的劳动报酬具有更强的灵活性和针对性。奖金的形式多种多样，如生产奖、劳动竞赛奖、节约奖、业务人员的业绩奖、科研人员的研发奖金及年终奖金等，总体上可以分为短期奖金和年终奖金两大类。

（四）津贴和补贴

津贴和补贴是为了补偿职工特殊或额外的劳动消耗和因其他特殊原因支付给职工的津贴，以及为了保证职工工资水平不受物价影响而支付给职工的物价补贴。根据不同的目的，企业的津贴一般分为三类：地域性津贴、劳动性津贴和生活性津贴。①地域性津贴是由于员工在艰苦的自然地理环境中工作而给予的补偿，如林区津贴、高寒地区津贴等。②劳动性津贴指对于员工从事特殊性工作而给予的津贴，如对于值夜班的员工发放的夜班津贴，在高温环境下工作发放的高温津贴等。③生活性津贴指为了保证职工生活水平而给予的补偿。如为保障职工工资水平不受物价影响而支付给职工的物价补贴、职工出差发放的出差补贴等。

（五）加班加点工资

加班加点工资是指对法定节假日和公休假日工作的员工，以及在正常工作日以外延长工作时间的员工，按规定支付的加班工作和加点工资。

（六）其他工资

其他工资指按有关规定支付的其他形式的工资，如附件工资、保留工资及调整工资后补发的工资等。

另外，在工资总额的核算中，有一部分内容不属于劳动报酬性质的但由企业支付给员

工的货币或实物,这部分内容不应该包括在劳动报酬的核算范围内。具体包括以下内容:

(1) 根据国务院有关规定发放的发明创造奖、自然科学奖、社会科学奖、科学技术进步奖等一次性的奖励,以及支付合理化建议奖和技改奖等。

(2) 有关劳动保险和职工福利方面的支出。职工劳动保险支出和福利方面的支出,如企业为职工支付的劳动保险费、医疗卫生费、职工生活困难补助、集体福利事业设施费、计划生育补贴、独生子女补贴等支出,计入企业的人工成本支出核算。

(3) 劳动保护的各种支出,如工作服、工作帽及劳保手套等劳动保护用品,对接触有毒物质、矽尘作业、放射性作业、潜水及沉箱作业、高温作业等特殊作业环境发生的劳动保护费用开支的保健食品开支。

(4) 有关离休、退休、退职人员待遇的各项支出。

(5) 单位职工集资入股或购买企业债券后发放给职工的股息红利、债券利息等。

(6) 劳动合同制职工在解除劳动合同时由企业支付的各种补偿费用及一次性的工龄买断费用。

(7) 对自带工具、牲畜等来企业工作的从业人员所支付的工具、牲畜的补偿费用。

(8) 由企业承担并支付的各种社会保险费用、住房公积金。

(9) 支付给参加企业劳动的在校学生的补贴。

(10) 计划生育独生子女补贴。

三、企业工资总额的变动分析

企业工资总额是企业成本的重要组成部分,也是国民经济核算和宏观统计的重要指标。因此,工资总额的核算及其变动具有重要意义。

企业的工资总额虽由个人工资汇总而来,但工资总额作为统计资料可以由企业平均人数与平均工资两个指标计算获得。而工资总额的变动,最直接的因素则是由于企业人员规模的变化和企业工资水平的变化引起,因此一段时间内企业工资总额的统计有以下基本指标:

$$工资总额 = 平均工资 \times 平均人数 \tag{1}$$

工资总额的变动可以从绝对数和相对数两个角度来统计分析:

$$工资总额指数 = \frac{报告期工资总额}{基期工资总额} = \frac{G_1}{G_0} \tag{2}$$

式中,G_1,G_0 分别表示报告期、基期各类人员的工资总额;设 X_1,X_0 分别表示报告期、基期各类人员的平均工资;T_1,T_0 分别表示报告期、基期各类人员的平均人数,则

$$报告期工资总额 (G_1) = X_1 \times T_1$$
$$基期工资总额 (G_0) = X_0 \times T_0$$
$$工资总额指数 = \frac{G_1}{G_0} = \frac{T_1 \times X_1}{T_0 \times X_0} = \frac{T_1}{T_0} \times \frac{X_1}{X_0}$$

工资总额指数进一步分解,则

工资总额指数 $= \dfrac{G_1}{G_0} = \dfrac{T_1 \times X_1}{T_0 \times X_0} = \dfrac{T_1 \times X_1 \times (T_1 \times X_0)}{T_0 \times X_0 \times (T_1 \times X_0)}$

$= \dfrac{T_1 \times X_1 \times (T_1 \times X_0)}{(T_1 \times X_0) \times T_0 \times X_0} = \dfrac{T_1 \times X_1}{(T_1 \times X_0)} \times \dfrac{(T_1 \times X_0)}{T_0 \times X_0}$

其中，$\dfrac{T_1 \times X_1}{(T_1 \times X_0)}$ 表示将职工人数固定在报告期，平均工资变动对工资总额的影响，称为平均工资指数；$\dfrac{(T_1 \times X_0)}{T_0 \times X_0}$ 表示将平均工资固定在基期，职工平均人数变动对工资总额的影响，称为平均人数指数。因此

工资总额指数 = 平均工资指数 × 平均人数指数　　　　　　　　　　（3）

上述分析说明，企业工资总额的变动是企业职工平均人数变动程度与平均工资变动程度共同作用的结果。

用差额分析法对工资总额变动的分析结果如下

工资总额变动的绝对额 = 报告期工资总额 − 基期工资总额 = $G_1 - G_0$

$= T_1 \times X_1 - T_0 \times X_0 = (X_1 - X_0) \times T_1 + (T_1 - T_0) \times X_0$　　　（4）

其中，$(X_1 - X_0) \times T_1$ 表示工资变动（$X_1 - X_0$）对工资总额的影响绝对额；

$(T_1 - T_0) \times X_0$ 则表示职工人数变动（$T_1 - T_0$）对工资总额的影响绝对额。

在计算工资总额时，公式中分子、分母的时间周期、人员统计口径要保持一致。

例如，某企业单位职工工资情况如表 6.1 所示。

表 6.1　某企业职工工资情况表

指标	单位	报告期	基期	指数%	增减绝对额
工资总额 G	千元	2880	2100	137.14	+780
职工平均人数 T	人	1200	1000	120.00	+200
职工平均工资 X	千元				

（1）计算基期、报告期的职工平均工资及其指数；

（2）分析计算职工平均工资变动及职工平均人数变动对工资总额变动的影响。

解　设 G 为工资总额，F 为职工平均人数，X 为职工平均工资。

（1）报告期的平均工资为 $X_1 = \dfrac{G_1}{F_1} = \dfrac{2880}{1200} = 2.4$（千元/人）；

基期的平均工资为 $X_0 = \dfrac{G_0}{F_0} = \dfrac{2100}{1000} = 2.1$（千元/人）；

平均工资指数（即平均工资变化的相对数）为 $\dfrac{X_1}{X_0} = \dfrac{2.4}{2.1} = 114.29\%$。

（2）工资总额 = 平均工资 × 平均人数。

（i）工资总额的变动情况如下。

工资总额的变动相对数，也称为工资总额指数：

$$\frac{G_1}{G_0} = \frac{\sum X_1 F_1}{\sum X_0 F_0} = \frac{2.4 \times 1200}{2.1 \times 1000} = \frac{2880}{2100} = 137.14\%$$

工资总额的变动绝对数：$G_1 - G_0 = 2880 - 2100 = 780$(千元)。

说明：工资总额指数提高了 37.14%，绝对数增加了 780 千元。

（ii）由于职工平均工资变动对工资总额变动的影响。

职工平均工资变动对工资总额变动的影响相对数，或称为职工平均工资指数：

$$\frac{\sum X_1 F_1}{\sum X_0 F_1} = \frac{2.4 \times 1200}{2.1 \times 1200} = \frac{2880}{2520} = 114.29\%$$

职工平均工资变动对工资总额变动的影响绝对数：

$$\sum X_1 F_1 - \sum X_0 F_1 = 2880 - 2520 = 360(千元)$$

说明：由于职工平均工资指数提高了 14.29%，使工资总额绝对数增加了 360 千元。

（iii）由于职工人数变动对工资总额的影响。

职工人数变动对工资总额变动的影响相对数，或称为职工平均人数指数：

$$\frac{\sum X_0 F_1}{\sum X_0 F_0} = \frac{2.1 \times 1200}{2.1 \times 1000} = \frac{2520}{2100} = 120\%$$

职工人数变动对工资总额变动的影响绝对数：

$$\sum X_0 F_1 - \sum X_0 F_0 = 2520 - 2100 = 420(千元)$$

说明：由于职工人数变动指数提高了 20%，使工资总额报告期比基期绝对数增加了 420 千元。

综合计算结果归纳，得出平衡式：

工资总额指数=职工平均工资指数×职工平均人数指数

137.14%=114.29%×120%

工资总额变动绝对额=职工平均工资变动的影响绝对额+职工人数变动的影响绝对额

780（千元）=360（千元）+420（千元）

对于工资总额的统计分析除了上面的变动分析、差额分析，还包括若干年度的工资总额数据的趋势分析与基期的对比分析等统计分析内容。

第三节　平均工资的统计分析

企业的劳动报酬水平通过企业的平均工资水平来核算。所谓平均工资指一定时期内职工的人均工资水平，即一定时期的职工工资总额与职工平均人数的比。

从企业角度看，平均工资是企业在从业人员身上的平均投入，反映一定时期内企业生产经营的人工成本水平，将企业平均工资与员工的劳动生产率相比较，可以反映企业的劳动投入产出的效率；从员工个人角度看，平均工资反映企业职工的平均收入和生活水平。另外，平均工资是企业用来计算员工退休金、员工缴纳个人所得税及社会保障费用的基础，也是政府部门制定最低工资标准、失业救济的标准等，因此具有重要意义。

一、企业员工的工资水平

企业员工一定时期工资水平的高低，可以通过企业平均工资指标来体现。平均工资指一定时期内职工的平均工资，即某一期间内的工资总额与职工平均人数的比值。平均工资的计算公式：

$$\text{平均工资} = \frac{\text{企业工作总额}}{\text{企业人员平均人数}}$$

在计算平均工资时，公式中分子、分母的时间周期及人员统计口径要保持一致。比如，在计算年度在职职工的平均工资时，分子为全年度在职职工的工资总额，分母为在职职工的全年度的平均人数。企业根据不同的目的，可以计算不同口径的平均工资指标，如企业根据需要可以计算企业全部从业人员的平均工资、全部在职职工的平均工资、生产工人的平均工资、非生产工人的平均工资等。同样企业也可能计算不同时间周期的平均工资，如年平均工资、季平均工资、月平均工资、日平均工资及小时平均工资等。

二、企业员工工资水平的变动分析

企业员工工资水平的变动，是通过计算平均工资的变动来实现的。而平均工资的变动一般通过计算平均工资指数来实现的。平均工资指数是指报告期平均工资水平与基期平均工资水平的比率，它可以表示平均工资的变化趋势。

研究企业平均工资水平的变化过程，其基本方法是计算和编制企业平均工资指数，同时对平均工资进行差额分析。运用平均工资水平的发展速度指标或增长速度指标，观察企业整体的平均工资水平及其变化，不同人员类别的平均工资水平及其变化以及企业人员构成的变化情况对平均工资水平的影响程度，分析平均工资的发展变动情况及其具体原因，并给出合理的解释。

平均工资变动的统计指标有两类，其公式为

（1）$\text{平均工资指数} = \frac{\text{报告期平均工资}}{\text{基期平均工资}} = \frac{P_1}{P_0}$；

（2）平均工资增减变化绝对额=报告期平均工资−基期平均工资 = $P_1 - P_0$

$$\text{平均工资的增减比率} = \frac{\text{平均工资增减变化绝对额}}{\text{基期平均工资}} \times 100\% = \frac{P_1 - P_0}{P_0} \times 100\%$$

或

$$\text{平均工资的增减比率} = \text{平均工资指数} - 1$$

式中：P_1，P_0——分别表示报告期、基期企业整体的平均工资。

平均工资指数体系

企业平均工资的变动，受到企业内部各类员工平均工资变化的影响（组间平均工资变化的影响），也受到企业内各类员工人数变动的影响（人员结构变化的影响），因此要运用平均工资指标体系方法对平均工资指数作进一步分析。

1. 平均工资可变组成指数（K_A）

$$\text{平均工资指数} = \frac{\text{报告期平均工资}}{\text{基期平均工资}} = \frac{P_1}{P_0}$$

而平均工资为工资总额与平均人数相除得到，假设 X_1，X_0 分别表示报告期、基期各类人员的平均工资；T_1，T_0 分别表示报告期、基期各类人员的平均人数，则

$$\text{报告期企业的平均工资 } P_1 = \frac{\text{报告期工资总额}}{\text{报告期平均人数}} = \frac{\sum X_1 \times T_1}{\sum T_1}$$

$$\text{基期企业的平均工资 } P_0 = \frac{\text{基期工资总额}}{\text{基期平均人数}} = \frac{\sum X_0 \times T_0}{\sum T_0}$$

因此

$$\text{平均工资指数}(K_A) = \frac{\text{报告期平均工资}}{\text{基期平均工资}} = \frac{P_1}{P_0} = \frac{\sum X_1 \times T_1}{\sum T1} : \frac{\sum X_0 \times T_0}{\sum T_0}$$

$$= \sum X_1 \frac{T_1}{\sum T_1} : \sum X_0 \frac{T_0}{\sum T_0}$$

其中：$\frac{T_1}{\sum T_1}$，$\frac{T_0}{\sum T_0}$ 表示各类人员在企业全部人员中的比重。

根据上述计算公式可知，企业整体的平均工资为各类人员平均工资的加权算术平均数，企业平均工资的变动不仅受到各类人员平均工资变动的影响，还受到各类人员在企业中所占比重的变化（人员结构变化）的影响。由于企业总体平均工资指数综合反映了这两个方面的变动，所以平均工资指数又称为"平均工资可变组成指数"。

$$\text{企业总体的平均工资增减绝对额} = P_1 - P_0 = \sum X_1 \frac{T_1}{\sum T_1} - \sum X_0 \frac{T_0}{\sum T_0}$$

$$\text{企业总体的平均工资增减变化率} = \frac{P_1 - P_0}{P_0} \times 100\%$$

$$= \frac{\sum X_1 \frac{T_1}{\sum T_1} - \sum X_0 \frac{T_0}{\sum T_0}}{\sum X_0 \frac{T_0}{\sum T_0}} \times 100\%$$

2. 企业平均工资固定组成指数（K_B）

企业总体的平均工资的变动，受到企业内部各类员工平均工资变化的影响，也受到企业内各类员工人数变动的影响。在研究企业内部各类员工平均工资变化影响时，将企业各类人员占企业全体人员的比重（即企业各类人员结构）固定在报告期，可以剔除企业各类人员结构变化对企业平均工资的影响，这个指数被称为"平均工资固定组成指数"。其计算公式为

$$\text{平均工资固定组成指数}(K_B) = \frac{\sum X_1 \times T_1}{\sum T_1} : \frac{\sum X_0 \times T_1}{\sum T_1}$$

$$= \sum X_1 \frac{T_1}{\sum T_1} : \sum X_0 \frac{T_1}{\sum T_1}$$

各类员工平均工资变化对企业总体平均工资的影响增减绝对额 $= \dfrac{\sum X_1 \times T_1}{\sum T_1} - \dfrac{\sum X_0 \times T_1}{\sum T_1}$

各类员工平均工资变化对企业总体平均工资的影响增减变化率 $= \dfrac{\dfrac{\sum X_1 \times T_1}{\sum T_1} - \dfrac{\sum X_0 \times T_1}{\sum T_1}}{\dfrac{\sum X_0 \times T_0}{\sum T_0}} \times 100\%$

3. 企业平均工资人员结构影响指数（K_C）

企业总体的平均工资的变动，受到企业内部各类员工平均工资变化的影响，也受到企业内各类员工人数变动的影响。在研究企业内部各类员工的人数变动对企业整体平均工资的影响时，将企业各类人员的平均工资固定在基期，可以剔除企业各类人员的平均工资变化对企业总体平均工资的影响，这个指数被称为"平均工资人员结构影响指数"。其计算公式如下

$$\text{平均工资人员结构影响指数}(K_C) = \dfrac{\sum X_0 \times T_1}{\sum T_1} : \dfrac{\sum X_0 \times T_0}{\sum T_0}$$

$$= \sum X_0 \frac{T_1}{\sum T_1} : \sum X_0 \frac{T_0}{\sum T_0}$$

各类人员结构变化对企业总体平均工资的影响增减绝对额 $= \dfrac{\sum X_0 \times T_1}{\sum T_1} - \dfrac{\sum X_0 \times T_0}{\sum T_0}$

各类人员结构变化对企业总体平均工资的影响增减变化率 $= \dfrac{\dfrac{\sum X_0 \times T_1}{\sum T_1} - \dfrac{\sum X_0 \times T_0}{\sum T_0}}{\dfrac{\sum X_0 \times T_0}{\sum T_0}} \times 100\%$

4. 平均工资指标体系

上述三个指数构成平均工资指标体系，三种之间关系为

平均工资可变组成指数=平均工资固定组成指数×平均工资人员结构影响指数

即

$$K_A = K_B \times K_C$$

验算过程如下

$$\text{平均工资指数}(K_A) = \dfrac{P_1}{P_0} = \dfrac{\sum X_1 \times T_1}{\sum T_1} : \dfrac{\sum X_0 \times T_0}{\sum T_0}$$

$$= \left(\dfrac{\sum X_1 \times T_1}{\sum T_1} : \dfrac{\sum X_0 \times T_1}{\sum T_1} \right) \times \left(\dfrac{\sum X_0 \times T_1}{\sum T_1} : \dfrac{\sum X_0 \times T_0}{\sum T_0} \right) = (K_B) \times (K_C)$$

例如，某企业员工按技术等级分为高级工种、中级工种、初级工种三类人员，各类人员的平均人数及平均工资有关资料如表 6.2 所示。

第六章 劳动报酬统计

表 6.2 某企业员工技术等级及工资

按技术等级分组	基期		报告期		$\dfrac{x_1}{x_0}$
	平均人数 f_0	平均工资 x_0	平均人数 f_1	平均工资 x_1	
高级	40	300	135	370	123.33%
中级	120	500	180	520	104%
初级	45	600	50	620	103.33%
合计	205	482.93	365	478.22	99.02%

（1）分析各级工种及企业整体的工人平均工资变动。
（2）企业平均工资固定构成指数、结构影响指数、分子分母差额。
（3）综合分析企业工人平均工资对工资总额的影响。

问题 1　高级工平均工资绝对增加值为 370−300=70 元，报告期平均工资增长率为 370/300=123.33%；

中级工平均工资绝对增加值为 520−500=20 元，报告期平均工资增长率为 520/500=104%；

初级工平均工资绝对增加值为 620−600=20 元，报告期平均工资增长率为 620/600=103.33%；

整个企业平均工资绝对增减额为 478.22−482.93 = −4.71 元，减少了 4.71 元，报告期工资增减率为 −4.71/482.93=−0.98%；报告期平均工资减少了 0.98%。

问题 2

$$\text{企业平均工资固定构成指数} = \dfrac{\dfrac{\sum T_1 X_1}{\sum T_1}}{\dfrac{\sum T_1 X_0}{\sum T_1}} = \dfrac{\dfrac{135 \times 370 + 180 \times 520 + 50 \times 620}{365}}{\dfrac{300 \times 135 + 500 \times 180 + 600 \times 50}{365}} = \dfrac{478.22}{439.73} = 108.75\%$$

$$\text{企业平均工资结构影响指数} = \dfrac{\dfrac{\sum X_0 T_1}{\sum T_1}}{\dfrac{\sum X_0 T_0}{\sum T_0}} = \dfrac{\dfrac{300 \times 135 + 500 \times 180 + 600 \times 50}{365}}{\dfrac{40 \times 300 + 120 \times 500 + 45 \times 600}{205}} = \dfrac{439.73}{482.93} = 91.05\%$$

分子分母差额：

固定构成指数差额　478.22−439.73=38.49
结构影响指数差额　439.73−482.93=−43.2

问题 3

$$\text{工资总额} = \text{平均工资} \times \text{平均人数}$$

即 $G = X \times T$，故

$$\dfrac{G_1}{G_0} = \dfrac{X_1 T_1}{X_0 T_0} = \dfrac{X_1 T_1}{X_0 T_1} \times \dfrac{X_0 T_1}{X_0 T_0}$$

该企业报告期工资总额 $= (G_1 - G_0)T_1 = (478.22 - 482.93) \times 365 = -1719.15$

由于企业平均工资人均减少了 0.98%，使人均工资绝对数减少了 4.71 元，工资总额绝对数减少了 1719.15 元。

三、实际工资水平的变动分析

职工从企业获得的货币支付就是一般意义上的名义工资或货币工资。职工从企业取得的货币工资越多,其生活水平提高越快,反之亦然。因此,企业职工生活水平的提高主要是增加工资收入,提高职工的平均工资水平。

另外,职工工资收入的购买力受到物价水平的影响。以企业职工货币工资实际能购买到的生活资料和服务的数量所表现的工资,称为实际工资。在职工货币工资维持现状前提下,若物价水平上升,企业职工用货币工资购买到的生活消费品与服务数量就会减少(即实际工资),职工的生活水平就会下降。反过来,若物价水平下降,企业职工用货币工资购买到的生活消费品与服务数量(实际工资)就会相对增加,职工的生活水平就会提高。

因此,在研究职工劳动报酬的时候,考虑职工工资收入的购买力水平的变化,员工工资水平的研究,应该包括名义工资和实际工资的研究。

(一)实际工资的计算

如前所述,在计算实际工资的时候要扣除货币购买力变动(或物价变动)的影响,而物价变动的主要指标(物价指数)是居民消费价格指数(CPI),因此实际工资可以用报告期货币工资与报告期居民消费价格指数的比值来计算。

$$\text{实际工资水平} = \frac{\text{货币工资水平}}{\text{物价指数}}$$

例如,2012 年某地区职工的平均工资为 45685 元,同期城镇居民消费物价指数为 103.5%,则

$$2012\text{ 年该地区职工的实际平均工资} = \frac{\text{货币工资水平}}{\text{物价指数}} = \frac{45685}{103.5\%} = 44140(\text{元})$$

结果表明,2012 年该地区的职工平均工资,在消除物价上涨因素后为 44140 元,有 1545 元(= 45 685 – 44140)被物价上涨所抵消。

(二)实际工资指数

实际工资指数表明实际工资的增减幅度,表明企业员工用货币工资购买的生活消费品数量和服务数量的变化程度,反映员工的实际生活水平的变化情况。其计算公式为

$$\text{实际工资指数} = \frac{\text{报告期实际工资}}{\text{基期实际工资}} = \frac{\text{报告期货币工资}}{\text{报告期物价指数}} : \frac{\text{基期货币工资}}{\text{基期物价指数}}$$
$$= \frac{\text{报告期货币工资}}{\text{基期货币工资}} : \frac{\text{报告期物价指数}}{\text{基期物价指数}} = \frac{\text{平均工资指数}}{\text{物价指数}} \times 100\%$$

例如,2012 年某地区职工的平均工资为 45685 元,2011 年某地区职工的平均工资为 42351 元,2012 年对 2011 年的城镇居民消费物价指数为 103.5%,则

$$\begin{matrix}2012\text{年该地区职工的} \\ \text{平均工资指数}\end{matrix} = \frac{\text{报告期平均工资}}{\text{基期平均工资}} \times 100\% = \frac{45685}{42351} \times 100\% = 107.87\%$$

$$\text{2012年该地区职工的实际平均工资指数} = \frac{\text{平均工资指数}}{\text{物价指数}} \times 100\% = \frac{\frac{45685}{42351}}{103.5\%} \times 100\% = 104.2\%$$

计算结果表明，2012 年该地区平均工资增长幅度为 7.87%；在扣除物价上涨因素后，2012 年该地区职工的人均实际工资的增长幅度为 4.2%。

四、企业职工劳动关系统计分析

在企业内部以及企业之间，由于从业人员的岗位不同、技能的差异、责任大小不同、劳动强度的不同，他们为企业的贡献上也有所差异，在"按劳分配"原则下，从业人员的劳动报酬存在一定的差异。适度的差异有利于调动员工的积极性，但是差异过大会导致社会贫富悬殊，挫伤从业人员的劳动积极性，造成社会动荡等。因此分析企业内部劳动者的工资关系具有重要意义。

（一）企业员工工资关系分析

企业员工之间的工资关系主要有管理层与其他人员工资关系、管理人员与生产人员的工资关系、管理人员与工程技术人员工资关系、基本生产工人与辅助生产工人之间的工资关系等。企业可以编制时间数列分析表来统计分析，基本格式如 6.3 表所示。

表 6.3　企业历年工资关系比较表

年度	2010 年		2011 年		2012 年	
	元	百分比	元	百分比	元	百分比
企业职工平均工资						
管理人员平均工资						
技术人员平均工资						
生产人员平均工资						
合　　计						

表 6.3 的从业人员的分类，可以按管理人员、技术人员及生产人员，也可以根据需要进一步分类，或按其他标准来分类。通过观察各类员工工资水平绝对值及相对值的差异大小，以及各年度的变化关系，可以分析员工工资关系是否符合客观要求，并进一步分析差异原因，为制订科学合理的工资比例关系提供科学依据。

（二）企业员工工资收入差距的分析

在类别员工工资差异分析基础上，可以进一步进行员工工资收入差距的分析。企业平均工资水平增加，并不意味着每个人收入都增加相同幅度，有的员工工资增加幅度大，有的员工工资增加幅度小；也并不意味着每个员工的工资都增加，在企业平均工资增加的同时甚至有少数职工的工资总额是减少的。通过员工工资收入差距的统计分析，可以显示员工工资收入差距的大小，这为企业查明少数员工收入减少的原因，有针对性的培训及帮扶员工提供依据。

分析工资收入差距的方法有工资增收与减收差距分析法、最高工资与最低工资差异分析法、工资"五等分"分析法及基尼系数法等多种方法。

1. 工资增收与减收差距分析法

在计算企业职工工资收入差距时，该方法将工资按其工资（相对基期）是增加、持平还是减少分为三组，在此基础上分别计算增收、持平和减少这三组的人员在企业全体员工中的比重，最后有针对性地对收入减少（或持平）人员展开调查分析，查明其收入减少（或无法增加）的原因，并采取应对措施。

$$工资增收（持平、减收）人员比重 = \frac{工资增收（持平、减收）人员}{企业全员人数} \times 100\%$$

例如，某企业生产部门第 2 季度的工资相对于第 1 季度的增减变动情况如表 6.4 所示。

表 6.4　生产部门第 2 季度人数及工资

部门	平均人数/人	工资增收		工资持平		工资减收	
		人数	百分比/%	人数	百分比/%	人数	百分比/%
第 1 分厂	100	80	80	15	15	5	5
第 2 分厂	150	123	82	21	14	6	4
第 3 分厂	250	210	84	30	12	20	8
合　计	500	413	82.6	66	13.2	31	6.2

从表 6.4 可看出，第 2 季度的工资相对于第 1 季度，全部生产部门 82.6%的职工工资有所增加，13.2%的员工工资没有变化，而 6.2%的员工（共 31 人）的工资是下降的，特别是第 3 分厂 8%的员工工资相对第 1 季度是减少的。企业应该对工资增收人员和减收人员，特别是对减收人员工资变动的原因作进一步分析，分类研究，总结经验教训，有针对性地采取措施提高员工效率及其工资收入水平。

2. 最高工资与最低工资差异分析法

该方法通过比较企业工资最高人员的工资与最低人员的工资，确定工资的差异程度，分析职工工资差异的合理程度及差异的原因，为激励员工、促进生产经营发展提供依据。该方法之一可以将企业所有员工的工资从高到低排序，取工资最高的 1%职工与工资最低的 1%职工的工资总额进行比较，据此分析职工工资差异的程度，计算工资极限比例指标。方法之二则是将工资最高（最低）那部分员工（如工资最高（最低）的 1%员工）的平均工资与企业整体的平均工资进行比较，观察差异的大小和程度。

$$最高工资与平均工资的比例 = \frac{工资收入最高1\%员工的平均工资}{企业的平均工资} \times 100\%$$

$$最低工资与平均工资的比例 = \frac{工资收入最低1\%员工的平均工资}{企业的平均工资} \times 100\%$$

例如，某企业有职工 500 人，某月职工工资收入情况如下：工资收入为 8500 元的有 2 人，8200 元的有 3 人，8000 元的有 10 人，6800 元的有 100 人，6500 元的有 200 人，6000 元的有 100 人，5500 元的有 50 人，5000 元的有 25 人，4500 元的有 10 人。如表 6.5 所示。

表 6.5 某企业职工人数与工资

	月工资/元	人数/人	组工资合计	组平均工资
工资最高的 1%员工	8500	2	41600	8320
	8200	3		
中间收入	8000	10		
	6800	100		
	6500	200		
	6000	100		
	5500	50		
	5000	25		
	4500	5		
工资最低的 1%员工	4500	5	22500	4500
合计		500	3146600	6293

根据上述资料，工资最高的 1%人员的工资总额为（8500×2+8200×3）=41600 元，这部分职工的平均工资为 8320 元。工资最低的 1%人员的工资总额为 4500×5=22500 元，这部分职工的平均工资为 4500 元，则

$$工资极限比例 = \frac{8320}{4500} \times 100\% = 184.89\%$$

$$最高工资与平均工资的比例 = \frac{8320}{6293} \times 100\% = 132.20\%$$

$$最低工资与平均工资的比例 = \frac{4500}{6293} \times 100\% = 71.51\%$$

3. "五等分"分析法

"五等分"分析法与工资最高最低的差异分析法思路类似，将企业职工的工资收入水平由高到低排列，再将职工总人数平均分为五等分，重点分析最高工资收入水平 1/5 员工与最低工资收入水平的 1/5 员工的工资收入的差距，以此判断企业工资分配的合理性。

五、工资效益统计

劳动报酬是企业对职工的支付，劳动报酬越高说明企业支付给职工的酬劳越多。反之，劳动报酬越低说明企业支付给职工的酬劳越低。企业对职工的支付是否合理、合理的程度如何？这必须要结合企业的效益来分析。工资效益是指企业在一定时期内支付工资而取得的经济效益，它用企业一定时期的工资投入与企业的产出效益的比值表示，该指标能较好地说明企业工资支付的合理程度。

工资效益为一定时期内工资总额与企业效益的比值，而企业的效益可以用企业的产量成果、销售成果、财务成果（利润）等指标来表示，因此工资效益指标可以从以下几个方面来计算和分析。

1. 工资效益的产量成果指标

用一定期间内的工资总额与企业产出比较，可以核算企业的工资效益。相应的产出指

标可以是实物产量指标，也可以是增加值或国内生产总值等指标。

$$每百元工资生产的产品实物量 = \frac{报告期企业产品实物量}{报告期企业工资总额(百元)} \times 100\%$$

$$每百元工资的增加值（或国内生产总值）= \frac{报告期企业的增加值(或国内生产总值)}{报告期企业工资总额(百元)} \times 100\%$$

计算该指标时注意分子、分母的时间、空间范围。计算实物量指标必须用合格品的数量，不能将次品、废品数量包括在内。企业的产出不一定都能转化为效益，因此还应该计算用销售收入、利润反映的工资效益指标。

2. 工资效益的销售成果指标

企业的效益除了用产量指标表示，还可以用销售成果的多少来反映。因此，工资效益指标还可以用如下公式来计算：

$$每百元工资的销售收入 = \frac{报告期企业的销售收入}{报告期企业工资总额（百元）} \times 100\%$$

3. 工资效益的财务成果指标

企业的效益还可以用财务成果来表示，财务成果为企业收入扣除成本费用后的余额，即利润，财务成果指标是反映企业经济效益综合性最强的指标。因此，工资效益指标还可以用如下公式表示

$$百元工资创造的利润 = \frac{报告期利润总额}{报告期工资总额（百元）} \times 100\%$$

或

$$百元工资实现的利税 = \frac{报告期实现的利税总额}{报告期工资总额（百元）} \times 100\%$$

显然，百元工资创造的利润越高，实现的利税额越高，工资支付的合理程度越高。

上述指标比较好地衡量了企业的工资效益，企业有必要研究工资效益的变动情况，分析其发展变化趋势，因此还要进行工资效益的趋势分析，具体方法参考相关章节。

HAPTER 7

第七章 人工成本统计

[内容摘要]

本章首先阐述人工成本的含义、人工成本与总成本关系,随后着重介绍人工成本构成及其变动分析、平均人工成本变动分析,最后简单介绍人工成本支出的劳动效益分析。

[学习要点]

(1)人工成本的含义、人工成本与总成本关系。
(2)人工成本构成及其变动分析。
(3)企业平均人工成本变动分析。

第一节　人工成本统计的意义

一、人工成本的含义

人工成本是从企业角度来研究人力资源成本问题。企业人工成本费用指企业在生产经营活动中支付并列入成本的人工费用。国际劳工组织1966年将人工成本定义为：人工成本指雇主因雇用劳动力而发生的费用，它包括对已完成工作的报酬，对有关未工作而有报酬的时间、红利、食品等费用及其他实物支付，雇主负担的人工住房费用，为雇员支付的社会保险费用，职工技术培训费用，福利费用及其他费用（如员工的上下班交通费、工作服费和招工费用等），还有人工费用的税收。其中，雇主统称为用人单位，雇员就是劳动者或者工资劳动者。

人工成本指企业在一定时期内使用人力资源而发生各项直接和间接费用的总和。企业从遴选员工入职开始，员工使用、培训直至员工退休期间的一切费用都是企业的人工成本，人工成本的构成内容包括企业支付给员工的工资费用、保险福利费用、住房补贴、员工培训费用、劳动保护费用、离退休和退职人员费用及其他相关费用等。

从人力资源的取得和使用的角度看，人力资源的成本包括取得成本、开发成本、使用成本和替代成本。人力资源取得成本指企业在招募录用职工的过程中所发生的各种支出，包括招聘成本、挑选成本、录用和安置成本等。人力资源开发成本指为了使新聘用的职工熟悉业务、达到具体的工作岗位所要求的业务水平或为了提高在岗人员的素质而开展的教育培训工作发生的各种支出，包括岗前培训成本、在职培训成本和脱产培训成本等。人力资源使用成本指企业为了补偿和恢复企业员工在从事劳动过程中其体力、脑力的消耗而直接或间接向劳动者支付的各种费用，包括维持成本、奖励成本和调剂成本等。人力资源保障成本指企业为员工支付的各种社会保障费用，包括为职工支付的医疗保险、养老保险、失业保险等。人力资源离职成本指员工离职时企业支付的各种费用，包括退休金、补助费、抚恤费、医疗费、丧葬费以及企业支付离职赔偿费等。

从统计和核算的角度看，人工成本从其构成内容来学习和研究清晰明了，因此一般从人工成本的构成内容角度来学习和了解人工成本的构成和统计分析。

二、人工成本与总成本关系

在企业管理中，利润等于企业的收入减去相应的成本费用，人工成本是企业成本费用的重要构成部分，因此加强企业人工成本的核算和统计分析有重要意义。人工成本与企业成本费用的关系密切，但毕竟是两个不同的经济概念，有必要加以区分。

企业总成本经济学上又统称为成本费用总额，指企业在获取收入的过程中对所掌握资产的消耗。一般意义上的成本费用主要指为获取营业收入、提供商品或劳务而发生的费用，即仅指与商品或劳务提供相联系的耗费，不包括自然灾害等造成的损失。会计学上进一步把企业的成本费用总额分为两部分：产品的制造成本和期间费用。前者指企业的资源消耗能清晰地归集到某具体的成本对象（如某产品），后者则指企业的资源消耗无法直接归集到具体的成本对象因而按期间汇总的相关费用，期间费用按成本费用发生性质分为管理费用、销售费用和财务费用。

在总成本中，有相当一部分是因为用人而发生的成本费用，属于人工成本。人工成本和总成本既有区别又有联系。

总成本的核算是围绕企业的生产经营过程的全部资源投入进行的，而人工成本的核算是围绕企业的劳动投入进行的，两者核算的对象不同。总成本反映整个生产经营过程中的全部消耗，而人工成本是为了核算劳动力的消耗，两者的核算范围和意义不同。

两者之间存在着相互交叉的共有关系。人工成本和总成本共有的交叉部分是：①直接人工中的工资与福利费；②制造费用中的工资和福利费；③管理费用中的工资福利费用等；④销售费用中工资和福利费等。

三、人工成本统计的意义

人工成本统计的主要任务是准确、全面地反映企业人工成本的构成、水平及其变化情况；为企业成本总额的计算提供全面而翔实的人工成本资料；在人工成本统计基础上进行人工成本统计分析，计算并分析影响企业人工成本增减变化的主要因素，反映企业人工成本水平及构成的变化趋势等。

人工成本统计是企业成本核算和国民经济统计的基础性工作，对于企业管理和国民经济统计具有重要意义：①企业的效益由投入、产出共同决定，企业的投入包括原材料、设备等物质资料、资金和劳动力的投入等。通过人力成本统计分析，企业可以准确核算劳动力投入的成本，通过人力成本占总成本的比重、人力成本与产出比值等指标，可以反映企业劳动者的投入产出效率。 ②企业人工成本可以从整体上反映国家经济结构状况，有助于产业和消费结构政策的制订和调整。人工成本中主要部分为劳动者的工资，它的高低直接影响劳动者的收入水平，因此它的高低从整体上反映社会的消费能力和消费水平，从而对于企业投资方向的引导、产业结构的调整、社会保障政策的制定有重要意义。

第二节 人工成本的构成

人工成本统计的前提是明确人工成本统计的核算范围和构成的，在1966年10月召开的第十一次国际劳动统计学家会议（ICLS）上形成《关于人工成本统计的决议》。该决议将人工成本定义为：人工成本是雇主因雇佣劳动力而发生的所有费用，它包括对已经完成工作的报酬；对有关未工作时间而有报酬的时间支付、红利和赏金、食品饮料费用及其他实物支出；雇主负担的工人住房费用；为雇员支付的社会保险费用，职业培训费用、福利服务和其他费用（如工人上下班的交通补贴、工作服和劳保用品等其他费用），与人工成本有关的税收等。就人工成本的具体构成,各国一般都按照国际劳工组织的定义开展人工成本统计活动，同时还根据各自国情具体设置，稍有差异。

要进行人工成本的核算，首先要明确人工成本核算的范围。我国人工成本的核算主体是企业，机关和事业单位不进行人工成本核算；人工成本的支付主体是企业，必须以企业名义支付成本费用才是人工成本核算的范围，以个人名义支付的，不能计算在内；人工成本以全体从业人员为对象，不管从业人员性质如何，不管是正式职工还是非正式职工等，只要是企业雇佣劳动力而支付的费用，都应该包括在核算范围之内；人工成本包括直接费用和间接费用，不管人工成本是否计入产品制造成本、如何计入产品制造成本，也不管人工成本的支付形式是货币还是实物，同样地，只要是企业雇佣劳动力而支付的费用，都应该包括在核算范围之内。

一、我国人工成本的构成

我国原劳动部颁发的【1997】261号文件，对企业人工费用的内容作了规定，具体包括从业人员劳动报酬（含不在岗职工生活费）、社会保险费用、福利费用、教育经费、劳动保护费用、住房费用和其他人工费用七个组成部分。

（一）从业人员劳动报酬（含不在岗职工生活费）

从业人员劳动报酬是指企业在计算期内直接支付给本企业全体从业人员的劳动报酬总额，包括在岗职工工资总额和其他从业人员的劳动报酬两部分。其中，在岗职工工资总额指企业在报告期内直接支付给在岗职工的劳动报酬总额，包括基本工资、职务工资、工龄工资、计件工资、奖金、各种津贴和补贴等。企业其他从业人员，是按有关职工统计口径要求，不作为企业职工计算，但实际由企业安排生产经营工作，并由企业支付劳动报酬的人员。这些人员具体是:再就业的离职、退休人员，民办教师，在本单位工作的港澳台人员及外籍人员，以及兼职人员，从事第二职业人员和录用的其他单位下岗人员等。其他从业人员的劳动报酬包括聘用和留用的离退人员的劳动报酬、不在岗职工生活费、外籍及港澳台人员的劳动报酬等。

（二）社会保险费用

企业按照有关规定实际为本企业所使用的劳动力缴纳的各种社会保险费用，包括退休养老保险费用、医疗保险费用、失业保险费用、工伤保险费用和生育保险费用等。

（三）福利费用

福利费用是企业在工资以外、实际支付给企业所使用的劳动力的个人以及集体福利费用的总称，主要包括企业支付给劳动力的冬季取暖补贴费、医疗卫生费、计划生育补贴、生活困难补助、文体宣传费、集体福利设施和集体福利事业补贴以及丧葬抚恤救济费等。该指标数据可以根据企业利润分配"公益金"中的"集体福利设施费"以及计入成本费用的福利开支来统计等。

（四）教育经费

这是企业为提高即将上岗和在岗的员工的思想道德修养与专业技术水平而进行的文化、职业道德、技术理论和实际操作等的进修培训活动的费用，包括企业为其开办的技校，员工职业技术训练、进修所支付的费用、员工到各类专业学校学习支付的费用、聘请企业外教员的各种费用等。

（五）劳动保护费用

劳动保护费用指企业为实施安全技术措施、工业卫生措施发生的各种费用，以及员工个人的劳动保护用品等费用。比如，企业购买的工作服、劳动保健用品及作业中使用的各种清凉饮料、保健用品等。

（六）住房费用

这是企业为改善从业人员居住条件而支付的各种费用，包括企业缴纳的住房公积金、实际支付给员工个人的住房补贴、企业住房的维修和管理费用、归还的住房借款本息与住房租赁保证金，以及用于员工住房的其他支出。

（七）其他人工费用

由企业支付的不属于前述内容的其他人工费用项目，如工会经费、企业因招聘劳动力而实际花费的招聘费用、解聘辞退费用，以及企业支付的与人工成本有关的税收等。

二、从会计核算的角度看人工费用的构成

从企业会计核算的角度看，在生产单位（车间或分厂）发生的费用一般进入产品成本，而在企业生产服务部门（包括企业总部的各科室和部门）发生的费用一般计入期间费用，人工费用的核算也遵循上述原则。我国财政部在1993年颁发的《企业财务通则》和《企业会计准则》，对企业人工费用的构成及列支渠道有如下规定[①]：

产品生产人员的工资总额、福利费（直接计入产品生产制造成本）；

生产单位管理人员技术人员的工资总额、福利费（分配计入产品生产制造成本）；

劳动保护费用（分配计入产品生产制造成本）；

企业管理人员的工资总额、福利费（管理费用）；

销售部门人员的工资总额、福利费（销售费用）；

职工教育经费、劳动保险费、失业保险费、工会经费——（管理费用）；

子弟学校经费、技工学校经费——（营业务支出）；

职工集体福利设施费用（利润分配——公益金）；

因此，企业的人工费用＝工资总额＋职工福利费用＋职工教育经费＋劳动保险费用＋劳动保护费用＋工会经费＋学校经费＋公益金。

三、人工成本统计的国际标准

根据第十一届国际劳动统计学家会议上形成的《关于人工成本统计的决议》一文的有关决议，组成人工成本的具体项目包括如下内容。

（1）直接工资和薪金包括计时工人正常工作时间的报酬、计时工人的鼓励性报酬；计

[①] 我国现有的会计实务也遵循上述准则的规范。

件工人的所得；加班、夜班和节假日工作支付的报酬。

（2）下列未工作时间的支付包括年假，其他有报酬的休假（包括长期服务休假等）；公共节假日和其他被承认的假期；其他准予带薪不工作时间（如婚丧假等）；不是社会保险支出的解雇金和解雇补偿费用等。

（3）红利和赏金包括年终和季度红利；利润分成奖金；对假期的附加支出，对正常假期的补充支付，以及其他奖金和赏金等。

（4）食品、饮料、燃料费用和其他实物费用的支付。

（5）雇主负担的工人住房费用包括属企业所有的房屋费用；属非企业所有的房屋费用以及其他房屋费用。

（6）雇主的社会保障支出包括：①雇主缴纳的社会保障费用（包括老年、丧生工资能力、患病、生育、工伤、失业及家庭补贴等）；②经劳资谈判同意的、契约性的和非义务性的向私人社会保障项目缴纳的费用；③对因患病、生育、工伤而不能工作的雇员直接支付的、作为对其补偿的费用；④其他作为社会保险福利给雇员直接支付；⑤医疗和卫生服务费；⑥作为社会保险支出的解雇金与解雇补偿费用。

（7）职业培训费用包括学费与聘请外单位教师的费用；培训学校的费用和教材支付、职工的进修费用等。

（8）福利服务费用包括食堂和其他食品服务费用；教育、文化、娱乐和有关设施及服务费用；给信用合作社的赠款和提供给雇员的有关服务的费用等。

（9）其他人工成本包括雇主付给雇员的上下班交通费；工作服费用、招工费和招聘费用等。

（10）与人工成本有关的税收。

第三节　人工成本统计分析

在确定人工成本总额的核算范围和构成的基础上，企业要对人工成本总额进行统计分析。人工成本是重要的劳动工资指标，也是重要的投入产出指标，在某种意义上综合反映了企业的管理水平和企业的竞争实力，加强人工成本及其变动的统计分析关系到企业生产经营管理水平的提高。人工成本统计指标主要有人工成本总额指标和平均人工成本指标。

一、企业人工成本总额的变动分析

（一）企业人工成本总额的变动分析

与劳动报酬统计分析类似，企业人工成本总额的变动可以从绝对数的变化和人工成本总额的变动指数两个角度来统计分析。

1. 人工成本总额绝对数的增减变化

人工成本总额增减变动额=报告期人工成本总额−基期人工成本总额

$$\text{人工成本总额增减率} = \left(\frac{\text{报告期人工成本总额}}{\text{基期人工成本总额}} - 1\right) \times 100\%$$

2. 人工成本总额变动指数

企业人工成本总额变动受到平均人工成本和职工人数两个因素的影响，因此这三者的变动分析可以编制人工成本总额指数体系的方式来实现，并采用差额分析法进一步说明。

$$\text{人工成本总额} = \text{平均人工成本} \times \text{职工人数}$$

$$\text{人工成本总额指数} = \text{平均人工成本指数} \times \text{职工人数指数}$$

即

$$\text{人工成本总额指数} = \frac{L_1 T_1}{L_0 T_0} = \frac{L_1}{L_0} \times \frac{T_1}{T_0} = \frac{L_1 T_1}{L_0 T_1} \times \frac{L_0 T_1}{L_0 T_0}$$

式中，L_1，L_0 分别表示报告期和基期的平均人工成本；T_1，T_0 分别表示报告期、基期职工的平均人数。

人工成本总额增减变动额的进一步分析：

$$\text{人工成本总额增减变动额} = \text{报告期人工成本总额} - \text{基期人工成本总额}$$

$$\text{人工成本总额增减变动额} = L_1 T_1 - L_0 T_0 = (L_1 T_1 - L_0 T_1) + (L_0 T_1 - L_0 T_0)$$

其中 $(L_1 T_1 - L_0 T_1) = (L_1 - L_0) \times T_1$ 为平均人工×成本的变动对人工成本总额增减变动的影响程度，$(L_0 T_1 - L_0 T_0) = (T_1 - T_0) \times L_0$ 为企业职工人数的变动对人工成本总额增减变动的影响程度（表 7.1）。

表 7.1 某企业资料

	基期	报告期	指数/%	增减额
人工成本总额/万元	200	300		
平均人工成本/（元/人）	5000	4545		
从业人员平均数/人	400	660		

问题 （1）计算并把计算结果填入表中后两列；

（2）计算并分析平均人工成本变动及平均职工人数变动对人工成本的影响。

解 设 L 为平均人工成本，T 为平均职工人数。

（1）计算并计算结果填入表 7.2 中。

表 7.2 计算过程表

	基期	报告期	指数%	增减额
人工成本总额/万元	200	300	150	+100
平均人工成本/（元/人）	5000	4545	90.9	−455
从业人员平均数/人	400	660	165	+260

（2）计算分析如下。

（i）总人工成本变动情况如下

人工成本变动相对数：$\dfrac{\sum L_1 T_1}{\sum L_0 T_0} = \dfrac{300}{200} = 150\%$

人工成本变动绝对数：$L_1 T_1 - L_0 T_0 = 300 - 200 = 100$（万元）

对基期人工成本总额影响的相对程度：

$$\dfrac{L_1 T_1 - L_0 T_0}{L_0 T_0} = \dfrac{100}{200} = 50\%$$

（ii）由于职工平均人工成本变动对人工成本总额变动的影响：

平均人工成本变动对人工成本总额影响的相对数：$\dfrac{L_1 T_1}{L_0 T_1} = \dfrac{300}{330} = 90.91\%$

平均人工成本变动对人工成本总额影响的绝对数：$L_1 T_1 - L_0 T_1 = 300 - 330 = -30$（万元）

对基期人工成本总额影响的相对程度：

$$\dfrac{L_1 T_1 - L_0 T_1}{L_0 T_0} = \dfrac{-30}{200} = -15\%$$

（iii）由于职工平均人数变动对人工成本总额变动的影响：

职工平均人数变动对人工成本总额影响的相对数：$\dfrac{L_0 T_1}{L_0 T_0} = \dfrac{330}{200} = 165\%$

职工平均人数变动对人工成本总额影响的绝对数：$L_0 T_1 - L_0 T_0 = 330 - 200 = 130$（万元）

对基期人工成本工资总额影响的相对程度：

$$\dfrac{L_0 T_1 - L_0 T_0}{L_0 T_0} = \dfrac{130}{200} = 65\%$$

（iv）分析：

人工成本总额指数提高了 50%，绝对数增加了 100 万元；其中由于职工平均人工成本指数下降了 9.09%，使人工成本总额绝对数减少了 30 万元；由于职工数变动指数提高了 65%，使人工成本总额报告期比基期绝对数增加了 130 万元。

综合计算结果归纳关系：

$$150\% = 90.91\% \times 165\%$$
$$100（万元）= -30（万元）+ 130（万元）$$
$$50\% = -15\% + 65\%$$

（二）企业人工成本总额构成变化分析

企业人工成本由从业人员的劳动报酬、社会保险费用、福利费用、教育经费、劳动保护费用、住房费用和其他人工费用等七个方面的内容构成，不同时期，各项费用在企业人工成本总额中的比重是变化的。企业人工成本总额内部比重上的变化反映了企业人工成本结构上的此消彼长的状况。借助结构变化的研究，可以发现人工费用增加的原因，也可以发现节约或减少企业人工费用的途径。一般企业人工费用结构变化可编制如表 7.3 所示。

通过计算人工成本总额的各构成项目的比重，可以对人工成本总额的构成情况进行时间序列的比较，观察其变化态势，分析人工成本总额各项目的比重变化的原因，为人工成本预测和决策提供依据。

表 7.3　企业人工成本构成变动比较(%)

项目	2010 年	2011 年	2012 年	2013 年
一、从业人员劳动报酬				
二、社会保险费用				
三、个人和集体的福利费用				
四、教育经费				
五、劳动保护费用				
六、住房费用				
七、其他人工费用				
企业人工成本总额	100%	100%	100%	100%

二、人工成本支出的劳动效益分析

人工成本支出的投入产出效果及支付的合理程度，可以通过将人工成本支付与企业的经济效益指标作对比分析来进行。

1. 人工成本的人均水平分析

平均人工成本是企业一定时期内人工成本总额与平均人数的比值。如前述，其计算公式

$$平均人工成本 = \frac{人工成本总额}{平均人数} \times 100\%$$

平均人工成本反映企业使用劳动力的平均人工成本，也一定程度上反映职工平均收入水平的高低。该指标基本上可以反映不同行业、同一行业中的不同企业在劳动力市场上的工资收入分配关系及其竞争力。

2. 人工成本的产出效益分析

用一定量（数量或金额）的人工成本投入与企业产出比较可以企业人工成本投入的产出效益。一定量的人工成本投入可用百元人工成本支出表示；相应的产出可以是实物产量，也可以是增加值或净产值等指标。

$$每百元人工成本的产品实物量 = \frac{企业产品实物量}{企业人工成本总额} \times 100\%$$

$$每百元人工成本的增加值（或净产值）= \frac{企业实际增加值（或净产值）}{企业人工成本总额} \times 100\%$$

3. 人工成本的经济效益分析

人工成本的经济效益指标，用一定量的人工成本投入给企业带来的实际效益，企业的经济效益可以用销售收入、利润额或利税总额等指标反映。

$$每百元人工成本的销售收入（或利润额）= \frac{企业销售收入（或利润额）}{企业人工成本总额} \times 100\%$$

$$每百元人工成本税金缴纳额 = \frac{企业实际税金缴纳总额}{企业人工成本总额} \times 100\%$$

4. 成本结构指标

成本结构指标是相对指标，主要是人工成本占总成本的比例。其计算公式为

$$人工成本占总成本的比例 = \frac{人工成本总额}{企业成本费用总额} \times 100\%$$

这一指标反映在企业总成本费用中，人工费用占多大的比例。

在实际人工成本的统计分析中，以上三个方面的 4 个指标经常同时使用。对企业来说，与其他企业比较时，比较理想的情况是"三高一低"，即平均人工成本要高、百元人工成本的产品实物量要高、百元人工成本的销售收入（利润）要高，而人工成本占总成本的比例要低，这表明企业的劳动要素高投入高产出、高效益。反之则表明企业经济效益不理想。

HAPTER 8

第八章　职业技能开发与鉴定统计

【内容提要】

本章主要阐述职业技能开发与鉴定的概念与意义、指导思想与任务，职业技能开发机构的发展规模及趋势、培训能力负担、普及程度统计，企业参加培训人员统计，职业技能鉴定机构及人员统计，职业技能开发效益的统计。

【学习要点】

（1）职业技能开发与鉴定的概念与意义、指导思想与任务。
（2）职业技能开发培训的机构结构、费用、成效统计。
（3）参加职业技能鉴定的考核人员统计、结果统计、职业技能竞赛统计。
（4）职业技能开发的社会效益分析与企业经济效益增强的统计。

职业技能开发是社会主义市场经济体制中培育和发展劳动力市场的重要组成部分，是社会劳动力资源开发的核心，是发展经济必需的战略性任务。它对劳动力资源开发、劳动力素质结构的合理配置以及劳动成果的合理分配等方面的重要基础与依据。开展职业技能鉴定，推行职业资格证书制度，是落实"科教兴国"战略方针的重要举措，也是我国职业技能开发的一项战略措施，对于提高劳动者素质，促进劳动力市场建设以及深化国有企业改革，促进经济发展具有极为重要的意义。

第一节 职业技能开发与鉴定统计的意义

一、职业技能开发与鉴定的概念与意义

职业技能开发与鉴定主要是根据劳动力需求预测就业岗位，按照职业标准、岗位规范，以及用人单位的实际需求，开展多形式、多层次、开放灵活、覆盖全社会的职业培训活动，并且以政策法规为基础，以社会现实劳动力为对象，对从事某一种职业应具备的知识和操作技能水平，按照相对统一和固定的标准进行鉴定考核。

（一）职业技能开发与鉴定的概念

1. 职业技能开发的概念

职业技能开发是指根据社会经济发展的需要，为全面提高劳动者自身素质，从思想文化知识和职业技能等方面，对劳动者进行有组织、有计划、有目的的职业培训和职业技能水平评价的活动。其中，劳动者的职业技能水平是劳动者就业、上岗和在企业晋级、享受工资待遇的重要依据。

职业培训就是根据不同职业岗位的要求，对接受培训的人员进行职业知识与实际技能培训和训练的一种职业教育活动。职业培训的目的在于增强劳动者的素质，提高其就业能力、适应职业转换的能力以及工作能力，促进社会经济发展与劳动就业。职业培训是人力资源开发的重要组成部分，是劳动就业的基础。我国已开始建立一个较为符合国情的职业培训体系，即以提高劳动者就业能力和工作能力为目的，以职业分类与职业标准、职业培训、职业技能鉴定、职业资格证书、职业技能竞赛和技能人才表彰等为主要内容，与劳动就业相互联系、紧密结合的工作体系。

职业培训的对象包括初次求职人员、失业人员、在职人员、转岗转业人员、出国劳务人员、境外就业人员、个体劳动者，以及农村向非农转移的人员、农村向城镇流动就业的劳动者；需要提供专门的职业技能培训的妇女、残疾人、少数民族人员、军队退出现役人员；其他需要学习和提高职业技能的劳动者。

根据我国职业培训法规的规定：职业培训分为就业前培训、转业培训、学徒培训、在岗培训、转岗培训、其他职业性培训。其中，除就业前培训之外均属于在职培训。

（1）就业前培训，是指对尚未就业的人员进行的获得就业能力的培训。

（2）转业培训，是指对失业人员进行的获得新的就业能力的培训。

（3）技术工种上岗培训（含学徒培训），是指对从事技术工种的人员进行的获得技术工

种必备技能的培训。

（4）在岗培训，是指对在岗人员定期进行的更新知识或者提高技能的培训，进行在岗培训，以岗位规范为依据。

（5）转岗培训，是指对本企业内部转换岗位的在岗人员进行的获得新岗位必备职业技能的培训。

（6）其他职业培训。由用人单位和有关主管部门根据实际需要安排。鼓励劳动者参加职业技能培训，或者采取自学方法、学习技术，提高职业技能。

劳动者必须参加的培训：①初次求职人员必须参加从业前培训或者接受职业学校教育；②技术工种作业人员必须参加技术工种上岗培训；③特种作业人员必须参加特种作业上岗培训。

职业培训，应当与职业技能标准相适应，实行初级、中级、高级三个层次的培训，职业培训由职业学校和行政主管部门、行业组织、企事业单位举办的职业培训机构实施。其他学校或者教育机构根据办学能力，经劳动保障行政部门认可，可以面向社会开展职业技能培训。社会力量可以按照国家和省的有关规定开展职业技能培训。有关部门应当依照国家和省的有关规定加强对承担职业培训机构的管理。

2. 职业技能鉴定的概念

职业技能鉴定的本质是一种标准参照型考试，它是按照国家规定的职业标准，以政策法规为基础，通过政府授权的考核鉴定机构，按照相对统一和固定的标准，对社会现实劳动力从事某一种职业应具备的技术理论专业知识和实际技能水平，进行客观公正、科学规范地测量考核与鉴定认证，又给予合格者授予相应的国家职业资格证书。人力资源和社会保障部职业技能鉴定中心是负责全国职业技能鉴定技术指导和组织实施工作的部直属事业单位。这对于提高劳动者素质，促进劳动力市场的建设以及深化企业改革，促进经济发展都有重要意义。

职业资格证书制度是劳动就业制度的一项重要内容。职业技能鉴定包括职业资格一级（高级技师）、职业资格二级（技师）、职业资格三级（高级）、职业资格四级（中级）和职业资格五级（初级）的资格考评。从这个角度说，按照某一职业的要求，对劳动者的技能水平进行技术等级考核、录用考核、晋级考核等，都可以称为职业技能鉴定。世界多数国家和地区都采用大致类似的方式开展职业资格认证。

（二）职业技能开发与鉴定的意义、指导思想和任务

各种职业具有自己的特定标准，职业技能鉴定制度的创新与推行，既是发展和完善现行劳动制度的重要措施，同时也是市场经济健康发展的必然要求。

职业技能鉴定工作是职业能力建设工作的重要组成部分的，是技能人才队伍建设的重要环节，对职业教育培训起着重要的推动和促进作用。职业技能鉴定引导培训，职业技能培训提升素质，素质决定就业质量。加强职业技能鉴定，健全技能人才评价体系，推动职业资格证书制度发展，是贯彻落实人才强国战略，加快技能人才队伍建设，建设人力资源强国的重要任务；是实施就业优先战略，促进技能劳动者就业和稳定就业的基本措施；是适应经济发展方式转变，加快产业结构调整，提高企业自主创新能力和核心竞争力的必然要求；是推

进城乡统筹发展,加快工业化和城镇化进程的有效手段。

职业技能鉴定工作,具有面向社会全体成员、实施对象广、年龄跨度大、考试内容多、测试场所分散的特点。职业技能鉴定由理论考试和实际操作考试两大部分组成,应试主体为现实的劳动力。为确保同一工种、同一级别、同一类型鉴定标准的一致性,必须有相对统一的鉴定规程。我国已开始建立一个比较适合国情的职业技能开发体系,即以提高劳动者就业能力和工作能力为目的,以职业分类与职业标准、职业技能培训、职业技能鉴定、职业技能竞赛为主要内容,与劳动就业相互联系、紧密结合的工作体系。

1. 职业技能鉴定工作的指导思想

做好职业技能鉴定工作的指导思想是:深入贯彻落实科学发展观,以"公益为旨、服务为本、质量优先、高端带动、制度保障、技术支撑"为指导方针,以加强高技能人才队伍建设为主线,以提高职业技能鉴定质量为重点,推动鉴定工作科学化,促进鉴定考务规范化,实现鉴定机构公益性,确保鉴定工作公正性,维护职业资格证书权威性。

2. 职业技能开发与鉴定的任务

职业技能开发与鉴定的作用在于,全面提高劳动者的素质,客观评价劳动者的技能水平,逐步推行我国职业职业资格制度,为劳动力市场发展提供基础服务,以便合理配置和有效利用人力资源,做到人尽其才、才尽其用,从而发挥人力资源在经济增长的主要作用。职业技能鉴定是人力资源管理工作的新领域,不仅对社会经济各方面产生重要影响,也将对人力资源管理科学起到非常大的推动作用。职业技能鉴定与职业资格证书是当前我国人力资源开发进行重大战略变革的产物,它将使人力资源获得多层次和全方位的充分开发,从而提高劳动生产率和企业经济效益。

职业技能鉴定是人力资源开发利用与管理领域的基础工作之一,必须适应经济和社会发展,职业技能鉴定总的目标是贯彻落实《中华人民共和国劳动法》,"以培育和发展劳动力市场、促进就业培训、保障和提高劳动者就业能力和工作能力"为宗旨,以职业标准和职业技能鉴定规范为依据,实行政府指导下的职业技能鉴定社会化管理,不断完善职业技能鉴定体系,并使之与国际接轨,建立起我国的职业资格证书制度。

"十二五"期间,职业技能鉴定工作的主要任务是:加强顶层设计,完善政策法规,创新工作思路,夯实工作基础,推动职业资格证书制度科学规范发展,为促进就业和经济社会发展提供有力的技能人才支持。到2015年,力争使9000万人次接受职业技能鉴定服务,7000万名技能劳动者取得职业资格证书,高级工以上的高技能人才达到3400万人(高级技师140万人、技师630万人、高级工2630万人)。同时,修订完成《中华人民共和国职业分类大典》,建成科学规范的职业分类体系。大力开发职业技能标准,形成结构较为完整、覆盖经济社会发展所需主要职业的技能标准体系。加快鉴定题库建设,构建100个精品职业技能鉴定国家题库。做好100个国有大型企业的技能人才评价工作,培育1000个国家级示范性职业技能鉴定所(站),培养10000名优秀职业技能鉴定考评人员。

3. 职业技能开发与鉴定统计的意义

职业技能开发与鉴定这些方面的统计研究,对我国职业培训工作的开展,职业培训效果的评估,职业培训体系的建设等多方面,对于社会、经济和文化的持续、稳定与健康发展,具有极为重要的作用和重要意义。

（1）反映国家有关职业培训和教育的政策方针的贯彻实施情况及其指导的职业技能开发情况，分析职业培训市场发展变化的趋势及社会经济发展对职业培训的需求，为国家及各级主管部门制定职业培训政策、编制职业培训计划和长远规划提供依据。

（2）可以全面、系统地反映职业技能培训、职业技能鉴定、职业技能竞赛和职业培训效益等方面的实际状况和存在的问题，为进一步分析探讨问题产生的原因，寻找解决途径提供依据。分析职业教育活动的各个阶段状况与国民经济发展的相适应程度。

（3）反映劳动者科学、文化和技术水平等专业技能的整体水平，以及劳动力市场的供求情况以及从事某种职业应具备的专业知识和操作技能的达标情况，为社会劳动的管理和协调人才社会流动的提供可靠依据。

（4）职业培训状况是反映我国劳动力科学技术水平的一个重要方面，所以，职业培训量化管理对与劳动力相关的国情国力的研究工作也具有重要意义。

第二节　职业技能开发统计

职业技能开发是职业培训体系的重要组成部分，宏观层面，职业技能开发包括从业前培训、转业培训和在职培训。微观层面，职业技能开发侧重于在职培训，包括现场培训、脱产培训和继续教育等。它是提高劳动者素质、培养人才的重要途径，是持续发展国民经济，促进企业提高劳动生产率和经济效益的可靠保证。对于企业职工的职业技能的开发与提高有极为重要的意义。

职业技能开发统计反映依据职业技能标准对劳动者进行实际技能和理论知识培训的情况，包括职业培训市场的供给、需求和实际培训情况。

（1）通过培训机构基本情况和培训能力统计来反映职业培训市场的供给；

（2）通过参培人员情况和培训机构经费收支情况统计来反映职业培训的实际情况；

（3）通过劳动力数量和质量统计间接地反映职业培训市场的需求。职业市场需求的直接统计较为困难。因为职业培训需求非常广泛、个性化，涉及所有用人单位和各类劳动者，所以现阶段一般通过统计劳动力数量和质量的方式来间接反映。

目前，职业技能开发统计主要包括三个方面内容：职业技能培训机构情况统计、企业参加培训人员统计和职业技能开发培训的结构统计、企业职业技能开发费用统计和职业技能培训的成效统计。

一、职业技能培训机构情况统计

（一）基本描述统计

职业技能培训机构的数量、状态和能力是培训市场总供给的综合反映，是开展职业技能培训必备的师资和场地设施等一定物质条件保障。基本统计指标如下所述。

1. 培训机构数量统计

广义来看，我国社会力量职业技能机构包括两类，一类是教育行政部门主管的以实施学历教育和文化补习、学前教育、自学考试助学为主的教育机构；另一类是劳动行政部门主管的实施以职业技能为主的职业资格培训、技术等级培训的教育机构。狭义的概念是指企业组织、社会团体及其他社会组织和公民个人利用非国家财政性教育经费，面向社会举办的培训机构，主要实施以职业技能培训为主的职业资格培训、技术等级培训、劳动就业职业技能培训。依据1997年10月1日起实施的《社会力量办学条例》规定，职业培训机构仅从我国劳动行政部门管理审批范围来规定，不包括教育部门举办的职业中学和职业技术专科学校等。

培训机构数量是指承担各类职业培训的独立培训机构个数。具体包括由中央和地方各级劳动保障部门、中央和地方各级行业管理部门、各类企业事业单位，以及各种社会力量（包括私人）投资兴办的技工学校、就业训练中心和其他职业培训机构的数量。

2. 培训能力规模统计

直接反映职业培训市场供给规模的指标，统计经主管部门批准的培训机构按规划或设计能力所能培训的人数。

3. 专业设置种类统计

分别统计培训机构中开设的各个专业种类的数量。

4. 培训师资员工人数统计

统计培训机构中从事教学、管理、后勤服务工作的各类专职或兼职人员的人数。企业培训配备的教员有两种模式，一种是专职的；另一种是兼职的。其中，专职教职员工是指在培训机构中工作且编制在册的承担职业培训教课任务教员。包括专业理论教师、实习指导教师、教学辅助、行政管理、工勤等。兼职教职员工是指在企业内或在企业外聘约的兼职教员。统计指标有：①专职教员人数；②兼职教员人数；③行政后勤人数。

5. 培训用房建筑面积统计

这是指统计培训机构自有或现有常年专门用于各种职业培训进修的培训用房建筑面积。自有培训用房建筑面积指标是各职业培训机构自己所拥有的用于各种职业培训进修的教室、教学用办公室和专门实习车间等房屋的建筑面积的总和。现有培训用房建筑面积，在自有培训用房建筑面积基础上加上培训机构承租和借用的培训用房建筑面积的总和。

（二）发展规模及趋势统计分析

通过统计职业技能培训的分析指标能够反映一个国家或地区在一定时期内职业技能培训的发展规模及趋势。

1. 职业培训机构(或学生)的发展速度指标

$$职业技能培训机构（或学生）的发展速度 = \frac{计算期内职业培训的机构（或学生）数}{基期职业培训的机构（或学生数）} \times 100\%$$

2. 职业培训机构(或学生)的增长速度指标

$$职业技能培训机构（或学生）的增长速度$$
$$= \frac{计算期内增加的职业培训的机构（或学生）数}{基期职业培训的机构（或学生数）} \times 100\%$$
$$= 职业技能培训机构（或学生）的发展速度 - 100\%$$

(三)培训能力负担分析指标

主要的能力负担分析指标如下。

1. 职业培训机构的负担系数

$$职业技能培训机构平均负担学生数量 = \frac{在培学员总人数}{同期职业培训机构数量} \times 100\%$$

2. 教员任课负担程度统计

教师负担系数是指职业技术学校中平均每个专职教师所负担的学生数量。反映专职教师教学任务的饱满程度和专职教师的工作量大小,以便挖掘潜力,充分发挥现有教师的作用。

1)教员负担系数

反映担任培训工作的专任教员与兼职教员的讲课负担情况,可用教员负担系数,这是在培学员人数与现有任课教员人数的比值,反映了一名教员平均教授学员的人数,从而表现了教员的配置和利用情况。

$$教员负担系数 = \frac{在培学员总人数}{同期专职教师总人数} \times 100\%$$

2)教员比例

将在职教员的总人数,包括专职教员和兼职教员,与承担职业培训工作的全部人员进行对比,分析教员所占的比例。

$$教员比例 = \frac{教员总人数(专职及兼职)}{同期培训工作人员总人数} \times 100\%$$

3. 培训用房建筑面积负担系数

$$培训用房建筑面积负担系数 = \frac{在培学员总人数}{同期培训用房建筑面积} \times 100\%$$

上述三个指标均可在学校、地区、省市、全国等不同范围内统计。

(四)职业技能培训的普及分析指标

1. 办学面

办学面是指已办学的企事业单位所占的比率,反映举办职业培训或职工教育的普遍程度。

$$办学面 = \frac{已办学的企事业单位数}{应办学的企事业单位总数} \times 100\%$$

2. 在职职工培训率

在职职工培训率是指在职培训参培人数占全部在职职工的比重,反映职工全员培训的程度。

$$在职职工培训率 = \frac{在培训参培人员总人数}{同期在职人员总人数} \times 100\%$$

二、企业参加培训人员统计

在一定时期内,企业实际组织的各种各类培训与进修,无论是在社会或是在企业内,也不管时间长或是时间短,企业员工只要实际参加了培训活动,就应被列入参加培训人员的核算范围。

（一）企业参加培训的总人数统计

企业参加培训人员人数是指一定时期内（如一个月、一个季度或全年）在各类培训机构实际参加职业培训或进修的企业人员总数。反映一定时期内企业职业培训活动的总规模。严格地说，该指标应该是总人次数，因为其通常是由同期的各类或各地的参培人数汇总而来的，其中有时会包括在同一时间内参加两项或多项培训的人。由于具体表述的内涵的差异，企业参加培训的总人数指标分别以两种指标来体现。

1. 企业本期参加培训的人次数指标

这个总量指标是本期每种培训的参与人数的汇总，总量应按"人次"计算。一名职工在本期参加两种培训，就按两人次计算。

2. 期末在培训人数指标

标明企业在报告期最后一天，正在接受各种职业培训的实际人数。

（二）企业职工学习学员人数指标

企业有专司培训进修的职工学校时，要表明其培训工作总量或规模情况，可计算学员人数指标。该指标包括：①本期招收学员数；②本期在学学员数；③本期流失学员数。

（三）企业职业技能与开发进程分析

1. 企业职工入学率

企业职工入学率是指在一定时期内，企业参加学校进修或培训的人员在企业全部人员中所占的比重，表明了企业培训与教育的普及程度。

$$职业入学率 = \frac{本期实际参加培训人数}{企业全部人员数} \times 100\%$$

2. 企业职工退学率

企业职工退学率是指参与企业培训进修的人员，会由于各种各样的客观原因，学习无法坚持始终，即中途退出培训进修的这部分人员在企业参加培训进修的总人数中的比重。

$$职工退学率 = \frac{本期中途退学人数}{本期招收培训人数} \times 100\%$$

（四）企业参加培训人员培训结业统计

1. 培训结业人数统计

结业人数统计是指一定时期内，在就业培训机构中参加职业培训并按培训时间、培训内容和培训目标完成培训，并通过规定考核，合格达标的学员人数或未达标的学员人数。该指标反映了一定时期职业培训的总成果。达标的应计算为毕业人数，未达标的应计算为肄业人数。

结业人数统计按照参培人员的职业状态不同，可分别统计就业前培训结业人数、转业培训结业人数和在职培训结业人数；按照培训层次不同，可分别统计初级培训结业人数、中级培训结业人数和高级培训结业人数；按是否取得学历可分别统计学历培训毕业人数和非学历培训结业人数。

2. 培训结业程度统计

培训结业程度统计指标包括结业（毕业）率和全员培训率。

1）职工结业（毕业）率

其计算方法为

$$职工结业（毕业）率=\frac{本期结业（毕业）人数}{本期招收培训人数}\times100\%$$

2）职工肄业率

$$职工肄业率=\frac{本期肄业学员人数}{本期招收培训人数}\times100\%$$

3）职工全员培训率

即按全部职工考察，在一年内参加过企业培训进修的职工的比例。其计算方法为

$$职工全员培训率=\frac{已培训职工人数}{企业职工总人数}\times100\%$$

三、职业技能开发培训的结构统计

如前所述，职业技能培训的类型多种多样，可通过计算结构指标，对职业技能培训各类型构成进行分析研究。主要统计指标如下。

（一）企业职业技能开发分类

根据研究企业职业技能开发的目的不同，职业技能开发的统计分组方法主要有以下四种。

1. 按职业培训状态的结构统计

参培人数指标按其职业状态不同，又可分为就业前参培人数、转业参培人数和在职参培人数。

1）就业前参培人数

就业前参培人数是指未参加工作的年轻人，在就业前为谋求就业职位而在各类培训机构中接受某种职业培训的人数，包括劳动预备制学员。

2）转业参培人数

转业参培人数是指下岗失业人员或一些面临转业的劳动者为适应转业需要，在各类培训机构中参加转业培训的人数。

3）在职参培人数

在职参培人数是指在职人员为提高工作能力和工作效率而参加各种职业培训班的人数。

2. 按培训场所分组

由于对企业职工的培训场所有不同要求，为适应不同需要，培训场所可能是分散性质的，也可能是集中性质的。

（1）现场培训，这种培训模式是依托职工实际从事的工作或所处的工作岗位，干什么学什么，边劳动，边学习。既要完成生产工作任务，还要达到一定的专业技术水平或具有一定的工作能力，如岗位练兵、师傅带学徒、技术表演示范等。

（2）业余学习，这是指在工作时间外的业余时间，职工参加各类专业技术性质的学习和进修，如业余短训班、社会成人大中专班等。

3. 按培训方式分组

（1）脱产学习。暂时离开工作岗位，进行专业技术学习或训练，学习终结后经过考核鉴定，如参加正规院校学习的进修生。

（2）半脱产学习。不离开现在的工作岗位，可占用少量工作时间，参加专业技术学习或其他的培训学习。

（3）不脱产学习。这是利用业余时间，参加各种培训的学习方式。

4. 按培训程度分组

（1）高等教育。参加成人自学考试、广播电视大学、远程网上教育等大学性质培训，一般结业后考试合格取得大专及以上毕业资格。

（2）中等专业教育。参加成人中专学习或职业学校学习，结业后考试合格取得相应的学历资格。

（3）初等教育。

此外，参培人数还可以按培训性质（学历、非学历培训）、培训对象（在岗职工、下岗职工、失业人员和其他人员）、培训专业、技术等级等进行分类统计。

（二）企业职业技术开发的结构分析

1. 某类职业培训机构(或学生)的比重指标

$$\text{某类职业培训机构（或学生）所占比重} = \frac{\text{某类职业培训机构（或学生）的人数}}{\text{全部职业培训机构（或学生）的人数}} \times 100\%$$

2. 企业培训学历程度统计

通过该指标反映职业技能培训活动中学历教育与非学历教育的比例关系。企业职工培训应提高职工的学历程度，使之更能胜任实际工作。同时要避免单纯追求学历的倾向，要符合企业实际需求。

（1）成人学历培训中高等教育比重

$$\text{高等教育培训率} = \frac{\text{本期接受高等教育人数}}{\text{本期参加成人学历教育的人数}} \times 100\%$$

（2）成人学历培训中中等教育比重

$$\text{中等教育培训率} = \frac{\text{本期接受中等教育人数}}{\text{本期参加成人学历教育的人数}} \times 100\%$$

（3）学历（或非学历）职业培训所占比重

$$\text{学历（或非学历）职业培训所占比重} = \frac{\text{学历（或非学历）职业培训结构（或学生）的人数}}{\text{全部职业培训机构（或学生）的人数}} \times 100\%$$

3. 职业技能培训的专业构成指标

这个统计指标反映一定时期内职业技能培训的专业热点，研究分析职业培训市场的供求关系、需求热点专业及其发展变化趋势。

$$\text{职业技能培训的专业所占比重} = \frac{\text{职业技能培训的专业在培人员的人数}}{\text{全部职业培训在培学员的总人数}} \times 100\%$$

4. 现场培训的集中趋势统计

现场培训的集中趋势统计指标是现场培训系数。其计算方法为

$$现场培训系数 = \frac{参加现场培训人数}{参加各类培训总人数} \times 100\%$$

5. 业余学习趋势分析

企业员工的培训和进修，应该利用业余时间进行，统计企业人员利用业余时间学习的趋势的指标主要有：①企业在培人员业余学习率；②企业业余学习参与率。

（1）企业在培人员业余学习率

$$企业在培人员业余学习率 = \frac{企业在培人员业余学习人数}{企业在培人员总人数} \times 100\%$$

（2）企业在培人员业余学习参与率

$$企业在培人员业余学习率 = \frac{企业在培人员参加业余培训人数}{企业全部职工总人数} \times 100\%$$

6. 企业脱产学习比例分析

除对企业紧缺的专业技术适当安排脱产培训外，一般不采用企业人员脱产学习这种培养方式。企业脱产学习比例可统计脱产学习率进行分析。

（1）按人数计算的脱产学习率。

$$脱产学习率 = \frac{全脱产学习人数}{本期在培总人数} \times 100\%$$

（2）按学习占用生产工作时间计算的脱产学习率。

公式中分子项包括全脱产学习和半脱产学习占用的生产工作时间，这更符合现实。

$$脱产学习率 = \frac{在培人员培训占用工作时间}{本期在培人员培训时间总量} \times 100\%$$

7. 企业短线工种的培训统计

企业职业技能开发工作，应密切结合实际需要，特别注意短缺人才的培养，拾缺补遗，自力更生，使各种工程或失业人员配置平衡。统计指标有：①短线工种培训率；②短线工种补充率。

（1）短线工种培训率：

$$短期工种培训率 = \frac{短线工种的在培人员}{本期在培的技术工种人数} \times 100\%$$

（2）短线工种补充率。

短线工种技工补充情况的统计指标。

$$短线工种补充率 = \frac{短线工作已补充人数}{短线工种应补充人数} \times 100\%$$

四、企业职业技能开发费用统计

职业培训经费收支统计反映的是职业技能培训机构经费的收入与支出的总情况，由经费收入和经费支出等指标组成。由于职业培训机构的类型各不相同，由国家和政府部门投资举办的诸如学校培训中心等事业单位，也有企业或私人投资兴办的职业培训机构，其经费收

支与核算方式也各不相同，所以，可根据培训机构的类型分别对职业培训经费收支情况进行统计。

（一）企业职业技能开发费用统计

1. 培训经费收入总额统计指标

职业培训经费收入总额是指培训机构从国家和主管部门获得的基本建设投资、培训经费拨款，以及培训机构自筹资金的各项收入的总和，它由培训经费收入和基建投资收入两部分构成。

（1）培训经费收入。培训经费收入是指培训机构的各项收入总额，具体包括政府下拨事业费、企业投入经费和其他经费。政府下拨事业费是指各级政府对培训机构的事业费拨款。企业投入经费是指企业对培训机构投入的培训经费。其他经费收入是指培训机构除政府下拨事业费、企业投入经费以外的其他各项收入，包括学费、实习费、集资捐款等收入。

（2）基建投资收入。基建投资收入是指国家和企业对培训机构基建投资拨款和培训机构自筹基建资金总额。

2. 培训经费支出总额统计指标

职业培训经费支出总额是指培训机构所支付的各项费用之和。

（1）培训经费支出。培训经费支出是指培训机构所支付的各项培训费用总额，具体包括教学经费、人员经费、助（奖）学金、行政经费支出等。教学经费支出是指培训机构用于教学方面的各项费用支出。人员经费支出是指培训机构用于教职工的工资、社会保险、福利等费用支出。助（奖）学金支出是指培训机构支付给学员的助学金、奖学金。行政经费支出是指培训机构用于行政开支的各项费用支出。

（2）培训设施投资完成额。

培训设施投资完成额是指为满足培训教学需要，建造和购置固定资产所支付的费用，如建造教室和实习车间，购置设备、工具和仪器实际支付的费用等。

（3）人才引进费用。为吸引和招聘高科技人才与高级管理人才，以及短缺人才引进技术工人而实际支付的费用。

（4）基建投资支出。基建投资支出是指培训机构用于基本建设的投资总额。

（二）企业职工培训费用总额

企业职工培训费用总额是指企业在一定时期内（如月、年）实际支付的用于职工培训和进修的全部费用，包括现场培训费用、企业职工进修深造培训费用、师资及教材费用等。

（1）现场培训费用，即在企业内的职工培训中采用岗位练兵、技术操作表演等形式需要支付的各种费用的总和。

（2）企业职工进修深造培训费用，即企业将职工派往国内企业或派往国外研修，委托大专院校定向培养所实际支付的培训费用。

（3）师资及教材费用，即实际支付的培训教师的工资、保险和福利费用。支付给兼职教师的讲课酬金和其他费用，支付的教材、教学资料及实验的费用等。

（三）企业职业技能开发费用分析

1. 某项经费收入占培训总收入的比重

通过该指标反映职业技能培训收入构成中某一部分收入所占的份额。计算公式为

$$某项经费收入占培训总收入的比重 = \frac{某项经费收入}{培训总收入（万元）} \times 100\%$$

2. 某项经费支出占培训总支出的比重

通过该指标反映职业技能培训支出构成中某一部分支出所占的份额。计算公式为

$$某项经费支出占培训总支出的比重 = \frac{某项经费支出}{培训总支出（万元）} \times 100\%$$

3. 职业培训经费占全部教育经费的比重

过该指标反映国家对职业培训的重视程度。同时，还可通过不同时期的职业培训经费占全部教育经费的比重之差来反映和分析其比重的变化。

$$职业培训经费占全部教育经费的比重 = \frac{职业培训经费}{全部教育经费（万元）} \times 100\%$$

4. 培训资金利用率

培训资金利用率指标是将参加培训人数与培训费用使用额对比，综合反映职业培训资金的利用情况，即企业每支付万元培训费用可培训的职工人数。一般来说，培训人员越多，培训资金利用率越高。

$$培训资金利用率 = \frac{培训职工人数}{企业培训费用使用额（万元）} \times 100\%$$

5. 培训资金收获率指标

培训资金收获率指标是将培训结业后的合格人数与培训费用支出总额对比，每支出万元费用培养出的合格人才数，综合反映培训投入的成效。其计算公式为

$$培训资金收获率 = \frac{培训出的合格人数}{企业培训费用支付总额（万元）} \times 100\%$$

6. 企业培训费用水平

（1）企业平均每个职工的培训费用支付

$$企业职工人均培训费用 = \frac{培训费用实际支出}{企业职工平均人数} \times 100\%$$

（2）企业平均每个接受培训的人员实际培训费用的花费水平

$$培训人员人均培训费用开销 = \frac{培训费用实际支出}{本期参加培训人数} \times 100\%$$

7. 现场培训费用比重

现场培训费用比重指实际用于企业内的现场培训费用在企业全部培训费用支出总额中的份额。

$$现场培训费用比重 = \frac{现场培训费用支出}{培训费用支出总额} \times 100\%$$

8. 培训费用年收益率

这是针对参加培训人员通过培训后专业技术水平和技能会得到不同提高、对企业的贡

献会增强、相应的工资收入会增加提出的，从而表明个人收益的增长程度。

$$培训费用年收益率 = \frac{本届毕业生年收入 - 上届毕业生年收入}{本届毕业生人均培训费用} \times 100\%$$

（四）企业职业技能开发费用的宏观分析

1. 企业职工培训费用与增加值的比较

将企业职工培训费用支付与企业生产成果对比观察，综合反映培训投入的生产效果，培训的目的是提高员工的劳动素养，促进企业的整体品质的增强，以利于企业的进一步发展和提升，其计算方法为

$$万元增加值的培训支出 = \frac{企业职工培训费支出额}{同期企业实际增加值（万元）}$$

2. 企业职工培训费用和国民教育费用比较

企业职工的培训与进修是人力资源继续教育的重要举措之一，职工培训费与国民教育费用的比例，可以在一定程度上表明企业对继续教育的投入力度或关注程度。可采用强度相对指标予以体现，即以平均每万元国民教育费用中相应的职工培训费用的支付情况，其计算方法为

$$平均职工培训费支出额 = \frac{企业职工培训费用总额}{国民教育经费投入额（万元）}$$

3. 企业职工培训费增长与国内生产总值增长的比例关系

一般情况下，企业劳动力素质的增强，将促进生产经营活动的扩展与深化以及社会生产力水平的提高，对人力资源的培训，就是提高其素质的重要手段之一，所以，从企业职工培训费用与国内生产总值的增长比例可以看出，培训费用投入增长的快慢对国内生产总值增长的影响，其计算方法为

$$增长比例关系 = \frac{国内生产总值增长速度}{职工培训经费增长速度}$$

4. 企业培训费用的增长与财政支出增长的比例关系

用于职业技能开发的经费，有相当一部分可能与财政支出有一定关系。在财政支出中，需保持培训费用的一定比例，以保证职业技能开发工作的顺利推进，利于不断提高劳动力的素质水平。所以，财政预算的增长会影响到培训费用的支付，二者增长速度的比较，大体上反映了它们之间的相互关系及其适应程度。其计算方法为

$$二者增长比例关系 = \frac{财政预算支出增长速度}{培训费用增长速度}$$

只有财政预算支出稳步增长，才能保证培训费用一定增长。所以，这种比例数值，一般会略大于1或者等于1，这样的比例关系是较为适宜的。

五、职业技能培训的成效统计

职业技能培训成果可以通过统计下列指标反映。

1. 学历职业教育学生毕业率

$$学历职业教育学生毕业率 = \frac{应届毕业生人数}{学生入学人数} \times 100\%$$

2. 职业技术学校毕业生就业率

职业技术学校毕业生就业率是指录用的毕业生人数占全部毕业生的比率。该指标反映职业技术学校的毕业生被社会择优录用的情况，从一个侧面反映学校教学的质量和水平，以及所开课程的受欢迎程度。其计算公式为

$$职业技术学校毕业生就业率 = \frac{录用的毕业生人数}{全部毕业生人数} \times 100\%$$

3. 职业培训结业率

$$职业培训结业率 = \frac{结业人数}{同期参培人数} \times 100\%$$

4. 职业技能培训计划完成程度

职业技能培训计划完成程度是职业技能培训工作的考核指标，反映职业技能培训年度计划的完成情况，或长期规划的完成进度情况。

$$职业技能培训计划（或规划）完成程度 = \frac{计划期实际培训人数}{计算期计划（或规划）培训人数} \times 100\%$$

5. 工人培训前后技术等级提高率

工人技术等级高低与职业培训密切相关，直接关系到企业经济效益的高低。提高工人平均技术等级是提高企业经济效益的重要保证之一，也是提高综合国力的重要保证。

$$工人平均技术等级 = \left(\sum (技术等级 \times 人数)\right) / 全部工人合计数$$

$$工人平均技术等级提高率 = \frac{工人培训后平均技术等级}{工人培训前平均技术等级} \times 100\%$$

工人平均技术等级提高程度 = 工人培训后平均技术等级 − 工人培训前平均技术等级

6. 合理化建议提出与采纳分析指标

企业员工经过培训，其技术操作水平提高，劳动技能和开拓创新意识增强，工人提出合理化建议的数量也会有所增加，当这些合理化建议通过技术鉴定被用于生产经营过程中，就会创造出良好的经济效益。通过培训前后合理化建议提出与采纳情况的对比分析，进一步反映出了职业技能培训的积极意义。

$$合理化建议增长率 = \frac{培训后人均多提出合理化建议的件数}{培训前人均合理化建议提出的件数} \times 100\%$$

$$合理化建议采纳动态指标 = \frac{培训后采纳合理化建议的件数}{培训前采纳合理化建议的件数} \times 100\%$$

7. 企业技术革新成果分析指标

企业员工经过培训，技术理论知识得以丰富，技能得以提高，创造发明和技术革新的激情也被激发出来。为了反映这种培训效果，可计算下列指标：

$$技术革新项目实现变动率 = \frac{培训后技术革新项目实现数}{培训期技术革新项目实现数} \times 100\%$$

$$推广技术革新项目后的增长率 = \frac{技术革新项目采用后增加的产量}{技术革新项目采用前的项目产量} \times 100\%$$

$$推广技术革新项目后的节约率 = \frac{采用技术革新项目后节约的消耗量}{采用技术革新项目前的消耗量} \times 100\%$$

8. 企业工作效率提高效果分析

通过培训，提高了职工的理论知识水平和技术水平，激发了职工的聪明才智，会促进企业各方面的工作，如技术改造、创造发明、经营管理科学化等。可以通过职工培训前后技术革新项目的实现数，以及实际取得的增产节约效果来说明职业培训的成果。

1）节约用工量的计算

$$工时节约量 = 培训后的工时消耗量 - \frac{计算期实际产量（或工作量）}{培训前的工作效率}$$

$$工资支付节约额 = 节约的工时量 \times 计算期小时平均工资$$

2）增产增收的计算

$$增加产量或产值 = （培训后劳动生产率 - 培训前的劳动生产率）\times 计算期平均人数$$

$$增加盈利或收入 = （培训后人均创利 - 培训前人均创利）\times 计算期平均人数$$

3）人工费节约的计算

$$人工费节约额 = （培训后单位产品人工费 - 培训前单位产品人工费）\times 计算期实际产量$$

第三节　职业技能鉴定统计

职业技能鉴定是职业技能鉴定部门按照《职业技能鉴定规定》，对劳动者的职业技能水平进行有权威的认定和考核活动。它由专门的考试或考核机构对劳动者从事职业应掌握的专业技术理论知识、实际操作能力进行测量和评定。

职业技能鉴定是职业资格证书制度的重要组成部分。推行职业资格证书制度，是实施"科教兴国"战略的举措之一，是人力资源开发的重要手段。《中华人民共和国劳动法》《中华人民共和国职业教育法》等法律为推行职业资格证书制度奠定了法律基础。

职业技能鉴定统计通过技能鉴定机构数、考评员人数、参加技能鉴定考核人数和获取职业资格证书人数等指标来反映技能鉴定的开展情况。技能鉴定中的各项指标均可按国家所、行业站、地方站、工考委、技师考委进行分类考察。

一、职业技能鉴定统计的意义

职业技能鉴定对人力资源的开发具有质量检验的功能，即对人力资源开发的结果进行考核与评定，对劳动力的产权和质量给予认证，对考试、考核合格者给予权威认，准予其进入就业领域，促使劳动力市场有序运行、人力资源合理配置，为制定社会经济发展政策服务。认真贯彻好以人为本的信念，构建和谐社会，必须对职业技能开发的结果进行动态研究。职业技能鉴定统计，反映了国家对劳动者的劳动技能进行权威认定的情况。职业技能鉴定统计，通过职业技能鉴定单位数、考评人员配备、考核鉴定人数总量及构成、考核合格者规模与获取职业资格证书的人数等指标，表明职业技能鉴定的过程和最终结果及其发展态势。

二、职业技能鉴定机构及人员统计

（一）职业技能鉴定机构数量统计

职业技能鉴定机构数是指各级人民政府根据《职业技能鉴定规定》而成立的专门从事

客观评价劳动者的职业技能水平，并发放鉴定证书的管理机构数。有国家级鉴定机构、行业级鉴定机构、地方级鉴定机构、其他鉴定机构。

技能鉴定机构数统计具体包括如下四点。

1. 国家级鉴定机构数

国家级鉴定机构数即在《劳动部关于实行职业技能鉴定社会化管理试点工作的通知》中确定的首批国家职业技能鉴定 50 个通用工种实施鉴定的机构，列入国家所统计中。

2. 行业级鉴定机构数

行业级鉴定机构数即经劳动和社会保障部（或原劳动部）审批的行业特有工种鉴定机构，列入行业站统计。

3. 地方级鉴定机构数

地方级鉴定机构数即各地劳动保障部门设立的职业技能鉴定站，列入地方站统计。

4. 其他鉴定机构数

其他鉴定机构数，如列入工考委、技师考委统计的职业技能鉴定站的数量。

（二）职业技能鉴定专业人员数量统计指标

职业技能鉴定专业人员是指职业技能考评人员，即按照国家有关规定和要求，在各级各类职业技能鉴定机构专门从事职业技能鉴定考核和评审工作人员的人数。计算职业技能鉴定专业人员数，可以按各级鉴定机构统计，即分为国家级、行业级、地方级鉴定机构考评员人数和其他鉴定机构考评员人数。

计算职业技能鉴定专业人员数时，应分别计算期末人数指标和平均人数指标。

三、参加职业技能鉴定的考核人员统计

参加技能鉴定考核人数是指一定时期内在各级技能鉴定机构报名，参加各技术等级的技能鉴定考核的劳动者人数总和。统计职业技能鉴定专业人员数，可以按各级鉴定机构统计，即分为国家级鉴定机构考评员数、行业级鉴定机构考评员数、地方级鉴定机构考评员数和其他鉴定机构考评员数。

参加职业技能鉴定考核人数的计算要想说明一定时期内被考核的总人数，表明其职业技能鉴定的考核规模和劳动力的参与情况，应计算参加考核人数指标。凡是在报告期内，申请参加统一考核或考试的人员，不管其是否合格，或是否取得职业资格证书，都应包括在内。除计算"参加考核总人数"指标外，一般还应按照职业、行业、产业、在业与否、技术等级等分类计算参加考核人数。凡在报告期内申请参加统一考核或考试的人员，不管其是否合格，或是否取得职业资格证书，都应包括在内。

（一）按职业分类

按照所在职业把参加职业技能鉴定的考核人员划分为 8 类：①国家机关、党群组织、企业和事业单位负责人；②专业技术人员；③办事人员和有关人员；④商业、服务业人员；⑤农、林、牧、渔、水利业生产人员；⑥生产、运输设备操作人员及有关人员；⑦军人；⑧不便分类的其他从业人员等。

(二）按国民经济行业分类

按所在行业把参加考核或考试的人员分为16类：①农、林、牧、渔业；②采掘业；③制造业；④电力、煤气及水的生产和供应业；⑤建筑业；⑥地质勘察、水利管理业；⑦交通运输、仓储及邮电通信业；⑧批发和零售贸易餐饮业；⑨金融保险业；⑩房地产业；⑪社会服务业；⑫卫生体育和社会福利业；⑬教育文化艺术和广播电影电视业；⑭科学研究和综合技术服务业；⑮国家机关、党政机关和社会团体；⑯其他行业。

（三）按产业分类

按照所在产业把参加考核或考试的人员分为3类：第一产业、第二产业、第三产业。

（四）按在业与否分类

按照是否在业把参加考核或考试的人员分为4类：从业人员、下岗人员、失业人员、退休人员。

（五）按工人技术等级分类

按技术等级把参加考核或考试的工人分为5类：初级工、中级工、高级工、技师、高级技师。

四、职业技能资格获取证书人数统计

获取职业资格证书人数是指各级鉴定机构对在职业技能鉴定中符合《工人考核条例》标准的劳动者发给鉴定证书的人数。可以按所获得证书的等级分为普通、初级、中级、高级工和技师、高级技师。

1. 职业技能鉴定考试或考核合格人数指标

在一定时期内，参加职业技能鉴定的统一标准考核或考试，取得合格资格的人数。

2. 职业技能鉴定获得职业资格证书人数指标

在一定时期内，参加职业资格认证考核或考试，评定合格并取得相应职业资格证书的人数。

五、职业技能鉴定结果统计

（一）职业技能鉴定申报合格程度统计

职业技能鉴定合格程度统计指标实施职业技能鉴定合格率，是指参加技能鉴定考核人数中，考试合格通过鉴定获得职业资格证书人数所占比例，这个指标能够分析出考核难度和参考人员的普遍素质水平。在一定时期内，参加职业技能鉴定的人员需符合申报相应等级应具备的条件，如就职年限、职业培训经历和学历等，方能参加有关考核或考试。

其计算方法为

$$\text{申报资格合格率} = \frac{\text{符合申报条件人数}}{\text{全部申报人数}} \times 100\%$$

$$\text{职业技能鉴定合格率} = \frac{\text{获得职业资格鉴定证书人数}}{\text{参加技能鉴定考核的人数}} \times 100\%$$

（二）职业技能鉴定参与程度统计

职业技能鉴定参与程度统计指标是职业技能鉴定参与率，分析和确定应参加职业技能鉴定考核的人员有多大程度参与，表明其组织、动员以及实际参与的状况。所计算的参与率表示在一定时期内，实际参加考核或考试的人员占应参加职业技能鉴定考核或考试人员的比重。

$$职业技能鉴定参与率 = \frac{参加技能鉴定考核的人数}{应参加技能鉴定考核的人数} \times 100\%$$

职业技能鉴定参与程度还可以用参加高等教育自学考试的人员比重来表示。

$$参加高等教育自学考试的人员比重 = \frac{实际参加高等教育自学考试的人员人数}{企业从业人员人数} \times 100\%$$

需要说明的是，对实际参加职业技能鉴定考核人员中统计参加高教自学考试的比率，可以反映出利用这种鉴定方式的程度。

$$参加高等教育自学考试的人员比重 = \frac{实际参加高等教育自学考试的人员人数}{实际参加技能鉴定考核的人数} \times 100\%$$

（三）职业技能鉴定考核通过程度分析

职业技能鉴定结果统计这指在一定时期内，参加职业技能鉴定的考核或考试，达到合格标准或获得职业资格证书的人员比率。它能够反映职业技能鉴定的实际结果。一般地，达标程度越高越好。结果统计采用以下三种指标表示。

1. 职业资格证书取证率

$$职业资格证书取证率 = \frac{实际取得职业资格鉴定证书人数}{实际参加考核或考试人数} \times 100\%$$

2. 高教自学考试学位取证率

$$高教自学考试学位取证率 = \frac{实际取得高教学位证书人数}{实际参加高考自考人数} \times 100\%$$

3. 高教自学考试单科通过率指标

$$高教自学考试单科通过率 = \frac{实际自考单科及格人数}{实际参加高考自考人数} \times 100\%$$

六、职业技能竞赛统计

职业技能竞赛是表彰鼓励劳动者积极学习，提高劳动技能，以促进劳动者职业技能开发的有效手段之一。根据职业技能竞赛的规模不同，一般分为全国性技术比赛、省区市级竞赛和企事业单位练兵等。职业技能竞赛统计反映技术比赛开展和技能人才表彰的情况。

（一）职业技能竞赛规模分析

1. 全国性技术比赛统计

全国性技术比赛是由国家统一组织，各地区选拔技术人员参加的，并按照统一比赛程序和标准进行的技术比赛。通过统计全国性技术比赛参赛人数和竞赛工种等指标，反映全国性职业技能比赛的规模。

全国性技术比赛参赛人数是指在全国性技术比赛中参加技术比赛的人数。

全国性技术比赛竞赛工种数是指在全国性技术比赛中，按照《工种分类目录》划分的比赛工种数。

2. 省区市级竞赛统计

省区市级竞赛是省、自治区、直辖市自己组织，由本地选拔技术人员参加，按比赛程序和标准进行的技术比赛。统计指标包括参赛人数和竞赛工种数等。

3. 企事业单位练兵统计

企事业单位练兵是指由企业、事业单位统一组织，由其所属各单位选拔技术并按照统一比赛程序和标准进行的技术比赛。统计指标包括计算期举兵的企事业单位数、技能竞赛人数和岗位练兵人数等。技能参赛人数是指各单位的技术能人参加比赛的人数。岗位练兵人数是指各单位举办的不同工种的单项比赛的参赛人数。

职业技能竞赛是职业技能鉴定的公开公正原则的充分有力体现，是促进职业技能开发的有效手段之一。从全国来看，职业技能比赛从1993年首届中国青年奥林匹克技能竞赛至今，已达十几年之久，而且逐步规模化和制度化，数以百万计的工人参加岗位练兵活动，竞赛活动开展得有声有色，在形成尊重技能人才的良好氛围方面发挥了积极引导作用。分析职业技能竞赛情况，应着重反映参与竞赛评比的规模和取得优秀称号的情况。

4. 职业技能比赛的规模分析

（1）全国性比赛。全国性比赛是由国家统一组织，各地区选拔合格入围的技术能手参加，按统一竞赛程序和标准进行，对出类拔萃者，授予"中华技能大奖"和"全国技术能手"称号的国家级大赛活动。参加全国性技术比赛的人数和工种数等指标可以反映全国性职业技能比赛的规模。

（2）地区性比赛。地区性比赛是指各省、自治区和直辖市组织的省级技术比赛活动。参加省级比赛的人数和工种数等指标可以反映地区性职业技能比赛的规

（3）基本单位练兵。基本单位练兵是指企业、事业单位组织的技术比赛活动。参加技术比赛人数和岗位练兵人数等指标可以反映基本单位练兵的规模。对企业基本单位开展技术比赛活动情况的研究与分析，可通过计算如下指标表示。

第一，技能竞赛参加人数指标，即一定时期内企业人员被推荐评选出的参加。
全国性的和地区性的技术比赛活动的人数。对该类人数应分级计算。

第二，企业岗位练兵人数指标，即企业基本单位内参加企业主办的各工种单项技能比赛的人数。

（二）职业技能竞赛获奖分析

职业技能竞赛获奖和人才表彰也分为全国性、地方性、行业性和本单位的不同表彰级别，如全国的"中华技能大奖"和"全国技术能手"的评选表彰。统计指标包括各类竞赛获奖人数、各类技术能手评选人数、候选人数和获奖比例等。例如，企业"中华技能大奖""全国技术能手"称号获得者、省级比赛优胜者人数以及获奖者的比例指标。

$$获全国大奖比例 = \frac{实际获得国家级奖励和称号的人数}{实际参加全国性比赛的人数} \times 100\%$$

$$获省级奖比例 = \frac{实际获得省级比例的人数}{实际参加省级比赛的人数} \times 100\%$$

第四节 职业技能开发效益的统计

职业技能开发的结果会取得显而易见的成效，将为企业取得很大的社会效益和经济效益，既有社会效益，也有经济效益。社会效益主要表现为劳动者个人文化专业技术水平的提高、劳动态度的端正、敬业精神的发扬、思想道德品质的净化、进取开拓意识的增强以及群体素质的优化等。统计研究职业技能开发的效益，尤其应评价其具有长期有深远影响的社会效益。

职业技能开发统计使得企业对职业技能开发的成效更为明确，可以更好地规划以后的培训工作。

一、职业技能开发的社会效益分析

（一）企业文化技术特征的分析

企业文化的内核中包含着各种价值因素、信念因素、道德因素、心理因素等，是作为一种精神氛围存在于特定人群之中的，因此，它具有无形性，是看不见、摸不着的。然而，任何无形的事务都是寓于有形事物之中的，企业文化也不例外。无形的价值因素、信念因素、道德因素、心理因素等通过各种有形的载体，如人的行为方式、企业的各种规章制度、经营政策体现出来。人们往往是通过有形的事务去观察、分析、研究和培植企业内在文化的。无形性是对内容而言；有形性是对形式和载体而言的。通过职业培训，员工的文化水平、知识结构与科学基本素养会逐步增强，呈现出有教养、有纪律、有团队精神和有理想的精神风貌。其评价的指标主要有如下 6 个。

1. 员工文化水平与变化指标

$$员工平均文化程度 = \frac{\sum (受教育年限 \times 人数)}{企业员工总人数} \times 100\%$$

员工文化程度升降值=培训后平均受教育年限–培训前平均受教育年限

2. 员工文化程度结构及变动指标

按小学、初中、高中（中专）、大专、大本和研究生等学历对员工进行分组，分别计算各组员工所占的比重，编制时间数列进行动态分析，观察员工经过培训进修后的变化走势，尤其应注意中等文化程度员工的比重变化。

3. 工人技术等级的变动指标

$$员工平均技术等级 = \frac{\sum (技术等级 \times 人数)}{企业工人总人数} \times 100\%$$

工人平均技术等级提高程度=培训前平均技术等级技术等级 – 培训后平均技术等级

4. 工人技师和高级技师比例及变动指标

$$工人技师的比例 = \frac{工人技师合计}{企业工人总人数} \times 100\%$$

工人技师比例增加值=百名工人的工人技师培训后比例−百名工人的工人技师培训前比例

$$\text{高级技师的比例} = \frac{\text{高级技师合计}}{\text{企业工人总人数}} \times 100\%$$

高级技师比例增加值=千名工人的高级技师培训后比例−千名工人的高级技师培训前比例

5. 技术多面手和技术能手比例指标

企业的这些技术尖子在工人中有很强的影响力和号召力，他们的壮大成长，将带动"学技术、学本领"的新风气的兴起。

$$\text{技术多面手和技术能手的比例} = \frac{\text{技术多面手和技术能手合计}}{\text{企业工人总人数}} \times 100\%$$

6. 专业技术人员高级职称比例指标

企业从事专业技术工作的人员中，具有高级职称的人员比例如何，可以体现出企业的总体专业技术水准的高低。

$$\text{高级职称专业技术人员比例} = \frac{\text{高级职称专业技术人员合计}}{\text{从事专业技术工作人数}} \times 100\%$$

（二）工作态度和劳动纪律增强的分析

（1）运用出勤率与出勤时间利用率进行历史比较。

将不同时期的员工出勤率与出勤时间利用率进行对比，评价员工在培训前后工作态度和劳动纪律的遵守意识的强化程度。

（2）劳动定额完成程度的动态比较。

将培训前后员工劳动定额完成程度进行对比，观察员工劳动认真进取精神发挥的变化状况。

（3）由员工原因引发的安全事故发生程度的比较。

一般而言，员工经过培训，安全操作的意识和技术保障会有一定增强，安全事故就会相应减少。因此，可运用工伤事故频率指标进行前后期的比较，从而表明培训后安全方面的效果。

（4）企业各类先进人物涌现程度的分析，各类先进生产者和各类先进工作者等先进人物的不断涌现，在很大程度上说明了加强员工培训直接的必然结果。通过培训前后先进人物出现比例的变化，表明企业培训后的积极效果。

二、企业经济效益增强的统计

（一）企业员工合理化建议提出与采纳分析指标

企业员工经过培训，技术操作水平会得到提高，劳动技能和开拓创新求变意识增强，小建议、小窍门层出不穷。通过技术鉴定，这些小建议和小窍门会被用于生产经营过程中，产生出积极的价值效益。培训前后合理化建议的提出与采纳情况的对比，客观上反映了其培训的意义。

$$\text{合理化建议增长率} = \frac{\text{培训后人均多提合理化建议件数}}{\text{培训前人均合理化建议提出件数}} \times 100\%$$

$$合理化建议采纳动态指标=\frac{培训后采纳合理化建议件数}{培训前采纳合理建议件数}\times100\%$$

(二) 企业技术革新成果分析指标

企业员工经过培训，技术理论知识得以丰富，技能得以提高，创造发明和技术革新的激情也被激发出来。为表明这种效果，可以计算如下指标

$$技术革新项目实现变动率=\frac{培训后技术革新项目实现数}{培训前技术革新项目实现数}\times100\%$$

$$推广技术革新项目后的增长率=\frac{技术革新项目采用后增加的产量}{技术革新项目采用前的产量}\times100\%$$

$$推广技术革新项目后的节约率=\frac{采用技术革新项目采用后节约的消耗量}{采用技术革新项目前的消耗量}\times100\%$$

(三) 企业工作效率提高的分析

企业员工经过培训后，各方面的进步会综合表现在工作效率的提高上。工作效率的提高会提升企业的经济效益：①节约用工量，节省工资；②增产增收；③节约人工费用。

1. 节约用工量，节省工资的统计

工作效率的提高在给企业带来良好的经济效益同时，能够节约劳动力投入量，节省工资开支。

$$工时节约量=培训后工时耗用量-\frac{同期实际产量}{培训前工作效率}$$

$$节约的工资支付=节约的工时量\times计算期小时平均工资$$

2. 增产增收的统计

增加产量或产值=（培训后的劳动生产率−培训前的劳动生产率）×计算期平均人数

增加盈利或收入=（培训后人均创利−培训前人均创利）×计算期平均人数

3. 节约人工费用统计

人工费节约额=（培训后单位产品人工费−培训前单位产品人工费）×计算期实际产量

(四) 企业产品质量意识增强的分析

企业员工经过进修培训，技术素质得以提高，操作技能会跨上一个新台阶，保证了产品加工质量，增强了质量创优意识，促进企业上品位、创名牌，把产品质量上层工作做大、做实。要描述这方面的状况，可以运用一系列有关质量工作的指标，诸如合格品率、优等品率、返修率，以及产品平均性能、产品平均含量和产品平均等级等来表示。通过这些指标的时间上的比较，观察其提高和改进的程度；通过横向对比，观察企业产品在同行业同类产品中，居于前列或领先的程度，或赶超先进缩小差距的程度等。

1. 分析产品合格率或优等品率的提高对增进企业经济效益的影响

$$\frac{产品废品率}{降低的增产价值}=\frac{报告期}{废品率}-基期废品率\times报告期送检产品数量\times报告期产品出厂价格$$

2. 分析产品平均等级的提高对增进企业经济效益的影响

产品平均等级提高的增收价值
=（报告期产品等级结构的平均单价－基期产品等级结构的平均单价）
×报告期产品实际产量

3. 分析产品优等品率的提高对增进企业经济效益的影响

产品优等品率提过的多创收入
=（报告期优等品率－基期优等品率）×报告期产品实际产量
×（优等品出厂价格－一级品出厂价格）

4. 分析产品平均含量的提高对增进企业经济效益的影响

产品平均含量提高的增加收入
=（报考期产品平均含量的出厂价格－基期产品平均含量的出厂价格）
×报告期产品实际产量

5. 企业员工创名牌竞争意识增强程度分析

通过对员工创名牌理念的调查，运用座谈会、走访或问卷调查等形式，测算企业员工中，创名牌竞争意识的强烈程度：

$$创名牌竞争意识强烈程度 = \frac{回答有名牌意识人数}{调查采访员工总人数} \times 100\%$$

HAPTER 9

第九章　劳动关系统计

[内容摘要]

本章全面阐述劳动关系统计产生的背景及意义，以及我国在劳动关系统计中的两类统计——劳动者参与统计和劳动争议统计的内容和计算公式。

[学习要点]

（1）劳动关系统计的意义。

（2）我国劳动者参与统计的内容和计算公式。

（3）我国劳动争议统计的内容和计算公式。

在建立和完善社会主义市场经济体制过程中，中国的劳动关系日趋复杂多样。中国致力于维护和谐稳定的劳动关系，初步形成了以《中华人民共和国劳动法》为主体的调整劳动关系的法律法规体系，建立了劳动合同和集体合同制度、三方协调机制、劳动标准体系、劳动争议处理体制和劳动保障监察制度，与社会主义市场经济相适应的新型劳动关系基本形成。

中国的劳动合同制度从20世纪80年代中期开始试点，在90年代得到大力推行，至今已在城镇各类企业中广泛实施。中国的法律规定，用人单位与劳动者依法建立劳动关系，应该书面订立有固定期限、无固定期限或以完成一定的工作为期限的劳动合同；在订立劳动合同过程中，劳动关系双方必须遵循平等自愿、协商一致的原则。实行劳动合同制度，明确了劳动者与用人单位双方的权利和义务，保障了劳动者择业自主权和用人单位的用人自主权。中国政府鼓励企业不断加强职工代表大会和工会的职能，完善职工民主参与制度。为形成企业劳动关系自我协调机制，中国开始探索通过平等协商建立集体合同制度，并加以推广。中国的法律法规规定，企业职工可以就劳动报酬、工作时间、休息休假和劳动安全卫生、保险福利等事项，由工会代表或直接推荐职工代表与企业开展平等协商，签订集体合同。平等协商形式多样，集体合同内容丰富。多数企业采取由本单位工会与企业协商签订集体合同的形式。近年来，集体合同制度不仅在非国有企业推广，而且在国有企业的改革过程中也得到逐步推行。

中国积极建立符合我国国情的政府、工会和企业三方协调机制。这种协调机制，由各级政府劳动和社会保障部门、工会组织、企业组织派出代表，组成协调机构，对涉及劳动关系的重大问题进行沟通和协商，对拟订有关劳动和社会保障法规以及涉及三方利益调整的重大改革方案和政策措施提出建议。2001年8月，中国劳动和社会保障部同中华全国总工会、中国企业联合会建立了国家协调劳动关系三方会议制度，并召开了第一次国家级协调劳动关系三方会议，使中国的劳动关系协调工作有了一个较为规范和稳定的工作机制。目前，北京、天津、河北、山西、江苏等十多个省、直辖市以及深圳、大连等城市已建立了地区性劳动关系三方协调机制。其中，山西、江苏等省还在省、地（市）、县（区）三个层次建立了三方协调机制。

中国政府重视合理确定、依法公布、适时调整劳动标准，保障劳动者合法权益，促进经济和社会发展。目前，中国已初步形成了以《中华人民共和国劳动法》为核心，内容涉及工时、休息休假、工资、禁止使用童工、女职工和未成年工特殊劳动保护、劳动定额、职业安全卫生等方面的劳动标准体系，并根据经济和社会的发展不断调整和完善。

为保证劳动者享有正常工作和休息休假的权益，中国目前实行劳动者每日工作时间不超过8小时、平均每周工作时间不超过40小时的工时制度。用人单位延长工作时间，必须与工会和劳动者协商，一般每日不得超过1小时，特殊原因每日不得超过3小时，每月不得超过36小时。在休息休假方面，劳动者依法享有法定节假日及每周至少休息1日的权利。国家禁止未满16周岁的未成年人就业，严格查处非法使用童工的行为。对于女职工和未成年工（年满16周岁，未满18周岁），国家禁止用人单位安排他们从事国家明确规定禁忌从事的劳动。中国在职业安全卫生方面制定了国家标准、行业标准和地方标准。为了完善职业安全卫生管理制度，中国政府于1999年公布了职业安全卫生管理体系标准，并开展了认证工作。目前，中国已制定国家和行业劳动定额定员标准200多项，公布了职业分类标准和职业技能标准等其他劳动标准。

为保证劳动标准的科学性和合理性，并使其得到顺利实施，中国在制订、公布和调整劳动标准过程中，都要向工会组织、企业组织以及专家学者广泛征求意见。中国政府一贯主张劳动标准必须与本国经济和社会发展水平相协调，保障基本人权，促进国民经济发展和社会进步，并在此基础上逐步提高水平。中国重视国际社会关于制订和实施劳动标准的经验，并结合本国经济和社会发展的实际，适时加入有关国际劳工公约。

中国政府主张及时依法处理劳动纠纷，维护当事人双方的合法权益，提倡和支持劳动争议双方采取自行协商的方式解决争议。中国有关法律法规明确规定了依法解决劳动争议的程序和机构。按照规定，劳动者与企业发生劳动争议后，当事人一方可向企业内部劳动争议调解委员会申请调解，调解不成或当事人不愿意进行调解时，也可向当地劳动争议仲裁委员会申请仲裁；当事人对仲裁机构的仲裁裁决不服，可向人民法院提起诉讼。

自1993年以来，中国逐步建立了劳动保障监察制度。《中华人民共和国劳动法》和《中华人民共和国行政处罚法》等法律法规规定了劳动保障监察机构的职责和工作程序。劳动和社会保障行政部门依法对用人单位遵守劳动和社会保障法律法规的情况进行监督检查，对违反劳动和社会保障法律法规的行为有权制止、责令改正，并可依法给予警告、罚款等行政处罚。任何组织和个人对于违反劳动和社会保障法律法规的行为都有权检举和控告；当事人认为劳动和社会保障行政部门在实施监察执法时侵犯了其合法权益，可以提起行政复议或行政诉讼。中国各级劳动和社会保障部门按照依法行政、严格执法的原则，不断加强劳动和社会保障行政执法力度，建立健全劳动保障监察组织。截止到2011年底，全国共建立劳动保障监察机构3658个，配备劳动保障监察员5万人。

中国政府坚持以按劳分配为主体、多种分配方式并存的制度，体现效率优先、兼顾公平的原则。通过改革工资制度，发挥市场机制对工资收入的调节作用，使劳动者的工资收入水平随着经济发展和企业效益的增长相应提高。《中华人民共和国劳动法》和《企业最低工资规定》《工资支付暂行规定》等法律法规，对规范工资分配行为作出了明确规定。中国政府依法制订和适时调整最低工资标准，规范工资支付办法，定期向社会发布工资指导线、劳动力市场工资指导价位和人工成本信息，鼓励企业试行工资集体协商制度，引导企业采用灵活多样的工资制度和分配形式,维护企业的工资分配自主权和劳动者依法获得劳动报酬的权利。目前，全国基本建立了最低工资制度，有1万多户企业开展工资集体协商试点，26个省、直辖市、自治区发布了工资指导线，88个城市发布了劳动力市场工资指导价位。

第一节 劳动关系统计的意义

劳动关系是指社会就业过程中雇佣人与被雇佣人之间的相互关系。从广泛意义上看，劳动关系就是一切与雇佣行为有关的社会现象的总和。雇佣人即雇主，是劳动力的使用方，具体指使用劳动力的工人、企业、基本单位和政府机构等。被雇佣人即雇员，是具有劳动能力并通过合法劳动获取劳动收入的人,具体指的是工人、职员或员工及政府机构的办事员等。

劳动关系的主体从不同的观察视角看有不同的内涵。从个体观察，一般包括雇员和雇主；从集体观察，则是雇员的集体组织（如工会）与雇主团体（如各类雇主协会、经营者组织等）。出了上述劳动关系的一般主体外，在劳动关系中还应有第三方的特殊主体，这类是为了协调雇员、雇员组织与雇主、雇主协会的关系，维护社会公正与公平，保护社会公众利益而存在的，一般是政府的劳动行政主管部门，如我国的劳动仲裁委员会。

劳动关系包含了一切与雇佣行为相关的社会现象，其具体的活动内容有：集体谈判（如工资报酬的集体谈判）、劳动合同（如签订、实施执行和终结劳动合同等）、劳动争议（如申诉、受理和调解等）、劳动仲裁(如企业调解、劳动争议仲裁和法院审理等)和其他劳动纠纷等。

作为社会经济活动基本单位的企业，其劳动关系是企业行政(具有雇主性质)和企业员工（具有雇员性质）的双方利益的协调与制约的关系。在企业，行政与员工有着共同的利益，但由于所处地位的差异，他们为了维护各自的利益，也会出现各种各样的矛盾，有的矛盾甚至还很尖锐。依法协调与处理好企业行政与员工的利益关系，维护双方的合法权益，是企业劳动关系的基本内容。

劳动关系统计的任务有四个：①研究劳动争议的发生、发展情况；②观察劳动争议的处理及其结果；③研究员工参与企业活动的组织形式；④分析和评价工会活动的成效。

对企业劳动关系进行统计，其意义主要表现如下。

第一，劳动关系的统计有利于从数量方面及时地反映企业劳动关系的种种具体表现，以便及时发现劳动关系方面的问题，适时化解矛盾，激发企业员工生产经营的积极性，维护好企业行政与员工双方的合法权益，维护企业生产经营的正常秩序，保证和谐社会的稳健推进。

第二，企业劳动关系的统计研究，有利于企业劳动关系主体各方认识和了解企业劳动关系的基本现状和各自所处的地位，以便在协调各方的利益、关系和解决争议时，保持头脑清醒，自觉采取正确的立场和端正的态度。

第三，企业劳动关系的统计能为政府制定有关劳动关系的法律法规、条例和政策等提供现实的科学依据。

第四，企业劳动关系统计研究与分析，为相关科研工作和理论的深入探讨提供了扎实的数据资料，并为其科学验证提供了方便条件。

第二节　劳动者参与统计

企业员工参与企业的活动，是借助企业工会组织实施的，即工会参与。工会参与在广义上作为企业工会的一切活动，其目的是以企业员工为中心，通过调动员工的积极性，营造良好的工作、生活和社会环境，不断提高企业员工的文化、技术水平和修养，保护员工在物质和精神等方面的合法权益，尊重员工的社会地位，发挥员工的社会作用和主人翁精神。

一、企业职工参与民主管理统计

企业职工参与民主管理的情况，主要是通过企业职工代表大会的建立和作用的发挥来体现。主要从企业职工代表大会的建立情况和活动统计两个方面来反映参与民主管理的情况。

（一）企业职工代表大会建立情况统计

统计职工代表大会的建立情况，一般从其组建的数量、比率和人数及其构成四个方面来衡量。

职工代表大会组建数量能反映企业职工参与民主管理的情况，企业各级各单位都应按不同情况建立职工代表大会。

职工代表大会组建率反映企业内职代会组建的普通程度，是将按规定实际组建职代会单位数与应组建的单位数进行比较，说明企业职工民主权利的落实情况，该比率计算如下

$$企业职代会组建率 = \frac{企业各级已建职代会单位数}{企业各级应建职代会单位数} \times 100\%$$

职工代表大会人数的计算可以通过计算每届职工代表大会选出的职工代表人数，其中女职工代表人数和实际与会的职工代表数来实现。

职工代表的构成可通过计算工人、一般工程技术人员和管理人员、中层领导、企业党政领导人等身份的职工代表人数及其所占的比重。计算时，应特别注重女性和青年等职工代表所占的比重。

（二）企业职工代表大会活动统计

1. 企业职工代表大会召开次数

按规定，企业应定期召开职工代表大会，每次会议必须有 2/3 以上的职工代表出席。计算企业各级职代会召开次数和实际参加或出席会议的职工代表人数，可以反映职工代表大会的活动情况。

2. 企业职工代表提交提案数

在企业职工代表大会期间，职工代表提交的提案的累计件数包括会上和会后的有关的提案的数量。计算企业职工代表提交提案数，可以反映职工代表对会议工作的参与和关注程度。

3. 企业职工代表大会提案落实情况

企业有关部门和各级单位对职代会大会期间职工代表提出的各种提案的具体落实情况，可以通过分别计算已落实件数和正在落实件数等予以反映。

二、企业职工参与活动统计

为了吸引职工积极钻研和运用技术，充分发挥员工的聪明才智，使他们能够为企业做出更多的贡献，企业工会会组织企业职工参与企业技术进步活动。企业职工参与技术进步的统计研究可以反映企业群众性技术进步成果，从劳动者参与角度分析企业技术进步在企业发展中的作用，评价职工参与企业技术进步的实际效益。

（一）合理化建议活动的分析

企业工会组织开展的合理化建议活动，是对改进和完善企业生产技术与经营管理所提出的办法和措施。在《合理化建议和技术改进奖励条例》中明确的合理化建议和技术改进的内容有：①工业产品和工程质量的提高，产品结构的改进，生物品种的改良和发展，新产品的开发；②能源、原材料的有效利用和节约，以及自然条件的利用；③生产工艺和实验、检验方法，劳动保护、环境保护、安全技术，医疗卫生技术，物资运输、储藏、养护技术以及设计、统计、计算技术等方面的改进；④工具、设备、仪器、装置的改进；⑤科技成果的推广，企业现代化管理方法、手段的创新运用，技术引进、进口设备的吸收消化和革新。

说明企业合理化建议活动情况的指标有：①参与合理化建议活动的人数；②合理化建议提出的件数；③合理化建议采纳件数；④已实施合理化建议的经济效益。

（二）企业职工技术协作活动统计

职工技术协作活动是指企业职工开展的技术互助和协作的群众性技术活动。该活动一般有以下三种方式：一是技术协作积极分子运用自己的绝技特艺为企业解决技术关键；二是在生产中推广应用技术成熟、经济效益显著的先进技术和科研成果；三是对引进技术进行消化、创新并加以推广。

反映职工技术协作活动的统计指标有：①职工技术协作人员情况；②职工技术协作活动的条件情况；③职工技术协作活动的成果指标。

（三）企业职工劳动竞赛统计

企业劳动竞赛的统计研究，可通过对劳动竞赛情况进行数量描述并分析其产生成果和效益进行。

1. 企业劳动竞赛参加者情况

一般而言，各单位及每位员工都应参与企业的劳动竞赛活动。企业可通过计算企业劳动竞赛参与人数、企业劳动竞赛参加单位数，以及授予先进生产者人数、授予先进工人班组数和授予先进单位数等指标来计算企业的劳动竞赛的实际规模状况。

2. 企业劳动竞赛成果情况

要反映企业劳动竞赛成果情况，可计算指标：①获得国家、省市奖励的人次数；②实现增产、增收、降低能量消耗和节约各种费用的经济效益数额。

（四）企业职工文化体育活动统计

1. 职工文化教育统计

可通过工会举办各种文化学习班次数、参加人数以及工会组织读书会数量、职工参加读书会人数、好书推荐次数和种数、座谈交流次数等指标进行统计。

2. 工会图书馆（室）统计

可通过企业图书馆（室）建立个数、图书馆(室)的藏书册数、全年书刊购置费支付额及借阅读者人次数等指标进行统计。

3. 文娱体育活动统计

可通过计算组织各种文娱体育活动总次数，各种文娱体育活动实际参加人数，成立各种文艺业余演出队人数，参加各种体育协会的会员数，参加演出比赛活动获前三名奖励的人数和取得等级运动员资格的人数等指标进行统计。

（五）企业工会福利活动统计

1. 工会扶贫帮困工作统计

可通过工会对员工扶贫帮困受惠人数，工会发放的职工困难补助金额，工会扶贫帮困基金筹集总额等指标的计算进行统计。

2. 工会组织公益活动统计

可通过组织"志愿者"活动次数，参加各志愿者服务活动的职工人数，组织各种募捐活动次数、参加人数、募捐善款金额、募捐衣物件数，参加"希望工程"活动的人数，捐助大中小学生的人数和助学金额等指标进行统计。

3. 组织职工修养活动统计

可通过计算工会组织职工疗养人次数和用于职工疗养的经费实际支出额指标进行统计。

第三节 劳动争议统计

劳动争议是指企业的劳动关系的各主体之间，即雇员与雇主之间，由于在权利与义务问题的处理上经常会存在不同的意见而常常形成的争议或纠纷。劳动争议是劳动关系中矛盾与斗争的一种表现，是其不协调的具体表现，其存在和发展对构建和谐社会起了负面的影响作用。所以企业关注劳动纠纷的发生，对劳动争议进行统计，能及时发现劳动关系方面的问题，适时化解矛盾，协调好关系，有利于维护企业行政和职工的合法权益，保护职工的积极性，促进企业生产经营活动的健康有序发展，构建和谐社会。

一、劳动争议数量统计

统计研究企业劳动争议的原则是：①劳动争议是劳动关系当事人双方发生的争议，主要是指企业行政和职工之间的争议；②劳动争议是劳动关系双方的有关劳动权利与义务问题的纠纷；③劳动争议是必须要提出申诉的。

（一）企业劳动争议数量指标

1. 劳动争议件数

在一定的时期内，企业发生的劳动争议的累积量，能够说明劳动争议的发生规模。计算时，应按第一次申诉和当事者双方谁申诉进行统计。

2. 劳动争议人次数

在一定时期内，企业发生的劳动争议涉及职工人数的累计量，能够反映劳动争议影响的员工范围。

（二）劳动争议构成指标

按劳动争议的原因、身份、严重程度和处理层次对其进行分组，有利于研究企业劳动争议的构成。

1. 按劳动争议的原因分类

劳动争议按原因可分为：因劳动合同问题的纠纷；因社会保险问题的纠纷；因工资问题的纠纷；因培训和考核问题的纠纷；因劳动保护或安全事故问题的纠纷，以及因员工违纪和惩罚问题的纠纷。

2. 按劳动争议方身份分类

劳动争议按争议方身份可分为企业行政和企业员工两组。

3. 按劳动争议的严重程度分类

劳动争议按严重程度可分为集体争议和个人争议两组。

4. 按劳动争议处理层次分类

劳动争议按处理层次可分为调解、仲裁和接受司法处理三组。

二、劳动争议处理统计

（一）劳动争议处理件数指标

计算劳动争议处理件数是以劳动争议处理终结为依据的，即以调解成功、仲裁生效和法院终判为依据。

（二）劳动争议调解处理件数指标

它是指运用调解方式处理企业劳动争议使争议双方和解的件数，包括企业调解委员会调解结案的件数，劳动仲裁委员会调解结案的件数和法院专门法庭调解结案的件数。

（三）劳动仲裁委员会裁决处理件数

它是指因调解无效，申请由劳动仲裁委员会仲裁庭裁决结案的件数，以及经仲裁庭裁决，当事方不服向法院起诉的件数。

（四）法院判决处理件数

这是指法院专门法庭依法判决结案的件数。

三、劳动争议统计分析

（一）企业劳动争议普遍程度分析

1. 每千名职工的劳动争议件数

该指标反映每千名职工发生劳动争议的数量。

$$每千名职工劳动争议发生件数 = \frac{劳动争议件数}{职工平均人数} \times 1000$$

2. 每千名职工劳动争议人次数

该指标反映每千名职工涉及劳动争议的人次数。

$$每千名职工劳动争议人次数 = \frac{劳动争议人次数}{职工平均人数} \times 1000$$

（二）企业劳动争议严重程度分析

每件劳动争议平均涉及职工人数可用来分析企业劳动争议的严重程度，牵扯人越多越严重。

$$每件劳动争议平均涉及职工人数 = \frac{劳动争议人次数}{劳动争议件数}$$

(三) 劳动争议结构分析

劳动争议的结构状况可通过某种类型劳动争议占劳动争议总量比重、集体的劳动争议占劳动争议总量比重以及企业职工劳动争议占劳动争议总量比重三个指标进行分析。

(四) 劳动争议处理情况分析

1. 处理结案率

处理结案率表明争议的处理效率，是指在一定时期内，劳动争议各种处理结案的件数与劳动争议应处理件数的比率。

2. 企业调解处理比重

该比重是指企业调解处理件数在全部处理结案件数（各处理机构处理件数之和）中所占的比重。

3. 调解结案率

该比率是指在劳动争议中用调解方式处理结案的件数在各种处理结案件数中所占的比重，说明争议处理的工作水平和质量。

4. 一次调解结案率

这是指在劳动争议处理结案中一次调解结案所占的比重，综合反映劳动争议调解工作质量和处理工作质量。

5. 法院判决、仲裁和调解三者之间的关系

$$法院维持仲裁决定比重 = \frac{法院维持仲裁决定件数}{法院判决结案件数} \times 100\%$$

$$仲裁维持调节决定比重 = \frac{仲裁与企业调解一致件数}{仲裁处理结案件数} \times 100\%$$

HAPTER 10

第十章 社会保障统计

[内容提要]

本章全面阐述社会保障统计的理论基础、企业社会保障统计的意义,以及企业社会保障统计和企业福利统计的内容、计算公式。

[学习要点]

(1) 社会统计保障的意义。
(2) 我国企业社会保障统计的内容和计算公式。
(3) 我国企业福利统计的内容和计算公式。

第一节 社会保障统计的意义

一、社会保障的含义

社会保障是指国家通过立法，采取强制手段对国民收入进行分配和再分配，以形成专门消费基金，在社会成员因生、老、病、死、伤残或自然灾害而面临生活困难时，给予物质上的帮助，为保障每个公民的基本生活需要、维持劳动力再生产而建立的一种制度。

社会保障是国家对全体社会成员履行的社会责任，也是全体公民根据宪法和法律应该享有的基本权利。

二、我国的社会保障体系

根据我国的社会历史情况，社会保障体系框架由社会保险、社会救助、社会福利、社会优抚等构建形成。

社会保险是社会保障体系的核心部分，它是保障劳动者及其直系亲属在遇到各种风险时能获得物质帮助，维持基本生活的一种手段。社会保险包括养老保险、工伤保险、医疗保险、失业保险和生育保险等内容。社会救助是以保障失去生活来源者、遭遇不幸者和贫困者的最低生活水平为目的的，它是一种低层次的社会保障。社会福利是以增进群众福利、改善居民的物质和文化生活为目的的，它是社会保障要实现的最高目标。社会优抚是以优待和抚恤军人及其家属为目的的，它是社会保障的特殊形式，对于稳定军心、维护国家安全和社会安定有着很大作用。

三、社会保障统计的任务

社会保障统计是以社会保障现象为研究范围的。它从社会保障总体出发，以社会保险为中心，从数量关系和数量表现上研究和描述社会保障活动的内在规律。社会保障统计的任务如下所述。

第一，研究设计一整套完整科学的社会保障统计指标体系。

要想准确、及时和完整地反映社会保障总体发展状况、趋势和内在规律，仅有个别统计指标是不够的，必须使用一系列相互联系的社会保障统计指标，建立一套完整的社会保障统计指标体系。这套科学的社会保障统计指标体系，既可以综合、系统地说明社会保障总体内部各方面的相互关系，反映社会保障水平和能力，又可以反映出社会保障工作与经济、社会发展的客观内在联系。

第二，搜集和整理社会保障方面的实际数据和资料。

通过对社会保障统计调查所取得的资料的整理分类，以及进一步的科学分析，可以得到说明社会保障现象和过程的统计信息。应注意选择合适的调查方法与分类整理方法。

第三，研究如何进行社会保障统计分析。

社会保障统计分析是社会保障统计工作的一项重要内容。通过社会保障统计分析，及时反馈信息，提供必要的咨询，是实行严格监管、参与社会保障管理决策的基础。进行社会保障统计分析的方法是多种多样的，各种方法各有长短，应注意取长补短，互相结合使用。

第四，为社会保障管理与其理论研究提供资料。

社会保障统计分析所提供的统计资料是进行社会保障管理与理论研究的基础。脱离这些客观、真实的资料，社会保障管理和研究就会游离于实际之外，甚至得出错误结论。因此，为社会保障管理与理论研究提供准确、及时、完整的统计资料是社会保障统计的一项基本任务。

四、企业社会保障统计的内容

本章的社会保障统计，着重研究企业社会保险统计和企业职工福利统计等内容。企业社会保险统计包括企业职工退休养老保险统计、企业职工医疗保险统计、企业职工失业保险统计、企业职工工伤保险统计、企业职工生育保险统计等。企业职工福利统计包括集体福利与个人福利统计。

第二节　企业社会保障统计

一、企业退休养老保险统计

（一）退休养老人员统计

1. 退休养老的核算范围

养老社会保险一般是通过建立退休制度实现的。在大多数国家中，养老社会保险主要表现为职工或雇员的退休制度。

退休养老人员是指按照退休制度规定，享受国家或企业给予的基本生活保障待遇的，因年老或伤残丧失劳动能力，永久退出社会劳动领域的人员。关于"年老"，有生理意义和社会意义上的两种理解。这里所说的"社会意义上的年老"是指按现行规定，男职工年满60周岁，女职工年满55周岁，就可退休、伤残人员，经有关部门鉴定丧失劳动能力后，才可纳入退休养老人员范围。

我国的退休养老人员包括退休人员、离休人员和退职人员等。

2. 企业退休人员的数量指标

研究企业一定时期内退休人员的总量和规模，可计算如下指标：

（1）期末退休人数。反映月末（季末、年末）实有的退休人员数量。

（2）本期新退休人数。指在本期内正式办理退休手续的退休人员的总和，即新增加的退休人员的数量。

（3）本期退休人员平均人数。该指标可以表明在一定时期内，退休人员规模的一般水平。

3. 退休人员与在职人员的关系分析

退休人员与在职人员的关系，可通过计算退休率来表示。它反映了在职人员对退休人员的经济和社会负担程度。其计算方法为

$$退休率 = \frac{实际退休人数}{在职职工人数合计} \times 100\%$$

4. 退休保险覆盖程度分析

一般情况下,企业的员工都应参加退休金养老保险,纳入保险范围。但是,由于企业用工来源的多元化,可能会有一些员工暂时没被纳入其中,或者被"遗忘"。对于这些人员,应尽快将其纳入。

$$退休金养老保险覆盖率 = \frac{实际参加养老保险人数}{企业全部从业人员人数} \times 100\%$$

(二) 退休养老人员生活水平分析

企业从业人员退休后,退休养老金就成为其生活的主要来源,甚至是唯一的经济来源。合理的退休金水平是与退休养老人员的生活状况息息相关的。要想观察退休养老金对退休人员的生活保障程度,可以联系职工平均工资、最低工资和城镇居民人均生活费收入等指标,展开分析评价。

1. 人均退休金与职工平均工资的比较

这是指运用退休金系数表明退休金与工资的比例关系。这个系数过大或过小都不合适,应以有利于"老有所养",鼓励职积极劳动为宜。

$$退休养老金系数 = \frac{退休人员人均退休金}{企业从业人员的平均工资} \times 100\%$$

2. 人均退休金与最低工资水平的比较

最低工资是指劳动者在法定工作时间内提供了正常劳动的前提下,规定所在企业应支付的最低工资金额。我国于1993年颁布实施了《企业最低工资规定》。这是保障劳动者个人及其家庭成员基本生活的一项有效措施。通过人均退休金与最低工资的比较,可以观察退休金的保有比例状况。

$$退休养老金的保有比例 = \frac{退休人员人均退休金}{最低工资水平} \times 100\%$$

3. 退休金水平对生活的保障程度分析

将人均退休金分别与城镇居民的生活费收入或支出比较,或与城镇居民最低生活费水平比较,观察退休养老金对生活的保障程度。

(1) 与城镇居民人均生活费收入比较

$$退休金对生活的保障程度 = \frac{退休人员人均退休金}{城镇居民人均生活费收入} \times 100\%$$

(2) 与城镇居民人均生活费支出比较

$$退休金对生活的保障程度 = \frac{退休人员人均退休金}{城镇居民人均生活费支出} \times 100\%$$

(3) 与城镇居民最低生活费水平比较

$$退休金对生活的保障程度 = \frac{退休人员人均退休金}{城镇最低生活费水平} \times 100\%$$

二、企业工伤保险统计

（一）工伤保险待遇的享有者统计

1. 企业工伤保险的含义

工伤保险是企业从业人员因工作原因受伤、患职业病、致残甚至死亡，暂时或永久丧失劳动能力时，从社会保险中获得物质帮助的有效手段。工伤是职业性伤害的简称，包括工作意外事故和职业病造成的伤残或死亡。

判定职工在遭遇意外伤害事故，导致负伤、残废乃至死亡时，能否享受工伤保险待遇，首先需要进行工伤的认定。按国际通行概念，凡由于工作或从事与工作有关的活动而造成伤残、死亡或患职业病者，均应按工伤确认并纳入统计核算范围。

2. 企业纳入工伤保险的人数

按工伤保险制度规定缴纳工伤保险基金的企业，企业的从业人员一般都是纳入工伤保险的人员。对那些企业没为其缴纳工伤保险基金的人员，则不应计算在内。

3. 本期实际享受工伤保险待遇的人数

该指标可反映本时期内实际享受工伤保险待遇人员的规模和总量。

4. 工伤保险覆盖程度

计算工伤保险覆盖程度，可反映工伤保险的普及程度。其具体计算方法为

$$工伤保险覆盖率 = \frac{已参加工伤保险的人数}{应参加工伤保险的人数} \times 100\%$$

（二）企业工伤保险费用水平

职工在因工伤残废或死亡后，按工伤保险的有关规定，应该获得工伤保险费用。它包括医疗费、治疗期间工资、完全丧失劳动能力时伤残抚恤金、部分丧失劳动能力的伤残补助金、供养直系亲属抚恤金等。

1. 工伤者人均发生的工伤保险费用指标

$$人均工伤保险费用 = \frac{本期实际支付的工伤保险费用}{本期享受工伤保险待遇的人数} \times 100\%$$

2. 生活费用保障系数

生活费用保障系数可以反映人均工伤保险费对受伤害者的生活保障程度。它是人均工伤保险费与居民人均生活费支出的对比值。

$$生活费用保障系数 = \frac{工伤者人均工伤保险费}{城镇居民人均生活费支出} \times 100\%$$

3. 工资替代系数

工资替代系数能够反映工伤者人均工伤假工资与员工平均工资的比例关系。其计算公式为

$$工资替代系数 = \frac{工伤者人均工伤假工资}{员工平均工资} \times 100\%$$

三、企业医疗保险统计

（一）企业医疗保险参与人员统计

1. 医疗保险的含义

医疗保险是从业人员因病或非工伤等原因需要诊断、检查和治疗时，由国家和社会为其提供必要的医疗服务和物质帮助的社会保险之一。它是社会保险中的一类重要保险。用医疗保险手段解决众多劳动者的疾病伤痛的医疗问题，是随着近代大工业生产与市场经济的发展逐渐形成的，它已成为维持和促进市场经济发展所不可缺少的重要环节。

2. 医疗保险参与人员统计范围

医疗保险的一般原则是：按工资比例，缴纳医疗保险基金；享受医疗保险，则按实际需要。在实施医疗保险范围之内的企业人员，只要按规定缴纳医疗保险基金，就有权享受医疗保险待遇，就应纳入企业医疗保险参与人员的统计核算范围。

3. 参加企业医疗保险的人数指标

这是指在一定时期内，企业和个人按规定都缴纳了医疗保险基金的实际企业人员数。尽管在企业工作，但企业或个人未上保险的人员，均不计入参加医疗保险人员的统计核算范围。反映企业人员参与医疗保险的广度，可计算

$$医疗保险参与率 = \frac{企业医疗保险投保人数}{企业从业人员总数} \times 100\%$$

4. 企业医疗保险实际受惠人数指标

这是指在一定时期内，按规定实际报销医疗保险费用的企业员工数。可通过计算实际受惠广度来表示

$$医疗保险受惠率 = \frac{实际报销医疗费用人数}{企业医疗保险投保人数} \times 100\%$$

将前述两项指标结合起来，可以反映企业从业人员医疗保险的实际受惠规模。

$$企业从业人员医疗保险受惠率 = 医疗保险参与率 \times 医疗保险受惠率$$
$$= \frac{企业实际报销医疗费用人数}{企业从业人员总数} \times 100\%$$

（二）企业人员医疗保险费用支付额

这是指企业内上保险的员工，在一定时期内，为治病疗伤，从医疗保险基金中实际支付的医疗费用总额。计算时，应以本期实际从账户中支付出的金额为准，包括补支和预支两部分。

1. 企业人员医疗保险费用支付总额

这是指企业享受医疗保险的全部人员的实际医疗费用的报销总额。

2. 平均每名病伤人员的医疗保险费用

企业参加医疗保险的实际受惠员工的人均实际报销医疗保险费用，可以反映出上保险的病伤人员的实际受惠水平。其计算公式为

$$企业人均报销医疗费用 = \frac{实际支付的医疗保险费总额}{实际领取医疗保险费总人数} \times 100\%$$

（三）企业医疗保险的分析

1. 企业人员病伤发生程度

企业人员发生病伤程度，可通过计算病伤频率反映。其计算公式为

$$企业病伤频率 = \frac{实际发生病伤人数}{企业从业人员人数} \times 100\%$$

$$上保险者病伤频率 = \frac{上保险者发生病伤人数}{上保险的从业人员人数} \times 100\%$$

2. 企业医疗保险费支付与工资关系分析

将企业享受医疗保险的人员发生的医疗保险费与工资水平进行比较，可以反映出企业员工的生活保证程度。计算该指标时，可以与员工平均工资相比，也可以与最低工资水平相比。其计算公式为

$$医疗保险费用系数 = \frac{企业人均报销医疗费用}{企业平均工资} \times 100\%$$

$$医疗保险费用系数 = \frac{企业人均报销医疗费用}{企业最低工资水平} \times 100\%$$

3. 企业医疗保险费用与员工生活水平关系的分析

企业员工的医疗保险费用的性质是员工的生活费支出，只不过是由保险抵支的。通过比较，可以反映员工的健康风险的某种减缓程度。

$$医疗保险对生活的减缓程度 = \frac{企业人均报销医疗费用}{城镇居民人均生活费收入} \times 100\%$$

四、企业生育保险统计

（一）企业生育保险参与人员的核算

1. 企业生育保险的含义

生育保险是对从业人员的育龄女性的生育治疗、助产和育婴，国家和企业提供必要的医疗服务和物质帮助的一种社会保险手段。企业为女性员工提供生育保险，这是保护女员工合法权益、保护劳动者劳动能力的一项重要措施。

2. 企业生育保险人数统计

这是在一定时期内实际享受生育保险待遇的员工人数的累计。

将其与同期的女员工总人数进行对比，可以反映出生育保险待遇的受惠广度。其计算公式为

$$生育保险受惠率 = \frac{享受生育保险待遇人数}{企业女性员工人数} \times 100\%$$

（二）企业生育保险费用的支付

1. 生育保险费用支付总额指标

企业生育保险费用包括女员工生育的医疗助产费用的保险基金支出费和产假期间工资支付等。

计算生育保险费用支付总额时，应按一定时期内支付给员工的生育保险费用的实际发

生金额计算。

2. 人均生育保险费支出金额指标

该指标可以表明在某时期享受生育保险待遇的平均水平，即为每人支付的保险费的一般水平。其计算公式为

$$人均保险费支出额 = \frac{生育保险费用支付总额}{享受生育保险待遇人数} \times 100\%$$

3. 生育保险费用与工资比较

要观察生育保险费用对员工生活的影响程度，可以通过生育保险费用人均水平与平均工资的比较予以反映。其计算方法为

$$生育保险费用工资替代系数 = \frac{人均生育保险费用}{企业平均工资} \times 100\%$$

4. 生育保险费用与生活费收入比较

将人均生育保险费用与人均生活费收入水平进行比较，观察生育保险费用支付对员工生活的影响情况。其计算方法为

$$生育保险费用支付对生活的影响程度 = \frac{人均生育保险费用的支付}{城镇居民人均生活费收入} \times 100\%$$

五、企业失业保险统计

失业保险是企业员工因非自愿缘故暂时失去工作，无法依靠工资收入维持生活时，由国家或社会为其提供基本生活保障的一种社会保险手段。失业保险是社会保险的重要组成内容之一，是立法通过的强制实施的一种社会保险制度。

（一）失业人数的计算

1. 失业人员的核算范围

对失业人员有广义和狭义两种理解，这里仅就狭义解释框定其核算范围。在一定时期内，由于企业的缘故无法安排员工工作，依法让其等待安排并按失业处理的人员，即为失业人员。失业人员包括企业精减的员工、企业终止和解除劳动合同的员工，企业辞退的员工等。

2. 失业人数指标

这是在一定时期内实际离开企业的失业员工人数的累计。其计算方法为

$$企业失业人数 = 企业精减人数 + 企业终止或解除劳动合同人数 \\ + 企业辞退的人数 + 其他失业人数$$

（二）失业保险费用分析

失业保险费用的支出项目包括失业救济金、医疗费、死亡丧葬补助费等。失业救济金的支付，既高于社会救济金的标准，又会适当低于失业者本人失业前的基本工资，且付给的时间是有期限的，例如，只支付 24 个月，过期即转入社会救济。

研究失业保险费用的支付水平，可以结合有关工资或生活费指标分析。

1. 工资替代系数

该指标可以表明失业人员人均支付失业保险费相当于在职人员工资水平的程度。其计

算方法为

$$工资替代系数=\frac{人均支付失业保险费用}{企业职工平均工资}\times100\%$$

2. 失业保险费对生活的保障程度

该指标可以反映失业保险金对失业人员生活的保障程度。其计算方法为

$$对生活的保障程度=\frac{人均支付失业保险费用}{城镇居民人均生活费支出}\times100\%$$

3. 失业保险费与最低生活费比较

将失业保险费与最低生活费进行比较，可以表明最低生活费的生活保障程度。其计算方法为

$$最低生活费的保障程度=\frac{人均支付失业保险费用}{城镇居民最低生活费}\times100\%$$

六、企业社会保险基金的上缴统计

（一）社会保险基金缴纳情况

1. 社会保险基金实用总额

按规定，要计算企业各种社会保险基金的实际缴纳额和员工个人实际缴纳额，需分别计算：

（1）企业本期社会保险基金实际缴纳总额及各类社会保险基金实际缴纳额。

（2）企业员工本期社会保险基金实际缴纳总额及各类社会保险基金实际缴纳额。

2. 社会保险基金欠缴总额

依社会保险基金规定，要计算企业和个人社会保险基金应缴而实际欠缴额，应分别计算：

（1）企业本期社会保险基金欠缴总额及各类社会保险基金欠缴额。

（2）企业员工本期社会保险基金欠缴总额及各类社会保险基金欠缴额。

3. 社会保险基金本期止累计欠缴总额

要计算企业和个人因种种原因至本期止累计欠缴的社会保险基金总额，须分别计算：企业本期止累计欠缴的社会保险基金总额，以及各类社会保险基金累计欠缴额；企业员工本期止累计欠缴社会保险基金总额，及各类社会保险基金累计欠缴额。

4. 企业和个人欠缴社会保险基金原因分析

对于欠缴社会保险基金的原因需进行分析。例如，生产经营不景气、故意漏算漏缴、偷逃拒缴等。应分别计算欠缴金额，并说明欠缴原因，以明确责任，及时补缴。

（二）社会保险基金统计分析

1. 企业社会保险基金缴纳程度指标

（1）企业基本单位社会保险基金缴纳到位程度指标。即企业自身按规定应缴纳的社会保险基金中实际上缴的比重。其计算方法为

$$企业缴纳到位率=\frac{企业实际缴纳社会保险基金}{企业规定缴纳社会保险基金}\times100\%$$

（2）企业员工社会保险基金缴纳到位程度指标。即个人按规定应缴纳的社会保险基金

中实际上缴的比重。其计算公式为

$$员工缴纳到位率 = \frac{员工实际缴纳社会保险基金}{员工法定缴纳社会保险基金} \times 100\%$$

（3）企业社会保险基金上缴率指标。员工个人缴纳的社会保险基金，一般由企业代扣上缴，所以，可以综合计算社会保险基金的缴纳到位程度指标。其计算公式为

$$企业综合上缴率 = \frac{企业和员工实际缴纳社会保险基金}{企业和员工法定缴纳社会保险基金} \times 100\%$$

（4）社会保险基金欠缴程度指标。可以按欠缴原因分别计算欠缴程度指标。先计算企业总的欠缴程度指标：

$$企业社会保险基金欠缴率 = \frac{企业、个人社会保险基金欠缴总额}{企业、个人社会保险基金应缴总额} \times 100\%$$

其中，

$$社会保险基金漏缴率 = \frac{企业、个人社会保险基金漏缴额}{企业、个人社会保险基金应缴额} \times 100\%$$

$$社会保险基金拒缴率 = \frac{企业、个人社会保险基金拒缴额}{企业、个人社会保险基金应缴额} \times 100\%$$

2. 企业社会保险基金缴纳额变动分析

（1）社会保险基金缴纳增减绝对额。这种变化是从绝对额上反映的，其原因是增减人员或增减工资，也可能是漏算或故意拖欠等。

$$社会保险基金缴纳增减绝对额 = 报告期社会保险基金实际上缴额 - 基期社会保险基金实际上缴额$$

（2）社会保险基金综合上缴率的变动

$$综合上缴率变动差 = 报告期社会保险基金综合上缴率 - 基金社会保险基金综合上缴率$$

若计算结果是正值，则表明企业（包括个人）社会保险基金上缴的自觉性、积极性增强；若是负值，则表明企业（包括个人）社会保险基金上缴率下降，需找寻原因，分析利弊，积极补足找齐。

第三节　企业福利统计

一、企业福利费用的含义

企业福利费用是企业按规定提取的福利基金，是用于满足集体和员工个人的共同需要或个人需要的公益性费用。

企业福利费用和工资的分配性质和方式不同，前者是按需要分配，后者是按劳动成果分配；企业福利费用是用以满足集体的共同需要或个人的特殊需求的，而工资则是满足员工个人的基本生活需求的。当然，两者共同点的是对员工的生活水平和生活质量产生同样的影响。

由于企业福利费用对于企业从业人员的收入和生活质量有着相当大的影响力，所以，统计研究企业福利费用现象与过程是具有很强的现实意义的。

二、企业福利费用的计算

(一) 企业福利费收入指标

在一定时期内，企业按规定从企业成本或税后利润中以一定比例提取的福利基金，就构成了企业本期的福利费收入指标。

$$企业福利费收入 = 企业成本和税后利润额 \times 企业福利费提取比例$$

(二) 企业福利费支出指标

企业在一定时期内为从业人员提供的集体福利设施、福利性补贴和个人的生活困难补助等的费用支出。计算企业福利费支出时，应列出支出明细，并按实际支出额计算。

企业福利费支出包括：

（1）集体福利事业的补贴，即企业员工的浴室、理发室、洗衣房、哺乳室、托儿所等集体福利设施各项支出与收入相抵后的差额补助费用。

（2）集体福利设施费，即依规定提取，用于设置集体福利设施的费用支出，如职工食堂炊事用具的添购和修理的费用。

（3）职工文娱体育宣传费用。

（4）职工生活困难补助费用。

（5）职工计划生育补贴，包括独生子女补助和保健费用。

（6）企业职工探亲路费补贴。

（7）其他福利费用，如职工冬季取暖补贴等。

(三) 企业福利费结余指标

它是企业在期末福利基金支出后的实际结余数额。其计算方法为

$$企业福利费期末结余额 = 企业福利费期初结余额 + 企业福利费本期收入额 - 企业福利费本期支出额$$

三、企业福利费用的统计分析

(一) 企业福利费用的变动程度研究

1. 企业福利费收入动态指标

$$企业福利费收入变动率 = \frac{报告期企业福利费收入额}{基期企业福利费收入额} \times 100\%$$

企业福利费收入增减绝对额 = 报告期企业福利费收入额 - 基期企业福利费收入额

2. 企业福利费支出动态指标

$$企业福利费支出变动率 = \frac{报告期企业福利费支出额}{基期企业福利费支出额} \times 100\%$$

企业福利费支出增减绝对额 = 报告期企业福利费支出额 - 基期企业福利费支出额

3. 企业福利费支出构成变动分析

统计研究企业福利费的各明细支出在总支出中比重的变化程度，观察其构成变动的某种趋势，有利于对变动原因的进一步分析。

$$某项福利费支出的比重 = \frac{某细项福利费支出额}{企业福利费支出总额} \times 100\%$$

可列表分析企业福利费支出构成变动，如表 10.1 所示。

表 10.1　某企业福利费支出构成变动分析表（单位：%）

福利费支出项目	年	年	年
集体福利设施费			
集体福利事业补贴			
职工计划生育补贴			
职工探亲路费补贴			
职工生活困难补助费			
其他福利费用支出			
合　计	100.0	100.0	100.0

（二）企业福利费用支出与工资关系的分析

企业福利费用对于企业员工而言，是用于改善生活质量的费用，所以，它是员工生活费收入的一定程度的补充。将其与工资结合观察，可说明其补充程度。

1. 企业福利费补充比例

将企业福利费支出总额与相应的企业工资总额对比，可以表明企业福利费对员工工资的综合补充程度。其计算方法为

$$企业福利费补充比例 = \frac{企业福利费支出总额}{企业工资总额} \times 100\%$$

2. 企业福利费替代工资系数

将人均企业福利费支出额与企业平均工资对比，可以反映企业福利费相当于企业工资水平的比例，说明其替代员工工资收入的程度。其计算方法为

$$企业福利费替代工资系数 = \frac{人均企业福利费支出额}{企业平均工资} \times 100\%$$

3. 企业福利费与最低工资的比较

将人均企业福利费与最低工资水平对比，可以反映其对最低工资水平的补充程度。其计算方法为

$$对最低工资的补充程度 = \frac{人均企业福利费支出额}{最低工资水平} \times 100\%$$

这里所指的最低工资水平是企业范围的。当然，也可以将其与当地最低工资水平进行比较。

（三）企业福利费和企业员工生活水平关系研究

企业福利费用支出是企业员工生活费用的组成内容。福利费用支出的高低，客观上对企业员工的生活改善与提高造成了一定影响。所以，有必要分析企业福利费用和员工生活的关系。有关分析可从多方面入手。

1. 企业福利费与员工收入的比例

人均企业福利费用支出相当于员工收入水平的比例,可说明其适度状况。其计算公式为

$$企业福利费相当于员工收入水平的比例 = \frac{人均企业福利费支出额}{企业员工人均收入额} \times 100\%$$

2. 企业福利费支出与人均可支配收入的比较

这是指将人均企业福利费支出与城镇居民人均可支配收入对比,观察其在可支配的收入中占有多大的比例,以便评价其合理程度。其计算公式为

$$企业福利费相当于居民可支配收入的比例 = \frac{人均企业福利费支出额}{城镇居民人均可支配收入} \times 100\%$$

3. 企业福利费与城镇居民人均消费性支出的比较

将企业的福利费与城镇居民人均消费性支出进行比较,有利于观察其与人均消费性支出的比例关系,说明其对消费性支出的替代程度。其计算公式为

$$对生活消费支出的替代率 = \frac{人均企业福利费支出}{城镇居民人均生活消费支出} \times 100\%$$

4. 企业福利费与城镇居民最低生活费的比较

这种比较可以反映出企业员工的人均福利费支出相当于城镇居民最低生活费水平的比例。其计算公式为

$$对最低生活费的替代率 = \frac{人均企业福利费支出}{城镇居民最低生活费水平} \times 100\%$$

主要参考文献

陈嗣成. 2005. 企业人力资源管理统计学. 2 版. 北京：中国劳动社会保障出版社.

人力资源和社会保障部办公厅. 2012. 关于做好十二五期间职业技能鉴定工作的意见. 人社厅函 181 号. http://www.gov.cn/zwgk/2012-04/19/content_2117481.htm, 2014-10-10.

王静, 陈红. 2007. 企业人力资源管理量化分析. 北京：中国劳动社会保障出版社.

王琪延. 2009. 人力资源统计学. 北京：中国人民大学出版社.

周业安, 连洪泉等. 2013. 社会角色、个体异质性和公共品自愿供给. 经济研究, (1).

Fehr E, Gächter S. 2000. Cooperation and punishment in public goods experiments. The American Economic Review.

Saaty T L. 1990. How to make a decision: the analytic hierarchy process. European Journal of Operational Research, (1): 9–26.

后　　记

本书为人力资源管理专业自学教材，由程振源和李军华任主编。

全书均由富有教学经验的一线老师编写。参加编写的有：程振源（第一章），连洪泉（第二章），李军华（第三、第四章），黄兰秋（第五、第八章），曾建新（第六、第七章），屠新暑（第九、第十章）。